FRANCOTIRADOR

FRANCOTIRADOR

LA AUTOBIOGRAFÍA DEL FRANCOTIRADOR
MÁS LETAL EN LA HISTORIA DE
ESTADOS UNIDOS DE AMÉRICA

CHRIS KYLE

CON JIM DeFELICE Y SCOTT McEWEN

HarperCollins *Español*

Editora en Jefe: *Graciela Lelli*
Traducción: *Belmonte Traductores*
Adaptación del diseño al español: *Grupo Nivel Uno, Inc.*

ISBN: 978-0-71803-625-6
       978-0-71803-893-9

Impreso en Estados Unidos de América

14 15 16 17 18 RRD 9 8 7 6 5 4 3 2 1

«Se lee como un thriller en primera persona narrado por un francotirador. Los hechos esenciales son asombrosos... Una biografía militar
excelente».

BOOKLIST

Dedico este libro a mi esposa, Taya, y a mis hijos por aguantar conmigo. Gracias por seguir estando aquí cuando regresé a casa.

También me gustaría dedicarlo a la memoria de mis hermanos de los SEAL, Marc y Ryan, por su valiente servicio a nuestro país y su imperecedera amistad hacia mí. Se me partirá el corazón por sus muertes el resto de mi vida.

CONTENIDO

NOTA DEL AUTOR

LOS EVENTOS QUE SUCEDIERON EN ESTE LIBRO SON REALES, relatados desde lo mejor de mi memoria. El Departamento de Defensa, incluido personal de alto rango de la Armada estadounidense, revisó el texto en cuanto a exactitud y material sensible. Aunque dieron el visto bueno al libro para su publicación, eso no significa que les guste todo lo que leyeron. Pero esta es mi historia, y no la de ellos. Hemos reconstruido los diálogos de memoria, lo cual significa que puede que no sean palabra por palabra; pero la esencia de lo que se dijo es precisa.

No se utilizó ninguna información clasificada en la preparación de este libro. La Oficina de Seguridad del Pentágono y la Armada requirieron que se hicieran ciertos cambios por motivos de seguridad. Todas esas peticiones fueron cumplidas.

Muchas de las personas con las que serví siguen estando en activo en los SEAL. Otras trabajan en diferentes puestos para el gobierno, protegiendo a nuestra nación. Todos ellos pueden ser considerados enemigos por los enemigos de nuestro país, tal como me sucede a mí. Debido a eso, no he dado sus identidades completas en este libro. Ellos saben quiénes son, y espero que sepan que tienen mi gratitud.

—C. K.

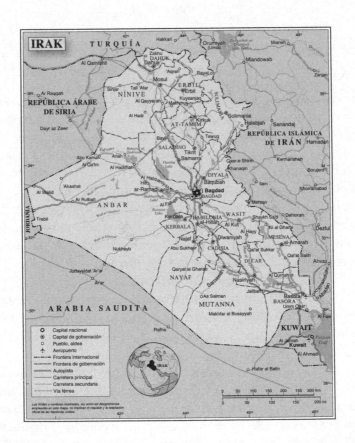

MALDAD EN EL PUNTO DE MIRA

FINALES DE MARZO DE 2003. EN LA ZONA DE NASIRIYA,
IRAK

MIRÉ A TRAVÉS DE LA MIRA DEL FUSIL, ECHANDO UN VISTAZO a la carretera de la diminuta ciudad iraquí. A cuarenta y cinco metros de distancia, una mujer abrió la puerta de una pequeña casa y salió al exterior con su hijo.

El resto de la calle estaba desierta. Los iraquíes locales estaban dentro de sus casas, la mayoría de ellos asustados. Unas cuantas almas curiosas se asomaban por detrás de las cortinas, esperando. Podían oír el murmullo de la unidad estadounidense que se aproximaba. Los Marines inundaban la carretera, marchando hacia el norte para liberar al país de Saddam Hussein.

Mi tarea era protegerlos. Mi pelotón había tomado el edificio más temprano ese día, escabulléndose a sus posiciones para proporcionar una «unidad de apoyo»: evitar que el enemigo hiciera una emboscada a los Marines cuando ellos pasaran.

No parecía una tarea demasiado difícil; en todo caso, yo estaba contento de que los Marines estuvieran de mi lado. Había visto el poder de sus armas y habría odiado tener que luchar contra ellos. El ejército de Irak no asumió ningún riesgo; y, de hecho, parecía haber abandonado ya la zona.

La guerra había comenzado apenas dos semanas antes. Mi pelotón, «Charlie» (más adelante «Cadillac»), del Equipo 3 de los SEAL, ayudó a comenzarla durante las primeras horas de la mañana del 20 de marzo. Aterrizamos en la península de al-Faw y aseguramos la terminal petrolífera allí para que Saddam no pudiera prenderle fuego como había hecho durante la Primera Guerra del Golfo. Ahora teníamos la tarea de ayudar a los Marines mientras ellos marchaban al norte hacia Bagdad.

Yo era un SEAL, un comando de la Armada entrenado en operaciones especiales. SEAL significa «Mar, Aire, Tierra» (por sus siglas en inglés: SEa [mar], Air [aire], Land [tierra]), y describe bastante bien los amplios rangos de lugares donde operamos. En este caso, estábamos tierra adentro, mucho más lejos de lo que los SEAL operaban tradicionalmente, aunque a medida que la guerra contra el terror continuó, esto se volvió algo común. Había pasado casi tres años entrenándome y aprendiendo cómo llegar a ser un guerrero; estaba preparado para esta lucha, o al menos tan preparado como cualquiera pueda estarlo.

El fusil que llevaba era un .300 Win Mag, de cerrojo, un arma de francotirador de precisión que pertenecía al jefe de mi pelotón. Él había estado cubriendo la calle durante un rato y necesitaba un descanso. Mostró una gran cantidad de confianza en mí al escogerme para vigilar y tomar el arma. Yo seguía siendo un tipo nuevo, un recién llegado o un novato en los Equipos. Según las normas de los SEAL, aún tenía que ser plenamente probado.

Yo tampoco había sido entrenado aún como francotirador de los SEAL. Quería ser uno de ellos con todas mis fuerzas, pero me quedaba un largo camino por recorrer. Darme el fusil aquella mañana fue el modo que tuvo el jefe de probarme para ver si yo tenía lo necesario.

Estábamos en el tejado de un viejo y destartalado edificio en el límite de una ciudad que los Marines iban a atravesar. El viento levantaba arena y papeles por toda la maltrecha carretera que había debajo de nosotros. El lugar olía a alcantarilla; el olor de Irak fue una de las cosas a las que nunca me acostumbraría.

«Se acercan Marines», dijo mi jefe a la vez que el edificio comenzó a temblar. «Sigue vigilando».

Miré por el punto de mira. Las únicas personas que se estaban moviendo eran la mujer y quizá un niño o dos que estaban cerca.

Yo observaba a nuestras tropas acercarse. Diez jóvenes y orgullosos Marines con uniforme bajaron de sus vehículos y se reunieron para una patrulla a pie. A medida que los estadounidenses se organizaban, la mujer sacó algo de debajo de su ropa, y tiró de ello.

Ella tenía una granada. Yo no me di cuenta al principio.

«Parece amarillo», le dije al jefe, describiendo lo que veía mientras él mismo observaba. «Es amarillo, el cuerpo...».

«Tiene una granada», dijo el jefe. «Es una granada china».

«Mierda».

«Trata de acertar».

«Pero...».

«Dispara. Apunta a la granada. Los Marines...».

Yo dudaba. Alguien estaba intentando hablar con los Marines por radio, pero no podía lograrlo. Ellos se acercaban por la calle, dirigiéndose hacia la mujer.

«¡Dispara!», dijo el jefe.

Puse mi dedo en el gatillo. La bala saltó. Disparé, y la granada cayó. Volví a disparar a la vez que detonaba la granada.

Fue la primera vez que maté a alguien mientras tenía el fusil de francotirador. Y la primera vez en Irak, y la única vez, que maté a alguien distinto a un combatiente varón.

3

ERA MI OBLIGACIÓN DISPARAR, Y NO LO LAMENTO. LA MUJER YA estaba muerta. Yo tan solo me estaba asegurando de que no se llevase con ella a ningún Marine.

Estaba claro que ella no solo quería matarlos a ellos, sino que tampoco le importaba nadie más que estuviera cerca y que pudiera haber sido destrozado por la granada o resultado muerto en el fuego cruzado. Niños en la calle, personas en las casas, quizá *su* hijo...

Ella estaba demasiado cegada por la maldad para pensar en ellos. Tan solo quería a estadounidenses muertos, sin importar nada más.

Mis disparos salvaron a varios estadounidenses, cuyas vidas claramente valían más la pena que el alma retorcida de esa mujer. Puedo estar delante de Dios con una conciencia limpia acerca de realizar mi trabajo. Pero en verdad, odiaba profundamente la maldad que esa mujer poseía. La aborrezco hasta la fecha.

UNA MALDAD SALVAJE, DESPRECIABLE. ESO ES CONTRA LO QUE luchábamos en Irak. Por eso muchas personas, yo mismo incluido, llamábamos al enemigo «salvajes». En realidad no había otra manera de describir lo que nos encontramos allí.

La gente me pregunta todo el tiempo: «¿A cuántas personas ha matado?». Mi respuesta común es: «¿La respuesta me hace ser menos o más hombre?».

El número no es importante para mí. Solamente me gustaría haber matado a más. No por tener derecho a presumir, sino porque creo que el mundo es un lugar mejor sin salvajes por ahí que se estén llevando vidas de estadounidenses. Todos aquellos a los que disparé en Irak intentaban hacerle daño a estadounidenses o iraquíes que eran leales al nuevo gobierno.

Yo tenía una tarea que hacer como SEAL. Maté al enemigo: un enemigo al que veía todos los santos días planeando matar a mis compatriotas estadounidenses. Me torturan los éxitos del enemigo. Fueron pocos, pero incluso una sola vida estadounidense es una pérdida demasiado grande.

No me preocupa lo que otras personas piensen de mí. Es una de las cosas que más admiraba acerca de mi papá cuando era pequeño. A él no le importaba en absoluto lo que pensaran los demás. Él era quien era. Esa es una de las cualidades que me ha mantenido más cuerdo.

Ahora que este libro va a publicarse, me sigo sintiendo un poco incómodo con la idea de publicar la historia de mi vida. En primer lugar, siempre he pensado que si alguien quiere saber cómo es la vida de un SEAL, debería salir y conseguir su propio Tridente: ganar nuestra medalla, el símbolo de quienes somos. Pasar por nuestro entrenamiento, hacer los sacrificios, tanto físicos como mentales. Esa es la única manera de saberlo.

En segundo lugar, y más importante, ¿a quién le importa mi vida? Yo no soy distinto de cualquier otra persona.

Resulta que he estado en algunas situaciones bastante conflictivas. La gente me ha dicho que es interesante. Yo no lo veo así. Otras personas hablan de escribir libros sobre mi vida, o sobre algunas de las cosas que he hecho. Me resulta extraño, pero también siento que es mi vida y mi historia, y supongo que es mejor que sea yo quien la ponga sobre el papel del modo en que sucedió en la realidad.

Además, hay muchas personas que merecen recibir crédito, y si no soy yo quien escribe la historia, puede que sean pasadas por alto. No me gusta la idea de eso en absoluto. Mis muchachos merecen ser elogiados más que yo.

La Armada me acredita más muertes como francotirador que a ningún otro miembro del servicio estadounidense, del pasado o el presente. Supongo que eso es cierto. Ellos varían en cuanto a cuál es el número. Una semana es 160 (la cifra «oficial» mientras escribo, por si sirve de algo), después es mucho más elevada, y después está entre las dos. Si quieres una cifra, pregúntale a la Armada;

puede que incluso consigas la verdad si les agarras en el día adecuado.

La gente siempre quiere una cifra. Incluso si la Armada me lo permitiera, yo no voy a dar ninguna. No soy un tipo de cifras. Los SEAL son guerreros silenciosos, y yo soy un SEAL hasta la médula. Si quieres la historia completa, consigue un Tridente. Si quieres saber de mí, pregúntale a un SEAL.

Si quieres saber aquello que me resulta cómodo compartir, e incluso algunas cosas que soy renuente a revelar, sigue leyendo.

Siempre he dicho que yo no era el mejor tirador, ni siquiera el mejor francotirador. No estoy denigrando mis capacidades. Sin duda trabajé muy duro para pulirlas. Fui bendecido con algunos instructores excelentes, que se merecen gran parte del mérito. Y mis muchachos, los compañeros en los SEAL, los Marines y los soldados del ejército que lucharon conmigo y me ayudaron a realizar mi tarea, fueron todos ellos una parte crucial de mi éxito. Pero mi elevado total y mi supuesta «leyenda» tienen mucho que ver con el hecho de que yo estuve muchas veces en la mierda.

En otras palabras, tuve más oportunidades que la mayoría. Serví en despliegues espalda contra espalda desde antes de que se desencadenara la Guerra de Irak hasta el momento en que salí en el año 2009. Tuve la suerte suficiente para estar situado directamente en la acción.

Hay otra pregunta que la gente hace muchas veces: «¿Le inquietaba matar a tantas personas en Irak?».

Yo les digo: «No».

Y lo digo de verdad. La primera vez que disparas a alguien, te pones un poco nervioso. Piensas: *¿Realmente puedo dispararle a este tipo? ¿Está bien esto?* Pero después de matar a tu enemigo, ves que está bien. Dices: *Estupendo.*

Lo haces otra vez. Y otra vez. Lo haces para que el enemigo no te mate a ti ni a tus compatriotas. Lo haces hasta que no quede nadie a quien puedas matar.

Eso es la guerra.

Me encantaba lo que hacía, y me sigue gustando. Si las circunstancias fuesen diferentes, si mi familia no me necesitase, regresaría en un segundo. No estoy mintiendo ni exagerando al decir que fue divertido. Lo pasé en grande siendo un SEAL.

La gente intenta situarme en una categoría como un machote, un buen tipo, comemierda, francotirador, SEAL, y probablemente otras categorías que no son apropiadas para escribirlas. Todas ellas podrían ser ciertas en cualquier día dado. Al final, mi historia, en Irak y después, trata de algo más que tan solo matar a personas o incluso luchar por mi país.

Trata sobre ser un hombre. Trata sobre el amor y también el odio.

1

DOMAR POTROS SALVAJES Y OTRAS MANERAS DE DIVERTIRSE

SIMPLEMENTE UN *COWBOY* DE CORAZÓN

TODA HISTORIA TIENE UN COMIENZO.

La mía comienza en Texas norte-central. Me crie en pequeñas ciudades donde aprendí la importancia de la familia y los valores tradicionales, como patriotismo, autosuficiencia y estar atento a la familia y los vecinos. Me enorgullece decir que aún intento vivir mi vida según esos valores. Tengo un fuerte sentimiento de justicia. Todo lo veo bastante en blanco y negro. No veo muchas zonas grises. Creo que es importante proteger a los demás. No me importa trabajar duro. Al mismo tiempo, me gusta divertirme. La vida es demasiado breve para no hacerlo.

Me crie en la fe cristiana, y aún sigo creyendo. Si tuviera que ordenar mis prioridades, serían: Dios, mi país y mi familia. Podría haber cierto debate en cuanto a dónde encajan las dos últimas; en estos tiempos he llegado a creer que la familia puede, bajo algunas circunstancias, sobrepasar al país. Pero es una carrera muy reñida.

Siempre me han encantado las pistolas, siempre me ha encantado la caza, y en cierta manera supongo que se podría decir que siempre he sido un *cowboy*. Montaba caballos desde que tenía edad suficiente para caminar. Hoy día no me llamaría a mí mismo un verdadero *cowboy*, porque ha pasado mucho tiempo desde que trabajé en un rancho, y probablemente he perdido mucho de lo que tenía en la silla de montar. Aun así, en mi corazón si no soy un SEAL, soy un *cowboy*, o debería serlo. El problema está en que es un modo muy difícil de ganarse la vida cuando uno tiene una familia.

No recuerdo cuándo comencé a cazar, pero debe haber sido cuando era muy joven. Mi familia tenía una finca con derechos para cazar venados a unos kilómetros de nuestra casa, e íbamos de caza cada invierno. (Para los yanquis: una finca con derechos para cazar es una propiedad en la que el dueño renta o arrenda derechos de caza durante cierta cantidad de tiempo; uno paga su dinero y obtiene derecho para salir y cazar. Ustedes probablemente lo organizarán de modo distinto donde viven, pero este sistema es bastante común por aquí.) Aparte de venados, cazábamos pavos, palomas, codornices: cualquier animal de la estación. Al hablar en plural me refiero a mi mamá, mi papá y mi hermano, que tiene cuatro años menos que yo. Pasábamos los fines de semana en una vieja autocaravana. No era muy grande, pero éramos una familia pequeña y unida, y nos divertíamos mucho.

Mi padre trabajaba para Southwestern Bell y AT&T, que se separaron y después volvieron a unirse durante la duración de su carrera. Él era gerente, y a medida que le ascendían teníamos que mudarnos cada ciertos años. Por lo tanto, puedo decir que me crie por todo Texas.

Aunque era exitoso, mi padre odiaba su empleo. No el trabajo, en realidad, pero sí lo que ese trabajo conllevaba. La burocracia. El hecho de que tuviera que trabajar en una oficina. Él *realmente* aborrecía tener que vestir traje y corbata cada día.

«No me importa cuánto dinero ganes», solía decirme mi papá. «No vale la pena si no eres feliz».

Ese es el consejo más valioso que él me dio jamás: haz lo que quieras en la vida. Hasta el día de hoy he intentado seguir esa filosofía.

En muchos aspectos, mi padre fue mi mejor amigo cuando yo era pequeño, pero al mismo tiempo era capaz de combinar eso con una buena dosis de disciplina paterna. Había una línea que yo nunca quería cruzar. Recibí mi buena parte de azotaina (ustedes los yanquis lo llamarán nalgadas) cuando me lo merecía, pero no en exceso y nunca con enojo. Si mi padre estaba furioso, se daba a sí mismo unos cuantos minutos para calmarse antes de administrar una azotaina controlada, seguida por un abrazo.

Tal como lo dice mi hermano, él y yo estábamos agarrándonos del cuello la mayor parte del tiempo. No sé si eso es cierto, pero sí tuvimos nuestra buena parte de peleas. Él era más joven y más pequeño que yo, pero sabía atizar muy bien, y nunca tiraba la toalla. Él es un personaje duro y uno de mis mejores amigos hasta la fecha. Nos hacíamos pasar un infierno el uno al otro, pero también nos divertíamos mucho y siempre sabíamos que teníamos el respaldo del otro.

Nuestra escuela secundaria solía tener una estatua de una pantera en el vestíbulo principal. Cada año teníamos una tradición en la que los veteranos intentaban poner encima de la pantera a los nuevos como novatada ritual. Los novatos, naturalmente, se resistían. Yo me había graduado cuando mi hermano era novato, pero regresé en su primer día de clases y ofrecí cien dólares a cualquiera que pudiera sentarle en esa estatua.

Sigo teniendo esos cien dólares.

Aunque yo me metía en muchas peleas, no comenzaba la mayoría de ellas. Mi papá dejó claro que me daría una azotaina si descubría que yo había comenzado una pelea. Se suponía que debíamos estar por encima de eso.

Defenderme era una historia diferente. Proteger a mi hermano era incluso mejor: si alguien intentaba meterse con él, yo le noqueaba. Yo era el único que podía golpearle.

En algún momento a lo largo del camino comencé a ponerme al lado de muchachos más jóvenes con quienes otros se metían. Sentía que tenía que estar alerta por ellos. Se convirtió en mi obligación.

Quizá comenzó porque yo estaba buscando una excusa para pelear sin meterme en problemas. Creo que había algo más que eso; creo que el sentimiento de justicia y juego limpio de mi padre me influenciaba más de lo que me daba cuenta en aquel momento, e incluso más de lo que puedo decir como adulto. Pero cualquiera que fuese la razón, sin duda me proporcionó muchas oportunidades para meterme en apuros.

MI FAMILIA TENÍA UNA PROFUNDA FE EN DIOS. MI PAPÁ ERA diácono, y mi mamá enseñaba en la escuela dominical. Recuerdo una época cuando yo era joven y asistíamos a la iglesia cada domingo en la mañana, domingo en la noche y miércoles en la noche. Aun así, no nos considerábamos muy religiosos, tan solo buenas personas que creían en Dios y participaban en la iglesia. La verdad es que en aquel entonces a mí no me gustaba ir la mayoría de las veces.

Mi papá trabajaba duro. Sospecho que lo llevaba en la sangre; su padre era agricultor en Kansas, y aquellas personas trabajaban duro. Un empleo nunca era suficiente para mi papá; cuando yo era pequeño, él tuvo durante un tiempo una tienda de alimentación, y teníamos un rancho de un tamaño bastante modesto en el que todos trabajábamos para sacarlo adelante. Él ahora está jubilado, oficialmente, pero todavía se le puede ver trabajando para un veterinario local cuando no está atendiendo las cosas en su pequeño rancho.

Mi madre era también una trabajadora muy dura. Cuando mi hermano y yo tuvimos la edad suficiente para manejarnos, ella fue a trabajar como consejera en un centro de detención para jóvenes. Era un trabajo duro, teniendo que tratar con muchachos difíciles durante todo el día, y finalmente ella siguió adelante. Ahora también está jubilada, aunque se mantiene ocupada con trabajo a tiempo parcial y sus nietos.

El rancho ayudaba a llenar mis días de escuela. Mi hermano y yo teníamos nuestras diferentes tareas después de la escuela y los fines de semana: alimentar y vigilar a los caballos, guiar al ganado, inspeccionar las vallas.

El ganado siempre da problemas. He recibido patadas en la pierna, patadas en el pecho y sí, patadas donde el sol deja de brillar. Sin embargo, nunca he recibido patadas en la cabeza. Eso podría haberme enderezado.

Cuando era pequeño, criaba cabestros y vaquillas para la FFA: Futuros Agricultores de América (por sus siglas en inglés). (El nombre es ahora oficialmente la Organización Nacional FFA.) Me encantaba la FFA y pasaba mucho tiempo cuidando del ganado, aunque el trato con los animales podía ser frustrante. Me enfurecía con ellos y pensaba que yo era el rey del mundo. Cuando todo lo demás fallaba, se sabía que yo les golpeaba en el costado de sus inmensas cabezas duras para meterles algo de sensatez. Me rompí la mano dos veces.

Como dije, recibir golpes en la cabeza pudo haberme enderezado.

Mantenía mi cabeza sobre los hombros cuando se trataba de pistolas, pero me seguían apasionando. Como muchos muchachos, mi primera «arma» fue un rifle Daisy BB de bomba múltiple: cuantos más lanzabas, más potente era tu tiro. Más adelante tuve un revólver alimentado por CO_2 que se parecía al viejo modelo 1860 Peacemaker Colt. He sido parcial respecto a las armas de fuego del Viejo Oeste desde entonces, y después de salir de la Armada, he comenzado a coleccionar algunas réplicas muy buenas. Mi favorita es una réplica de un revólver 1861 Colt Navy fabricado en los viejos tornos.

Tuve mi primer rifle real cuando tenía siete u ocho años de edad: un 30-06 de cerrojo. Era una pistola sólida; tan «de mayor» que al principio me asustaba disparar. Llegué a amar ese rifle, pero tal como lo recuerdo, lo que yo *realmente* deseaba era el Marlin 30-30 de mi hermano. Era de palanca, estilo *cowboy*.

Sí, había cierta polémica ahí.

DOMA DE POTROS SALVAJES

Uno no es un *cowboy* hasta que puede someter a un caballo. Yo comencé a aprender cuando estaba en la secundaria; al principio no sabía mucho. Era tan solo: *súbete encima y móntalo hasta que deje de patear. Haz todo lo posible por seguir montado.*

Aprendí mucho más a medida que crecí, pero la mayoría de mi educación en esos primeros tiempos llegó con el trabajo... o sobre el caballo, por así decirlo. El caballo hacía algo, y yo hacía algo. Juntos llegábamos a un entendimiento. Probablemente la lección más importante fue la paciencia. Yo no era una persona paciente por naturaleza. Tuve que desarrollar ese talento trabajando con caballos, y terminaría siendo muy valioso cuando me convertí en francotirador, e incluso cuando estaba cortejando a mi esposa.

A diferencia del ganado, nunca encontré un motivo para golpear a un caballo. Montarlos hasta que los sometiera, eso seguro. Seguir montando en ellos hasta que entendieran quién era el jefe, sin duda alguna. Pero ¿golpear a un caballo? Nunca vi una razón que fuese lo bastante buena. Los caballos son más inteligentes que el ganado. Se puede trabajar con un caballo hasta que coopere si se le da suficiente tiempo y paciencia.

No sé si exactamente yo tenía talento para someter caballos o no, pero estar cerca de ellos alimentó mi apetito por todas las cosas de los *cowboys*. Así que, al mirar atrás, no es muy sorprendente que me metiese en las competiciones de rodeo mientras aún estaba en la escuela. Practicaba deportes en la secundaria, béisbol y fútbol, pero nada comparado con la emoción del rodeo.

Toda escuela secundaria tiene sus diferentes camarillas: deportistas, ratones de biblioteca, y otros. El grupo con el que yo andaba eran los «laceros». Teníamos las botas y los pantalones tejanos, y en general nos veíamos y actuábamos como vaqueros. Yo no era un *verdadero* lacero, en aquel momento no podría haber laceado a una vaquilla que valiese algo, pero eso no evitó que participase en rodeos aproximadamente a los dieciséis años.

Comencé montando toros y caballos en un pequeño lugar local donde uno pagaba veinte dólares para montar todo el tiempo que pudieras mantenerte. Tenías que llevar tu propio equipamiento: espuelas, chaparreras y tu cordaje. No había nada sofisticado al respecto: te montabas y te caías, y volvías a montarte. Poco a poco pude mantenerme más tiempo cada vez, y finalmente llegué al punto en que sentía la confianza suficiente para entrar en algunos pequeños rodeos locales.

Domar un toro es un poco distinto a domar un caballo. Ellos patean hacia adelante, pero su piel es tan suave que cuando van hacia adelante, uno no solo también se impulsa hacia delante, sino que se desliza de lado a lado. Y los toros saben realmente girar. Voy a decirlo de esta manera: permanecer montado en un toro no es asunto fácil.

Estuve montando toros aproximadamente un año, sin nada de éxito. Al pensarlo un poco mejor, me pasé a los caballos, y terminé intentando la doma de potros salvajes. Este es el clásico evento en el que uno no solo tiene que mantenerse sobre el caballo durante ocho segundos, sino también hacerlo con estilo y finura. Por alguna razón, me fue mucho mejor en este evento que en los otros, así que seguí haciéndolo durante bastante tiempo, ganándome mi parte de hebillas y más de una bonita montura. No es que yo fuese un campeón, lo advierto, pero sí me fue lo bastante bien para dejarme algún dinero de los premios en el bar.

También conseguí cierta atención por parte de las «conejitas de las hebillas»: la versión rodeo de las seguidoras femeninas. Era todo bueno. Me gustaba ir de ciudad en ciudad, viajando, yendo a fiestas y montando.

Se le puede llamar el estilo de vida *cowboy*.

Seguí montando después de graduarme de la secundaria en 1992, y comencé en Tarleton State University, en Stephenville, Texas. Para aquellos que no lo sepan, Tarleton fue fundada en 1899 y se unió al sistema universitario A&M de Texas en 1917. Era la tercera mayor universidad agrícola con terrenos cedidos del país. La escuela tiene la reputación de producir excelentes gerentes de ranchos y granjas, al igual que maestros educativos agrícolas.

En aquel momento, yo estaba interesado en llegar a ser gerente de ranchos. Sin embargo, antes de matricularme había pensado un poco en el ejército. El papá de mi mamá había sido piloto en la Fuerza Aérea del ejército, y durante un tiempo pensé en convertirme en aviador. Entonces consideré llegar a ser un Marine; quería ver verdadera acción. Me gustaba la idea de luchar. También escuché un poco sobre operaciones especiales, y pensé en unirme a los Marine Recon, que es la unidad de élite especial de guerra de los Cuerpos. Pero mi familia, en especial mi mamá, quería que fuese a la universidad. Finalmente, lo vi a su manera: decidí que primero iría a la escuela, y después me uniría al ejército. Qué diablos, según mi modo de verlo, hacer eso significaba que podía seguir de fiesta durante un tiempo antes de meterme de lleno en lo serio.

Seguí participando en los rodeos, y llegué a ser bastante bueno. Pero mi carrera terminó abruptamente cerca del final de mi primer año de universidad, cuando un potro salvaje se volteó sobre mí en una rampa en una competición en Rendon, Texas. Los muchachos que me observaban no podían abrir la rampa debido al modo en que el caballo había bajado, así que tuvieron que tirar de él por encima de mí. Yo seguía teniendo un pie en el estribo, y fui arrastrado y golpeado tan duro que perdí la conciencia. Me desperté en un helicóptero de emergencias volando hacia el hospital. Terminé con clavos en mis muñecas, un hombro dislocado, costillas rotas, así como con un pulmón y un riñón dañados.

Probablemente la peor parte de la recuperación fueron los malditos clavos. En realidad eran grandes tornillos de una anchura de menos de medio centímetro. Sobresalían unos centímetros a cada lado de mis muñecas, como los del monstruo de Frankenstein. Me picaban y se veían extraños, pero mantuvieron juntos mis huesos.

Unas semanas después de ser herido, decidí que era momento de llamar a una muchacha con la que había querido salir. No iba a permitir que los clavos se interpusieran en el camino de pasar un buen rato. Íbamos conduciendo, y uno de los largos clavos de metal golpeaba una y otra vez el intermitente mientras yo conducía. Me enfureció tanto que terminé rompiéndolo por la base cerca de mi piel. No creo que ella quedase demasiado impresionada con eso. La cita terminó temprano.

Mi carrera en los rodeos había terminado, pero yo seguía yendo a fiestas como si estuviera en un *tour*. Se me terminó el dinero con bastante rapidez, y por eso comencé a buscar trabajo después de la escuela. Encontré un empleo en una maderería como chico de reparto, entregando madera y otros materiales.

Yo era un trabajador aceptable, y supongo que eso se veía. Un día llegó un compañero y comenzó a hablar conmigo.

Me dijo: «Conozco a un tipo que tiene un rancho y está buscando contratar a alguien. Me pregunto si estarías interesado».

Yo le respondí: «¡Santo cielo! Iré hasta allí ahora mismo».

Así que me convertí en trabajador en un rancho, un verdadero *cowboy*, aunque aún seguía estudiando en la escuela a jornada completa.

LA VIDA DE *COWBOY*

FUI A TRABAJAR PARA DAVID LANDRUM, EN HOOD COUNTY, Texas, y rápidamente descubrí que yo no era tanto un *cowboy* como pensaba que era. David se ocupó de eso. Me enseñó todo acerca del trabajo en un rancho, y después más cosas. Él era un tipo duro. Te freía a palabrotas y groserías de arriba abajo. Si lo estabas haciendo bien, él no decía ni una sola palabra. Pero al final terminó cayéndome bien el tipo.

Trabajar en un rancho es el cielo.

Es una vida difícil, supone mucho trabajo duro, y sin embargo, al mismo tiempo es una vida fácil. Estás en el exterior todo el tiempo. La mayoría de los días estás solamente con los animales. No tienes que tratar con personas, ni oficinas, ni ninguna mierda sin importancia. Tan solo haces tu trabajo.

Los terrenos de David tenían diez mil acres. Era un rancho de verdad, de la vieja escuela; incluso teníamos una carreta durante la temporada de arreo en la primavera.

Quiero decir que ese era un lugar hermoso, con suaves colinas, un par de arroyos y terreno abierto que te hacía sentir vivo cada vez que lo mirabas. El corazón del rancho era una vieja casa que probablemente hubiera sido una estación de carretera —una «posada» en lenguaje yanqui— en el siglo XIX. Era un edificio majestuoso, con porches cerrados en la parte delantera y trasera, habitaciones de buen tamaño dentro, y una gran chimenea que calentaba el alma al igual que la piel.

Desde luego, como yo era un trabajador contratado, mi lugar era un poco más primitivo. Tenía lo que llamábamos una barraca, que apenas era lo bastante grande para poner una litera. Habría medido unos dos por tres metros cuadrados, y mi cama ocupaba casi todo ese espacio. No había sitio para cajones; tenía que colgar toda mi ropa, incluida mi ropa interior, en un palo.

Las paredes no tenían aislamiento. El centro de Texas puede ser bastante frío en el invierno, e incluso con la estufa de gas y un calentador eléctrico al lado de la cama, yo dormía con la ropa puesta. Pero lo peor de todo ello era el hecho de que no tenía un aislamiento adecuado debajo de los pisos de madera. Yo batallaba continuamente con mapaches y armadillos que se colaban justo por debajo de mi cama. Esos mapaches eran tercos y audaces; debo haberle disparado a unos veinte de ellos antes de que finalmente captaran el mensaje de que no eran bienvenidos debajo de mi casa.

Comencé a conducir los tractores, plantando trigo para el ganado en la temporada de invierno. Luego pasé a darle el alimento al ganado. Finalmente, David decidió que era probable que yo me quedase, y comenzó a darme más responsabilidades. Aumentó mi salario hasta 400 dólares al mes.

Cuando terminaba mi última clase, sobre la una o las dos de la tarde, me dirigía al rancho. Allí trabajaba hasta que se ponía el sol, estudiaba un poco, y después me iba a la cama. Lo primero que hacía en la mañana era alimentar a los caballos, y después me iba a clase. El verano era la mejor época. Yo estaba a lomos de caballo desde las cinco de la mañana hasta las nueve de la noche.

Con el tiempo llegué a ser el hombre bienal, entrenando a «caballos de corte» y preparándolos para las subastas. (Los caballos de corte, también llamados caballos de trinchar, caballos para clasificar o talladores, son entrenados para ayudar a los *cowboys* a «cortar, o retirar» vacas del rebaño. Estos caballos trabajadores son importantes en un rancho, y uno bueno puede valer una importante suma de dinero.)

Ahí fue donde realmente aprendí el trato con los caballos, y llegué a ser mucho más paciente de lo que había sido antes. Si pierdes los nervios con un caballo, puedes arruinarlo para siempre. Me enseñé a mí mismo a tomarme mi tiempo y ser amable con ellos.

Los caballos son muy inteligentes. Aprenden con rapidez... si tú haces bien las cosas. Les muestras algo realmente pequeño, después te detienes, y lo haces de nuevo. Un caballo se lamerá los labios cuando está aprendiendo. Eso es lo que yo buscaba. Detienes la lección en un buen punto, y continúas al día siguiente.

Claro que me tomó cierto tiempo aprender todo eso. Cada vez que yo metía la pata, mi jefe me lo hacía saber. Enseguida me decía groserías, diciéndome que yo era un pedazo de mierda inútil. Pero nunca me enfurecí con David. En mi mente, pensaba: *Yo soy mejor que eso, y te lo demostraré.*

Y resulta que ese es exactamente el tipo de actitud que se necesita para llegar a ser un SEAL.

EL «NO» DE LA ARMADA

Allí en el rancho tenía mucho tiempo y espacio para pensar hacia dónde me dirigía. El estudio y las clases no eran lo mío. Con mi carrera en los rodeos terminada, decidí que dejaría la universidad, dejaría el trabajo del rancho, y regresaría a mi plan original: unirme al ejército y convertirme en soldado. Ya que eso era lo que verdaderamente quería hacer, no tenía ningún sentido esperar.

Y así, un día en 1996, emprendí el camino a la oficina de reclutamiento, decidido a alistarme.

Esa oficina de reclutamiento era su propio minicentro comercial. Las oficinas de la Armada, la Marina, los Marines y las Fuerzas Aéreas estaban todas ellas alineadas en una pequeña fila. Cada una observaba cuando alguien entraba. Estaban en competición unas con otras, y tampoco era necesariamente una competición amigable.

Fui primero a la puerta de los Marines, pero habían salido a almorzar. Cuando me di la vuelta para irme, el tipo de la Armada que estaba más adelante en el pasillo me llamó.

«Oye», dijo. «¿Por qué no vienes aquí?».

Yo pensé: *No hay ninguna razón para no ir.* Así que fui.

«¿Qué te interesa hacer en el ejército?», me preguntó.

Yo le dije que me gustaba la idea de las operaciones especiales, y por lo que había oído de las FE de la Armada, pensaba que me gustaría servir en esa rama; es decir, si fuera a unirme a la Armada. (Las Fuerzas Especiales, o FE, es una unidad de élite en la Armada a cargo de varias misiones de operaciones especiales. El término «fuerzas especiales» a veces se utiliza incorrectamente para describir a tropas de operaciones especiales en general, pero cuando yo lo uso, me refiero a la unidad de la Armada.)

En ese momento había que ser un E5, un sargento, antes de poder ser considerado para las FE. No me gustaba la idea de esperar todo ese tiempo antes de llegar a lo realmente bueno. «Podrías ser Ranger», sugirió el reclutador.

Yo no sabía muchos sobre los Rangers, pero lo que él me dijo sonaba bastante atractivo: saltar desde aeroplanos, asaltar objetivos, llegar a ser un experto en armas pequeñas. Él abrió mis ojos a las posibilidades, aunque no llegó a acercarse a conseguir el trato.

«Lo pensaré», dije yo, a la vez que me levantaba para irme.

Mientras me iba, el tipo de la Marina me llamó desde el pasillo.

«Oye, tú», dijo. «Ven aquí».

Yo me acerqué.

«¿De qué estaban hablando ahí dentro?», me preguntó.

«Estaba pensando en unirme a las FE», le dije. «Pero hay que ser un E5. Así que hablamos sobre los Rangers».

«Ah, ¿sí? ¿Has oído de los SEAL?».

En ese tiempo, los SEAL eran aún relativamente desconocidos. Yo había oído algo sobre ellos, pero no sabía mucho. Creo que me encogí de hombros.

«¿Por qué no entras aquí? Te contaré todo sobre ellos», dijo el marinero.

Comenzó hablándome de BUD/S, o formación básica de buceo y demolición submarina, que es la escuela preliminar por la que todos los SEAL deben pasar. En la actualidad hay cientos de libros y películas sobre los SEAL y el BUD/S; incluso hay una entrada bastante larga sobre nuestro entrenamiento en Wikipedia. Pero en aquel entonces, BUD/S seguía siendo en cierto modo un misterio, al menos para mí. Cuando escuché lo duro que era, el modo en que los instructores te hacían operar, y que menos del diez por ciento de la clase se calificaría para continuar, quedé impresionado. Solamente para sobrevivir al entrenamiento había que ser un duro hijo de puta.

Me gustó ese tipo de reto.

Entonces el reclutador comenzó a hablarme de todas las misiones que los SEAL y sus antecesores, los UDT, habían completado. (Los UDT eran miembros de los equipos de demolición submarina, hombres rana que exploraban playas enemigas y realizaban otras tareas especiales de guerra, y que habían comenzado en la Segunda Guerra Mundial.) Había historias sobre nadar entre obstrucciones de playas que tenían los japoneses y terribles peleas tras las fronteras en Vietnam. Todas esas eran cosas de machote, y cuando me fui de allí quería ser un SEAL con todas mis fuerzas.

MUCHOS RECLUTADORES, EN ESPECIAL LOS BUENOS, TIENEN MÁS que un poco de latrocinio en ellos, y este no era distinto. Cuando regresé y estaba a punto de firmar los documentos, él me dijo que tenía que rechazar la bonificación por firmar si quería asegurarme de obtener el contrato con los SEAL.

Lo hice.

Él hacía alarde de ello, desde luego. Hacerme rechazar la bonificación le hacía verse bastante bien a él, estoy seguro. No dudo de que tenga una gran carrera por delante como vendedor de vehículos de segunda mano.

La Marina no prometió que yo sería un SEAL; yo tenía que ganarme ese privilegio. Lo que sí me garantizaron, sin embargo, fue que tendría la oportunidad de probarlo. Por lo que a mí respectaba, eso era lo bastante bueno, porque no había manera alguna de que yo fuese a fracasar.

El único problema fue que ni siquiera tuve la oportunidad de fracasar.

La Marina no me aceptó cuando mi examen físico reveló que tenía clavos en mi brazo por el accidente del rodeo. Yo probé a argumentar, probé a rogar; nada funcionó. Incluso me ofrecí a firmar una exención diciendo que nunca haría responsable a la Marina de nada de lo que le sucediera a mi brazo.

Ellos me rechazaron de plano.

Y aquel, concluí yo, fue el final de mi carrera militar.

LA LLAMADA

CON EL EJÉRCITO DESCARTADO, ME CENTRÉ EN HACER UNA carrera del trabajo del rancho y ser un *cowboy*. Como ya tenía un buen empleo en un rancho, decidí que en realidad no tenía ningún sentido seguir con los estudios. Los dejé, aunque estaba a menos de sesenta créditos para graduarme.

David duplicó mi salario y me dio más responsabilidades. Otras ofertas mayores finalmente me sedujeron para irme a otros ranchos, pero por diferentes razones seguía regresando al rancho de David. Al final, justo antes del invierno de 1997–1998, emprendí mi camino a Colorado.

Acepté el trabajo sin examinarlo, lo cual resultó ser un gran error. Lo que pensé fue que había pasado todo mi tiempo en las llanuras de Texas, y un traslado a las montañas sería un bienvenido cambio de paisaje.

Pero lo que sucedió fue que conseguí un trabajo en un rancho en la única parte de Colorado más plana que Texas. Y mucho más fría. No había pasado mucho tiempo cuando llamé a David y le pregunté si necesitaba a alguien que le ayudase.

«Regresa», me dijo.

Comencé a hacer las maletas, pero no avancé mucho. Antes de terminar de organizar las cosas para mudarme, recibí una llamada telefónica de un reclutador de la Marina.

«¿Sigues estando interesado en ser un SEAL?», me preguntó.

«¿Por qué?».

«Te queremos aquí», dijo el reclutador.

«¿Incluso con los clavos en mi brazo?».

«No te preocupes por eso».

No me preocupé. Comencé a trabajar para organizarlo todo enseguida.

2

TERRIBLEMENTE SACUDIDO

BIENVENIDO A BUD/S

«*¡Abajo! ¡Cien flexiones! ¡AHORA!*».

Doscientos veintitantos cuerpos se apoyaron en el asfalto y comenzaron a subir y bajar. Todos vestíamos camisetas, uniformes de camuflaje BUD/S o de batalla, con cascos recién pintados de verde. Fue el comienzo del entrenamiento BUD/S. Éramos valientes, estábamos emocionados y nerviosos como flanes.

Estábamos a punto de ser desanimados y doblegados, y nos encantaba.

El instructor ni siquiera se molestó en salir de su oficina dentro del edificio a poca distancia. Su profunda voz, ligeramente sádica, recorría fácilmente el vestíbulo y llegaba al patio donde estábamos reunidos.

«*¡Más flexiones! ¡Denme cuarenta! ¡CUAREN-TAAA!*».

Mis brazos aún no habían comenzado a arderme cuando oí un extraño sonido siseante. Levanté la vista para ver lo que sucedía.

Mi recompensa fue un chorro de agua en mi cara. Algunos de los otros instructores habían aparecido y estaban por encima de nosotros con mangueras de bomberos.

Cualquiera que fuese lo bastante estúpido para levantar la vista, recibía un manguerazo.

Bienvenidos al BUD/S.

«¡Flexiones con patada arriba! ¡VAMOS!».

BUD/S corresponde a las siglas en inglés para Demolición Básica Submarina/SEAL y es el curso introductorio que todos los candidatos deben pasar para llegar a ser un SEAL. Actualmente se imparte en el Naval Special Warfare Center en Coronado, California. Comienza con «adoc», o adoctrinamiento, que está diseñado para presentar a los candidatos lo que se requerirá de ellos. Siguen tres fases: entrenamiento físico, buceo y guerra en tierra.

Ha habido cierto número de historias y documentales a lo largo de los años sobre el BUD/S y lo duro que es. Una parte bastante grande de todo lo que han dicho en esa calificación es cierto. (O al menos en su mayor parte cierto. La Marina y los instructores lo moderan un poco para el consumo nacional y los programas de *reality* en televisión y otras transmisiones. Aun así, la versión suavizada es bastante cierta.) En esencia, los instructores te doblegan, y después te doblegan aún más. Cuando eso está hecho, te patean el trasero, y patean otra vez lo que quede.

Ya te haces una idea.

A mí me encantaba. Lo aborrecía, lo odiaba, lo maldecía... pero me encantaba.

FLOJO Y MÁS FLOJO

Había necesitado la mayor parte de un año para llegar a ese punto. Me había unido a la Armada y me había presentado para el entrenamiento básico en febrero de 1999. El campo de entrenamiento fue bastante flojo. Recuerdo haber llamado a mi papá en cierto momento y decirle que lo básico era fácil comparado con el trabajo en el rancho. Aquello no era bueno.

Yo me había unido a la Marina para ser un SEAL y retarme a mí mismo; en cambio, engordé y no estaba en forma.

Mira, el campo de entrenamiento está pensado para prepararte a fin de estar sentado en un barco. Te enseñan mucho sobre la Marina, y eso está bien, pero yo quería algo más parecido al entrenamiento básico de los Marines: un reto físico. Mi hermano entró en los Marines y salió del campo de entrenamiento endurecido y en condición física óptima. Yo salí, y probablemente habría suspendido el BUD/S si hubiera entrado directamente. Desde entonces han cambiado el procedimiento. Ahora hay un campo de entrenamiento separado para el BUD/S, con más énfasis en ponerse y mantenerse en forma.

Con una duración de más de medio año, el BUD/S es extremadamente demandante física y mentalmente; como mencioné antes, el índice de abandono puede llegar al noventa por ciento. La parte más destacada del BUD/S es la Semana del Infierno: ciento treinta y dos horas seguidas de ejercicio y actividad física. Algunas de las rutinas han cambiado y se han probado con los años, y me imagino que seguirán evolucionando. La Semana del Infierno ha seguido siendo la prueba física más demandante, y es probable que siga siendo uno de los puntos altos, o puntos bajos, dependiendo de la perspectiva. Cuando yo estuve allí, la Semana del Infierno llegaba al final de la primera fase. Pero hablaré más de eso posteriormente.

Por suerte no entré directamente al BUD/S. Antes tenía que pasar por otro entrenamiento, y una falta de instructores en las clases del BUD/S evitó que yo, y muchos otros, sufriéramos abusos durante un tiempo.

Según las regulaciones de la Marina, yo tenía que escoger una especialidad (o Especialidad de Ocupación Militar, o MOS, como se conoce en el servicio) en caso de que no lograse terminar el BUD/S y calificarme para los SEAL. Escogí inteligencia; ingenuamente pensaba que terminaría como James Bond. Para que te rías un poco.

Sin embargo, fue durante ese entrenamiento que comencé a hacer ejercicio más seriamente. Pasé tres meses aprendiendo los fundamentos de las especialidades de inteligencia de la Marina y, más importante, poniendo mi cuerpo en mejor forma. Resultó que vi a un grupo de verdaderos SEAL en la base, y ellos me inspiraron a hacer ejercicio. Iba al gimnasio y ejercitaba cada parte vital de mi cuerpo: piernas, pecho, tríceps, bíceps, etc. También comencé a correr tres veces por semana, de seis a doce kilómetros cada día, aumentando tres kilómetros cada sesión.

Odiaba correr, pero estaba comenzando a desarrollar la mentalidad correcta: hacer lo que fuera necesario.

FUE TAMBIÉN ALLÍ DONDE APRENDÍ A NADAR, O AL MENOS A nadar mejor.

La parte de Texas de donde vengo está lejos del agua. Entre otras cosas, tuve que dominar el nadar de costado, un estilo crítico para un SEAL.

Cuando la escuela de inteligencia terminó, me acercaba a estar en forma, pero probablemente aún no estaba bastante preparado para el BUD/S. Aunque no lo creía así en aquel momento, tuve suerte de que hubiese falta de instructores para el BUD/S, lo cual causó una acumulación de estudiantes. La Marina decidió asignarme para que ayudase a los de tareas de SEAL durante unas cuantas semanas hasta que hubiese un puesto vacante. (Los de tareas son personas en el ejército que manejan varias tareas de personal. Son parecidos a las personas de recursos humanos en las grandes empresas.)

Yo trabajaba con ellos medio día, bien desde las ocho hasta el mediodía, o desde el mediodía hasta las cuatro. Cuando no estaba trabajando, me entrenaba con otros candidatos a los SEAL. Hacíamos entrenamiento físico —lo que los maestros de gimnasio de la vieja escuela llaman calistenia— durante dos horas. Ya conoces la rutina: abdominales, flexiones, sentadillas.

Nos manteníamos alejados del levantamiento de peso. La idea era que no querías tener demasiado músculo; queríamos ser fuertes, pero tener la máxima flexibilidad.

Los martes y los jueves hacíamos natación extrema: nadar hasta que te hundes, básicamente. Los viernes eran largas carreras de dieciséis y veinte kilómetros. Duro, pero en el BUD/S se esperaba que corrieras un medio maratón.

Mis padres recuerdan mantener una conversación conmigo alrededor de aquella época. Yo intentaba prepararlos para lo que podría venir a continuación. Ellos no sabían mucho sobre los SEAL; tal vez eso era una cosa buena.

Alguien había mencionado que mi identidad podría ser borrada de los informes oficiales. Cuando se lo dije a ellos, pude ver un pequeño gesto.

Les pregunté si les parecería bien. No es que en realidad tuvieran elección, supongo.

«Está bien», insistió mi papá. Mi mamá lo recibió en silencio. Los dos estaban más que un poco preocupados, pero intentaban ocultarlo, y nunca dijeron nada para desalentarme y que no siguiera adelante.

Finalmente, después de unos seis meses de espera, hacer ejercicio y esperar más tiempo, llegaron mis órdenes: presentarse al BUD/S.

MI TRASERO PATEADO

ME BAJÉ DEL ASIENTO TRASERO DEL TAXI Y ESTIRÉ MI UNIFORME de gala. Sacando mi bolsa del taxi, respiré profundamente y comencé a caminar por el sendero hasta el puesto de mando, el edificio donde se suponía que debía presentarme. Yo tenía veinticuatro años, y estaba a punto de vivir mi sueño.

Y de que me patearan el trasero en el proceso.

Estaba oscuro, pero no era particularmente tarde: pasaban las cinco o las seis de la tarde. Yo casi esperaba que me atacaran en cuanto entrase por la puerta. Uno oye todos esos rumores acerca del BUD/S, de lo difícil que es, pero nunca se tiene la historia completa. La anticipación hace que las cosas se vean peores.

Vi a un hombre sentado detrás de un escritorio. Me acerqué y me presenté. Él hizo el registro y me puso en orden con el hospedaje y las otras tareas administrativas que había que manejar.

Todo el tiempo, yo pensaba: *Esto no es demasiado difícil.*

Y: *Voy a ser atacado en cualquier momento.*

Naturalmente, tuve problemas para dormir. Seguía pensando que los instructores iban a entrar de repente y comenzar a golpearme en el trasero. Estaba emocionado, y un poco preocupado al mismo tiempo.

Llegó la mañana sin la más ligera de las interrupciones. Fue entonces cuando descubrí que no estaba realmente en el BUD/S; no aún, no oficialmente. Estaba en lo que se conoce como Adoc, o Adoctrinamiento. El Adoc tiene la intención de prepararte para el BUD/S. Es algo parecido al BUD/S con llantas de entrenamiento. Si es que los SEAL hacían llantas de entrenamiento.

El Adoc duró un mes. Sí, nos gritaban un poco, pero no era nada como en el BUD/S. Pasamos un poco de tiempo aprendiendo lo fundamental de lo que se esperaría de nosotros, cosas como el modo de recorrer el curso de obstáculos. La idea era que cuando llegase el momento en que las cosas se pusieran serias, tuviéramos nuestra seguridad en bajo. También pasamos mucho tiempo ayudando de pequeñas maneras cuando otras clases pasaban por el entrenamiento real.

Adoc fue divertido. Me encantaba el aspecto físico, forzar mi cuerpo y afilar mis habilidades físicas. Al mismo tiempo, veía el modo en que los candidatos eran tratados en el BUD/S, y pensaba: *Mierda, es mejor que me ponga serio y entrene más.*

Y entonces, antes de que me diese cuenta, comenzó la primera fase. Ahora el entrenamiento *era* real, y mi trasero

estaba siendo golpeado. Regularmente y con mucho sentimiento.

Lo cual nos lleva al punto en que comenzamos este
capítulo, conmigo recibiendo un manguerazo de agua en
la cara mientras hacía ejercicio. Había estado haciendo
entrenamiento físico durante meses, y sin embargo aquello
era mucho más duro. Lo divertido es que aunque yo sabía
más o menos lo que iba a suceder, no entendí por completo
lo difícil que iba a ser. Hasta que uno no experimenta realmente algo, no lo sabe.

En algún momento aquella mañana pensé: *Diablos,
estos tipos me van a matar. Se me van a caer los brazos y
voy a desintegrarme en el pavimento.*

De alguna manera seguí adelante.

La primera vez que me golpeó el agua, giré mi cara. Eso
me hizo ganarme mucha atención: mala atención.

«¡No te gires!», gritó el instructor, añadiendo algunas
palabras escogidas relacionadas con mi falta de carácter y
capacidad. «Vuelve la cara y aguanta».

Y eso hice. No sé cuantos cientos de flexiones u otros
ejercicios hicimos. Lo que sí sé es que sentí que iba a fracasar. Eso me impulsó; yo no quería fracasar.

Seguí enfrentando ese temor, y llegando a la misma
conclusión, cada día, a veces en varias ocasiones.

La gente pregunta acerca de qué tan duro eran los
ejercicios, cuántas flexiones teníamos que hacer o cuántas
sentadillas. Para responder a la primera pregunta, la cifra
era cien de cada uno, pero los números en sí casi son irre-
levantes. Tal como lo recuerdo, todo el mundo podía hacer
unas cien flexiones o lo que fuera. Era la repetición y el
estrés constante, el abuso que llegaba con los ejercicios, lo
que hacía que fuese tan difícil el BUD/S. Supongo que es
difícil explicarlo si uno no lo ha pasado.

Existe un malentendido común acerca de que los SEAL
son todos ellos tipos inmensos con una condición física al

máximo. Esa última parte generalmente es cierta: cada SEAL en los Equipos está en excelente forma física. Pero hay SEAL de todos los tamaños. Yo estaba en la zona de 1,85 m y ochenta kilos; otros que servían conmigo variaban desde 1,70 hasta 1,95 m. Lo que todos teníamos en común no era el músculo; era la voluntad de hacer todo lo que fuese necesario.

Pasar por el BUD/S y ser un SEAL se trata más de aguante mental que de cualquier otra cosa. Ser terco y negarse a tirar la toalla es la clave del éxito. En cierto modo, yo me había tropezado con la fórmula ganadora.

BAJO EL RADAR

AQUELLA PRIMERA SEMANA INTENTÉ MANTENERME TAN ALEJADO del radar como fuese posible. Destacar era una cosa *mala*. Ya fuese durante el entrenamiento físico o un ejercicio, o incluso estando en la fila, la cosa más pequeña podía convertirte en el foco de atención. Si estabas un poco encorvado en la fila, se fijaban en ti enseguida. Si un instructor decía que había que hacer algo, yo intentaba ser el primero en hacerlo. Si lo hacía correctamente, y sin duda intentaba hacerlo, me ignoraban y pasaban a otro.

No pude escapar a la atención por completo. A pesar de todo mi ejercicio, a pesar de todo el entrenamiento físico y todo lo demás, yo tenía muchos problemas con las flexiones.

Estoy seguro de que conocerás la rutina: levantas los brazos y te agarras a la barra, y te impulsas hacia arriba. Entonces desciendes. Repites. Repites. Repites.

En el BUD/S teníamos que estar colgados de la barra y esperar hasta que el instructor nos dijera que comenzásemos. Bien, la primera vez que la clase comenzó, resultó que él estaba de pie cerca de mí.

«¡Vamos!», dijo.

«Ahhh», me quejé, impulsándome un poco desviado hacia el norte.

Gran error. Enseguida me catalogaron de débil.

Yo no podía hacer muchas flexiones, para empezar, quizá media docena (que era realmente el requisito). Pero entonces, con toda la atención, ni siquiera podía equivocarme. Tenía que hacer flexiones *perfectas.* Y muchas. Los instructores me señalaron, y comenzaron a requerir que hiciera más y a ponerme mucho más ejercicio extra.

Aquello tuvo efecto. Las flexiones en barra se convirtieron en uno de mis mejores ejercicios. Podía llegar a treinta sin problema. No terminé siendo el mejor de la clase, pero tampoco era una vergüenza.

¿Y la natación? Todo el trabajo que había hecho antes de entrar en el BUD/S tuvo su recompensa. La natación en verdad llegó a ser mi *mejor* ejercicio. Yo era uno de los más rápidos, si no *el* más rápido, de los nadadores en la clase.

De nuevo, las distancias mínimas no cuentan realmente la historia. Para calificar hay que nadar mil yardas en el océano. Cuando uno ha terminado el BUD/S, mil yardas no son nada. Uno nada todo el tiempo. Los recorridos de dos millas eran rutina. Y después estaba el tiempo cuando nos llevaban en barcas y nos lanzaban al agua a siete millas náuticas de la playa.

«Hay un camino de regreso a casa, muchachos», decía el instructor. «Comiencen a nadar».

DE COMIDA EN COMIDA

PROBABLEMENTE TODO EL QUE HAYA OÍDO DE LOS SEAL HABRÁ oído de la Semana del Infierno. Son cinco días y medio de doblegamiento continuo, pensado para ver si uno tiene el aguante y la voluntad para llegar a ser el guerrero definitivo.

Todo SEAL tiene una historia diferente de la Semana del Infierno. La mía en realidad comienza un día o dos antes de la Semana del Infierno, en el oleaje, en algunas rocas. Un grupo de nosotros estábamos en un BIP: «bote inflable pequeño», el bote inflable básico de seis hombres, y teníamos que llevarlo a la costa pasando esas rocas. Yo era el hombre punta, lo cual significaba que mi tarea era salir trepando y sostener bien el bote inflable mientras todos los demás se bajaban y lo recogían.

Bien, justo cuando lo estaba haciendo, llegó una inmensa ola que golpeó el bote y lo hizo caer sobre mi pie. Me dolió muchísimo, y de inmediato quedó entumecido.

Yo lo ignoré todo lo que pude, y finalmente me lo vendé. Más tarde, cuando habíamos terminado por ese día, fui con un compañero cuyo papá resultó ser médico, para que le echase un vistazo a mi pie. Él lo hizo, y una radiografía descubrió que estaba fracturado.

Naturalmente, él quería ponerme un yeso, pero yo me negué. Aparecer en el BUD/S enyesado significaría que tendría que posponer mi entrenamiento; y si hacía eso antes de la Semana del Infierno tendría que regresar al comienzo de todo, y de ninguna manera iba yo a pasar otra vez por todo lo que ya había pasado.

(Incluso durante el BUD/S, se te permite salir de la base con permiso durante tu tiempo libre. Y obviamente, yo no fui a un médico de la Marina para que me viera el pie, porque él me habría enviado de regreso —lo que se conoce como «rodando»— inmediatamente.)

La noche en que la Semana del Infierno tenía que comenzar, nos llevaron a una sala grande, nos dieron pizza, y nos permitieron ver un maratón de películas: *La caída del halcón negro, Cuando éramos soldados, Corazón valiente.* Todos nos estábamos relajando de manera no relajante, ya que sabíamos que estaba a punto de comenzar la Semana del Infierno. Era como una fiesta en el *Titanic.* Las películas nos hicieron estar exultantes, pero sabíamos que el iceberg estaba ahí, amenazante en la oscuridad.

Una vez más, mi imaginación me puso nervioso. Sabía que en algún momento iba a aparecer por esa puerta un instructor con una ametralladora M-60 disparando de fogueo, y yo iba a tener que salir corriendo fuera y formarme en el campo (zona de entrenamiento de asfalto). Pero ¿cuándo?

Cada minuto que pasaba añadía más tensión a mi estómago revuelto. Estaba sentado allí diciéndome: «Dios». Una y otra vez. Muy elocuente y profundo.

Intenté dormir una siesta, pero no podía dormir. Finalmente, alguien entró de repente y comenzó a disparar.

¡Gracias a Dios!

No creo que haya estado tan contento de que se aprovecharan de mí en toda mi vida. Corrí fuera. Los instructores lanzaban granadas de fogueo y tenían las mangueras a toda potencia. (Las granadas de fogueo y aturdimiento producen un intenso resplandor y hacen un ruido muy fuerte cuando explotan, pero no hacen daño. Técnicamente, el término se aplica a diferentes granadas utilizadas por la Armada y la Marina, pero utilizamos en general los nombres de modo intercambiable.)

Yo estaba emocionado, listo para lo que algunas personas piensan que es la prueba suprema para quienes se entrenan para ser SEAL. Pero al mismo tiempo pensaba: *¿Qué diablos está sucediendo?* Porque aunque lo sabía todo sobre la Semana del Infierno, o eso creía yo, al no haberla experimentado nunca, en realidad no la entendía en mi interior.

Fuimos divididos. Nos enviaron a diferentes posiciones y comenzamos a hacer flexiones, flexiones con patada, saltos abriendo brazos y piernas...

Después de eso, todos corrimos juntos. ¿Mi pie? Ese era el mínimo dolor. Nadamos, hicimos entrenamiento físico, sacamos los botes. Principalmente, no dejamos de movernos.

Uno de los muchachos estaba tan agotado en cierto momento que creyó que un kayak que se acercaba para chequearnos en los botes era un tiburón, y comenzó a gritar una advertencia. (En realidad era nuestro comandante. No estoy seguro de si él tomó eso como un cumplido o no.)

Antes de que comenzara el BUD/S, alguien me dijo que la mejor manera de abordarlo es ir de comida en comida. Trabajar tan duro como se pueda hasta que te den alimentos. Te dan una comida cada seis horas, puntualmente. Así que yo me enfocaba en eso. La salvación nunca estaba más lejos de cinco horas y cincuenta y nueve segundos.

Aun así, hubo varias veces en que pensé que no lo lograría. Fui tentado a levantarme y correr a la campana que pondría fin a mi tortura; si tocas esa campana, te llevan a tomar un café y un donut. Y al adiós, ya que hacer sonar la campana (o incluso levantarte y decir «lo dejo») significa el fin del programa para ti.

Lo creas o no, gradualmente comencé a sentir mejor mi pie fracturado a medida que transcurría la semana. Quizá es que simplemente me había acostumbrado tanto al sentimiento que se volvió normal. Lo que no podía soportar era tener frío. Estar tumbado en la playa en el oleaje, desvestido, congelándome: eso era lo peor. Agarraba los brazos de los hombres que tenía a mis dos lados y «me movía», pues mi cuerpo vibraba como loco con los escalofríos. Oraba para que alguien se orinase sobre mí.

Todos lo hacían, estoy seguro. La orina era lo único caliente que estaba disponible en ese momento. Si alguna vez resulta que miras al oleaje durante una clase de BUD/S y ves a un grupo de tipos muy juntos, se debe a que alguien ahí está orinando y todos los demás se están aprovechando de eso.

Si esa campana hubiera estado un poco más cerca, yo podría haberme puesto de pie y haber ido a tocarla, y conseguir mi café caliente y mi donut. Pero no lo hice.

O bien era demasiado terco para abandonar, o simplemente demasiado perezoso para levantarme. Elige tú.

Yo tenía todo tipo de motivaciones para seguir adelante. Recordaba a cada persona que me había dicho que tendría que abandonar el BUD/S. Aguantar era lo mismo que clavársela a ellos. Y ver todos los barcos en la costa era otro incentivo: me preguntaba si quería terminar allí.

Diablos, no.

La Semana del Infierno comenzó un domingo en la noche. Cerca del miércoles comencé a sentir que iba a lograrlo. En ese punto, mi meta principal era sobre todo mantenerme despierto. (Dormí unas dos horas en todo ese tiempo, y no fueron seguidas.) Mucho del agotamiento físico ya no estaba, y era más un reto mental que cualquier otra cosa. Muchos instructores dicen que la Semana del Infierno es en un noventa por ciento mental, y tienen razón. Hay que demostrar que se tiene el aguante mental para continuar en una misión incluso cuando se está agotado. Esa es realmente la idea que está detrás de la prueba.

Definitivamente, es una manera eficaz de deshacerse de algunos tipos. Yo no lo veía en aquel momento, para ser sincero. En el combate, sin embargo, lo entendí. Uno no puede sencillamente acercarse a una campana y hacerla sonar para regresar a casa cuando te están disparando. No hay modo de decir: «Denme esa taza de café y ese donut que prometieron». Si abandonas, mueres y algunos de tus muchachos mueren.

Mis instructores en el BUD/S siempre decían cosas como: «¿Creen que esto es malo? Va a apestar más cuando lleguen a los Equipos. Tendrán más frío y estarán más cansados cuando lleguen allí».

Tumbado allí en el oleaje, pensaba que estaban llenos de mierda. Lo que no sabía era que, unos años después, pensaría que la Semana del Infierno era pan comido.

TENER FRÍO SE CONVIRTIÓ EN MI PESADILLA.

Me refiero a eso literalmente. Después de la Semana del Infierno me despertaba temblando todo el tiempo. Podía estar bajo todo tipo de mantas y aun así tener frío, porque repetía todo aquello de nuevo en mi mente.

Se han hecho tantos libros y vídeos sobre la Semana del Infierno que no te haré desperdiciar más tiempo al describirla. Pero te diré una cosa: pasar por ella es mucho peor que leer sobre ella.

RETENIDO

La semana después de la Semana del Infierno es una breve fase de recuperación llamada semana de caminar. Para entonces te han agotado tanto que tu cuerpo se siente permanentemente herido e hinchado. Llevas tenis y no corres; tan solo caminas rápido a todas partes. Es una concesión que no dura mucho tiempo; después de unos pocos días, comienzan a darte una paliza otra vez.

«Muy bien, aguántense», gritan los instructores. «Ya lo han pasado».

Ellos te dicen cuándo estás herido y cuándo no lo estás.

Al haber sobrevivido a la Semana del Infierno, yo pensaba que estaba fuera de peligro. Cambié mi camisa blanca por una marrón, y comencé la parte dos del BUD/S, la fase de buceo. Por desgracia, en algún momento del camino agarré una infección. Poco después de que empezase la segunda fase, estaba yo en una torre de buceo, un aparato especial de entrenamiento que simula una inmersión. En este ejercicio en particular tenía que practicar con una campana de buzo, haciendo lo que se denomina un ascenso flotante a la vez que mantenía la presión en mi oído interno y externo ecualizada. Hay algunos métodos para hacer eso; un método común es cerrar la boca, apretarse un poco la nariz, y respirar suavemente por la nariz. Si no la limpias o no puedes limpiarla adecuadamente, habrá problemas...

Me habían dicho eso, pero debido a la infección no parecía lograrlo. Como estaba en el BUD/S y era inexperto, decidí sencillamente aguantar e intentarlo. Eso fue lo peor que pude hacer: descendí y terminé con mi tímpano perforado. Me salía sangre por los oídos, la nariz y los ojos cuando volví a subir.

Me dieron atención médica allí mismo y después me enviaron a que me tratasen los oídos. Debido a los problemas médicos, no me dejaron seguir; me asignaron a asistir a una clase más adelante cuando me curase.

Cuando te retienen, estás en cierto tipo de limbo. Como yo ya había pasado la Semana del Infierno, no tenía que regresar hasta el principio; no se repite la Semana del Infierno, gracias a Dios. Sin embargo, no podía quedarme tumbado en mi catre hasta que llegase la clase más adelante. En cuanto pude, ayudaba a los instructores, hacía entrenamiento físico, y corría con una clase de camisas blancas (primera fase) mientras a ellos les pateaban los traseros.

Una cosa que hay que saber sobre mí es que me encanta mascar tabaco.

Me ha gustado desde que tenía diez años. Mi padre me agarró mascando tabaco cuando estaba en la secundaria. Él se oponía a eso, y decidió hacerme romper el hábito de una vez por todas. Así que me hizo comer una lata entera de tabaco con sabor a menta. Hasta la fecha, ni siquiera puedo utilizar pasta de dientes con ese sabor.

Otros tipos de sabores para mascar son una historia diferente. En estos tiempos, Copenhagen es mi marca favorita.

No se permite tener tabaco a los candidatos en el BUD/S. Pero al estar yo retenido, supongo que pensé que podría hacerlo sin problema. Un día puse un poco de Copenhagen en mi boca y me uní a la formación para una carrera. Yo estaba en el interior del grupo, de modo que nadie estaría prestando atención. O eso creía yo.

Resulta que uno de los instructores se acercó a esa zona y comenzó a hablar conmigo. En cuanto yo respondí, vio que mascaba algo en mi boca.

«¡Abajo!».

Yo salí de la formación y me puse en posición de flexiones.

«¿Dónde está tu lata?», demandó.

«En mi calcetín».

«Sácala».

Desde luego, tenía que seguir en posición de flexiones mientras hacía eso, así que con una mano alcancé el calcetín y la saqué. Él abrió la lata y la puso delante de mí. «Cómetela».

Cada vez que bajaba para hacer una flexión, tenía que dar un bocado grande de Copenhagen y tragarlo. Yo había mascado desde que tenía quince años, y ya me tragaba el tabaco regularmente cuando terminaba, así que no fue tan malo como se podría pensar. Sin duda, no fue tan malo como mi instructor quería. Quizá si hubiera sido de sabor a menta, habría sido otra historia. Le enfureció que yo no vomitase, así que siguió conmigo durante varias horas con todos esos ejercicios. Yo *casi* echo la papilla; no por el Copenhagen sino por agotamiento.

Finalmente, me dejó tranquilo. Después de eso, nos llevábamos bastante bien. Resultó que él mismo también mascaba. A él y a otro instructor de Texas llegué a caerles bien hacia el final del BUD/S, y aprendí muchísimo de esos dos hombres a medida que continuó el curso.

MUCHAS PERSONAS SE SORPRENDEN AL OÍR QUE LAS LESIONES NO necesariamente descalifican para llegar a ser un SEAL, a menos que sean tan graves que pongan fin a tu carrera en la Armada. Sin embargo, tiene sentido, ya que ser un SEAL se trata más de aguante mental que de destreza física; si se tiene la fortaleza psicológica para regresar de una lesión y completar el programa, hay una buena posibilidad de ser un buen SEAL. Yo conozco personalmente a un SEAL que se fracturó la cadera tan gravemente durante el entrenamiento que tuvieron que sustituirla. Tuvo que permanecer sentado durante año y medio, pero logró terminar el BUD/S.

Uno oye a tipos hablar de ser expulsados del BUD/S por haberse metido en una pelea con el instructor y haberlo molido a palos. Mienten descaradamente. Nadie se pelea con los instructores. Sencillamente no se hace. Créeme: si lo hicieras, ellos se juntarían y te patearían el trasero tan rápidamente que nunca más volverías a caminar.

MARCUS

Uno se acerca a las personas en el BUD/S, pero intenta no acercarse *demasiado* hasta después de la Semana del Infierno, pues es ahí donde está el mayor índice de deserción. Graduaron a dos docenas de tipos de nuestra clase; menos del diez por ciento del número que había comenzado.

Yo fui uno de ellos. Había comenzado en la clase 231, pero con la retención me gradué con la 233.

Después del BUD/S, los SEAL pasan al entrenamiento avanzado, oficialmente conocido como SQT, o Entrenamiento de Cualificación SEAL. Mientras estuve allí, volví a encontrarme con un amigo mío al que había conocido mientras estaba en el BUD/S: Marcus Luttrell.

Marcus y yo nos llevamos bien desde un principio. Fue algo natural: éramos un par de muchachos de Texas.

No supongo que entiendas eso si no eres de Texas. Parece haber un vínculo especial entre las personas del estado. No sé si serán las experiencias compartidas, o quizá sea algo en el agua, o quizá en la cerveza. Los texanos tienden a llevarse bastante bien entre ellos, y en este caso nosotros formamos una amistad instantánea. Quizá no sea tanto misterio; después de todo, teníamos muchas experiencias en común, desde crecer con un amor por la caza hasta unirnos a la Armada y curtirnos en el BUD/S.

Marcus se había graduado del BUD/S antes que yo, y después pasó al entrenamiento especial avanzado antes de regresar al SQT. Formado como médico del ejército, resultó que me examinó cuando sufrí mi primer golpe O_2 mientras buceaba. (En términos sencillos, un «golpe O_2» ocurre cuando entra demasiado oxígeno en el flujo sanguíneo durante una inmersión. Puede estar causado por varios factores diferentes, y puede llegar a ser bastante grave. Mi caso fue muy ligero.)

Buceando otra vez. Siempre digo que soy un «...L», no un SEAL. Soy un tipo de tierra; puedes guardar el aire y el mar para otra persona.

El día en que ocurrió mi incidente, estaba nadando con un teniente, y estábamos decididos a conseguir la aleta dorada del día: un galardón para la más excelente inmersión del día. El ejercicio implicaba nadar por debajo de un barco y plantar minas lapa. (Una mina lapa es una carga especial que se sitúa en el casco de un barco. Por lo general, tendrá una carga cronometrada.)

Lo estábamos haciendo muy bien cuando, de repente, mientras yo estaba debajo del casco del barco, experimenté vértigo y mi cerebro se convirtió en un vegetal. Me las arreglé para agarrarme a un poste y abrazarlo. El teniente intentó darme una mina, y después intentó hacerme señales cuando yo no la agarré. Me quedé con la mirada perdida en el océano. Finalmente, mi mente se aclaró, y pude recuperarme y continuar.

Ninguna aleta dorada para nosotros ese día. Para cuando regresé a la superficie ya estaba bien, y tanto Marcus como los instructores me dieron el visto bueno.

Aunque terminamos en diferentes Equipos, Marcus y yo nos mantuvimos en contacto a medida que pasaron los años. Parecía que cada vez que yo regresaba de un despliegue de combate, él acudía para revivirme. Almorzábamos juntos e intercambiábamos información de manera informal.

Hacia el final del SQT, recibimos órdenes diciéndonos a qué Equipo SEAL estábamos a punto de incorporarnos. Aunque nos habíamos graduado del BUD/S, no nos considerábamos aún verdaderos SEAL; solo cuando nos uniéramos a un Equipo obtendríamos nuestros Tridentes; e incluso entonces tendríamos que demostrar antes nuestra valía. (El Tridente de los SEAL, también conocido como Budweiser, es un «objeto» de metal o insignia que llevan los SEAL. Además del tridente de Neptuno, el símbolo incluye un águila y un ancla.) En ese momento había seis Equipos, lo que significaba que había tres opciones en cada costa: este y oeste; mi principal opción era el Equipo Seal 3, que tenía su base en Coronado, California. Lo escogí porque el equipo había visto acción en Oriente Medio y tenía probabilidades de regresar allí. Yo quería meterme en el centro de la acción si podía. Creo que todos lo queríamos.

Mis siguientes dos opciones eran para los Equipos con base en la costa este, porque yo había estado en Virginia, donde tenían sus oficinas generales. No soy un gran fan de Virginia, pero me gustaba mucho más que California. San Diego, la ciudad cercana a Coronado, tiene un tiempo estupendo, pero el sur de California es la tierra de los locos. Yo quería vivir en algún lugar con un poco más de cordura.

El hombre con quien trabajé en las tareas de oficina me había dicho que él se aseguraría de que yo consiguiera mi primera opción. No estaba cien por ciento seguro de que eso fuese a suceder, pero en ese momento habría aceptado cualquier destino que me asignasen; obviamente, porque yo no tenía voz alguna en el asunto.

Recibir la asignación real fue todo lo contrario a dramático. Nos llevaron a un salón de clases grande y nos entregaron un papel con nuestras órdenes. Yo obtuve mi primera opción: Equipo 3.

AMOR

ALGO MÁS ME SUCEDIÓ ESA PRIMAVERA QUE TUVO UNA ENORME influencia no solo en mi carrera militar, sino también en mi vida.

Me enamoré.

No sé si crees en el amor a primera vista; no creo que yo lo hiciera antes de aquella noche en abril de 2001 cuando vi a Taya de pie en un bar en un club de San Diego, hablando con uno de mis amigos. Ella tenía una peculiar manera de hacer que los pantalones de cuero negro se vieran muy sexy y elegantes. La combinación me parecía muy bien.

Yo acababa de incorporarme al Equipo 3. Aún no habíamos comenzado el entrenamiento, y estaba disfrutando de lo que sumaba una semana de vacaciones antes de pasar al serio asunto de convertirme en SEAL y ganarme mi lugar en el Equipo.

Taya trabajaba para una empresa farmacéutica como representante de medicinas cuando nos conocimos. Originaria de Oregón, había ido a la universidad en Wisconsin y luego trasladado a la costa un par de años antes de conocernos. Mi primera impresión fue que ella era hermosa, incluso si parecía enojada por algo. Cuando comenzamos a hablar, también descubrí que era inteligente y que tenía un buen sentido del humor. Enseguida sentí que ella era alguien que podría seguirme el paso.

Pero quizá ella debería contar la historia; su versión suena mejor que la mía:

Taya:

Recuerdo la noche que nos conocimos; parte de ella al menos. Yo no iba a salir. Todo esto fue durante un punto bajo en mi vida. Pasaba los días en un trabajo que no me gustaba. Yo era bastante nueva en la ciudad y seguía buscando algunas buenas amistades femeninas. Y salía con hombres de manera casual, sin mucho éxito. A lo largo de los años había tenido algunas relaciones decentes y un par de otras malas, con unas cuantas citas entre medias. Recuerdo literalmente orar a Dios antes de conocer a Chris para que me enviase a un hombre bueno. Yo pensaba que nada más importaba. Tan solo oré por alguien que fuese inherentemente bueno y agradable.

Una amiga me llamó y quería que fuésemos a San Diego. Yo vivía en Long Beach en ese momento, a unos ciento cuarenta kilómetros de distancia. Y no iba a ir, pero de alguna manera ella me convenció.

Estábamos por allí aquella noche y pasamos al lado de un bar llamado Maloney's. Estaban poniendo a todo volumen «Land Down Under» de Men at Work. Mi amiga quería entrar, pero tenían un precio de entrada muy alto, sobre unos diez o quince dólares.

«Yo no voy a pagar eso», le dije. «No en un bar que está poniendo Men at Work».

«Ah, cállate», dijo mi amiga. Ella pagó y las dos entramos.

Estábamos en el bar. Yo estaba bebiendo y me sentía irritable.

Este tipo alto y bien parecido se acercó y comenzó a hablar conmigo. Yo había estado hablando con uno de sus amigos, que parecía un idiota. Mi estado de ánimo seguía siendo bastante malo, aunque él tenía cierto aire. Me dijo su nombre, Chris, y yo le dije el mío.

«¿A qué te dedicas?», le pregunté.

«Conduzco un camión de helados».

«Estás lleno de mierda», le dije yo. «Obviamente estás en el ejército».

«No, no», protestó él. Me dijo un montón de cosas. Los SEAL casi nunca admiten ante extraños lo que hacen en realidad, y Chris tenía algunas de las mejores historias de mierda jamás contadas. Una de las mejores fue la de la cera a delfines: afirmó que a los delfines en cautividad había que echarles cera para que su piel no se desintegrase. Es una historia bastante convincente, si eres una muchacha joven, ingenua y estás un poco mareada.

Afortunadamente, él no utilizó esa en particular conmigo, espero que porque podía saber que no me la creería. También ha convencido a muchachas de que

45

maneja un cajero automático, sentado en el interior y despachando dinero cuando las personas introducen sus tarjetas de crédito. Yo no estaba de ninguna manera cerca de ser tan ingenua o estar tan bebida para que él probase con esa historia.

Con una sola mirada, yo podría haber dicho que él estaba en el ejército. Era musculoso y tenía el cabello muy corto, y tenía un acento que decía «no soy de aquí».

Finalmente, admitió que estaba en el servicio.

«¿Y qué haces en el ejército?», le pregunté.

Él dijo muchas otras cosas, y al final conseguí la verdad: «Acabo de graduarme del BUD/S».

Yo dije algo como: «Muy bien, entonces eres un SEAL».

«Vale».

«Lo sé todo sobre ustedes», le dije. Mira, mi hermana acababa de divorciarse de su esposo. Mi cuñado quería ser un SEAL, y realizó parte del entrenamiento, así que yo sabía (o pensaba que sabía) de lo que se trataba ser un SEAL.

Así que le dije a Chris.

«Ustedes son arrogantes, egoístas, y buscan la gloria», le dije. «Mienten y piensan que pueden hacer lo que quieran».

Sí, yo mostraba mi lado más encantador.

Lo intrigante fue el modo en que él respondió. No sonrió con superioridad, no intentó ser listo, ni siquiera actuó ofendido. Parecía verdaderamente... perplejo.

«¿Por qué dices eso?», preguntó, de manera muy inocente y genuina.

Yo le hablé de mi cuñado.

«Yo daría mi vida por mi país», respondió. «¿En qué es eso egoísta? Es precisamente lo contrario».

Él era muy idealista y romántico acerca de cosas como el patriotismo y servir al país, así que no pude evitar creerle.

Hablamos durante un rato más, y entonces llegó mi amiga y yo dirigí mi atención a ella. Chris dijo algo como que se iba a ir a su casa.

«¿Por qué?», le pregunté.

«Bueno, estabas diciendo que nunca tendrías una cita con un SEAL o saldrías con uno».

«Oh, no, dije que nunca me casaría con uno. No he dicho que no saliera con uno».

Su cara se iluminó.

«En ese caso», dijo él con esa taimada sonrisita que tiene, «supongo que conseguiré tu número de teléfono».

Él siguió por allí. Yo seguí por allí. Seguíamos allí cuando ya iban a cerrar. Cuando me levanté con toda la gente para irnos, me empujaron contra él. Él era todo músculo, y olía bien, así que le di un besito en el cuello. Salimos y él se acercó hasta nosotros en el estacionamiento... y yo comencé a echar la papilla por todo el Scotch con hielo que había estado bebiendo.

¿Cómo *no* vas a amar a una muchacha que pierde toda la compostura la primera vez que la conoces? Supe desde el principio que era alguien con quien quería pasar mucho tiempo. Pero al principio era imposible hacer eso. La llamé a la mañana siguiente de conocernos para asegurarme de que estaba bien. Hablamos y nos reímos un poco. Después de eso, la llamaba y le dejaba mensajes. Ella no devolvía las llamadas.

Los otros muchachos en el Equipo comenzaron a burlarse de mí al respecto. Hacían apuestas sobre si ella me llamaría alguna vez tomando la iniciativa. Mira, hablamos algunas veces, cuando ella sí respondió al teléfono... quizá pensando que era otra persona. Después de un tiempo, era obvio incluso para mí que ella nunca tomaba la iniciativa.

Entonces, algo cambió. Recuerdo la primera vez que ella me llamó *a mí*. Estábamos en la costa este, de entrenamiento.

Cuando terminamos la conversación, corrí dentro y comencé a saltar sobre las camas de mis compañeros de equipo. Tomé la llamada como una señal de que ella estaba *realmente* interesada. Estaba contento de compartir ese hecho con todos los aguafiestas.

Taya:

Chris era siempre muy consciente de mis sentimientos. Es muy observador en general, y es lo mismo con la conciencia que tiene de mis emociones. Él no tiene que decir mucho. Una simple pregunta o una manera fácil de sacar algo a la luz revelan que es consciente en un cien por ciento de mis sentimientos. No necesariamente le gusta hablar sobre sentimientos, pero sabe muy bien cuando es apropiado o necesario sacar cosas a la luz que yo pueda haber tenido intención de guardar.

Noté eso al principio de nuestra relación. Hablábamos por teléfono y él era muy cariñoso.

Somos, en muchos aspectos, contrarios. Aun así, parecíamos encajar. Un día al teléfono me estaba preguntando qué pensaba yo que nos hacía ser compatibles. Decidí decirle algunas de las cosas que me atraían de él.

«Creo que eres un hombre realmente bueno», le dije yo, «muy agradable. Y sensible».

«¡¿Sensible?!». Se quedó asombrado, y pareció ofendido. «¿Qué quieres decir?».

«¿No sabes lo que significa sensibilidad?».

«¿Te refieres a que lloro en las películas y esas cosas?».

Yo me reí. Le expliqué que me refería a que él parecía detectar cómo me sentía yo, a veces antes de yo misma saberlo. Y me permitía expresar esa emoción y, lo más importante, me daba espacio.

No creo que esa sea la imagen que la mayoría de las personas tienen de los SEAL, pero era y es precisa, al menos de este hombre.

11 DE SEPTIEMBRE DE 2001

A MEDIDA QUE NUESTRA RELACIÓN ERA CADA VEZ MÁS CERCANA, Taya y yo comenzamos a pasar más tiempo el uno con el otro. Finalmente, pasábamos noches en el apartamento del uno o del otro, ya fuese Long Beach o San Diego.

Una mañana me desperté oyendo sus gritos. «¡Chris! ¡Chris! ¡Despierta! ¡Tienes que ver esto!».

Llegué tambaleándome hasta la sala. Taya había encendido el televisor y subido el volumen. Yo vi humo que salía del World Trade Center en Nueva York.

No entendía lo que estaba sucediendo. Parte de mi aún estaba durmiendo.

Mientras mirábamos la imagen, un avión chocó por el lado de la segunda torre.

«¡Hijos de puta!», murmuré.

Me quedé mirando fijo a la pantalla, enojado y confuso, sin estar totalmente seguro de que fuese real.

De repente recordé que había dejado apagado mi teléfono celular. Lo agarré, y vi que no había leído un grupo de mensajes. La suma total de ellos era esta:

Kyle, lleva tu trasero a la base. ¡Ahora!

Me fui en el SUV de Taya, pues estaba lleno de combustible y mi camioneta no tenía, y me dirigí hasta la base. No sé exactamente a qué velocidad iba, podrían haber sido tres dígitos, pero sin duda era una velocidad muy alta.

Al ir por San Juan Capistrano, miré por el retrovisor y vi varias luces rojas intermitentes.

Me eché a un lado. El policía que se acercó al auto estaba enojado.

«¿Hay alguna razón para que conduzca con tanta rapidez?», demandó.

«Sí, señor», le dije. «Me disculpo. Estoy en el ejército y me acaban de llamar. Entiendo que usted tiene que ponerme una multa. Sé que no lo he hecho bien, pero con el debido respeto, ¿podría darse prisa y darme la multa para que pueda regresar a la base?».

«¿En qué rama está usted?».

Yo pensé: *Qué hijo de puta. Te acabo de decir que tengo que presentarme. ¿No puedes darme la maldita multa?* Pero mantuve la compostura.

«Estoy en la Marina», le dije.

«¿Y qué hace en la Marina?», me preguntó.

Para entonces ya estaba yo bastante molesto. «Soy un SEAL».

Él cerró su libreta de multas.

«Le llevaré hasta el límite de la ciudad», me dijo. «Vaya y haga que esos malditos paguen».

Encendió las luces y se puso delante de mí. Íbamos un poco más lento de lo que yo había ido cuando él me detuvo, pero aun así seguimos traspasando el límite. Él me llevó hasta donde llegaba su jurisdicción, quizá un poco más lejos, y después me indicó que siguiera.

ENTRENAMIENTO

NOS PUSIERON INMEDIATAMENTE EN ALERTA, PERO RESULTÓ QUE no éramos necesarios en Afganistán o en ningún otro lugar en ese momento. Mi pelotón tendría que esperar casi un año antes de entrar en acción, y cuando lo hicimos, sería contra Saddam Hussein, y no Osama bin Laden.

Hay mucha confusión en el mundo civil acerca de los SEAL y nuestra misión. La mayoría de las personas piensan que somos estrictamente comandos con base en el mar, refiriéndose a que siempre operamos desde barcos, y tenemos objetivos en el agua o en la línea costera inmediata.

Es cierto que una buena cantidad de nuestro trabajo implica cosas en el mar; después de todo, estamos en la Marina. Y desde una perspectiva histórica, como mencioné antes brevemente, los SEAL remontan sus orígenes hasta los Equipos de Demolición Submarina de la Marina, o

UDT. Establecidos durante la Segunda Guerra Mundial, los hombres rana de los UDT eran responsables de hacer un reconocimiento de las playas antes de que fuesen atacadas, y se entrenaban para una variedad de otras tareas en el agua, como infiltrarse en puertos y plantar bombas lapa en barcos enemigos. Ellos eran los crueles y machotes buceadores de combate de la Segunda Guerra Mundial y la era de la posguerra, y los SEAL estamos orgullosos de ir tras su estela.

Pero cuando la misión de los UDT se amplió, la Marina reconoció que la necesidad de operaciones especiales no terminaba en la línea de playa. A medida que nuevas unidades llamadas SEAL se formaron y fueron entrenadas para esta misión ampliada, llegaron a sustituir a las antiguas unidades de los UDT.

Aunque «tierra» sea la palabra final en el acrónimo de los SEAL, no significa que es lo último que hacemos. Cada unidad de operaciones especiales en el ejército estadounidense tiene su propia especialidad. Hay mucho solapamiento en nuestro entrenamiento, y el ámbito de nuestras misiones es parecido en muchos aspectos. Pero cada rama tiene su propia especialidad. Las Fuerzas Especiales del ejército, también conocidas como FE, hacen un estupendo trabajo entrenando a fuerzas extranjeras, tanto en la guerra convencional como la no convencional. Los Rangers del ejército son una gran fuerza de asalto; si se quiere que caiga un gran objetivo, digamos un campo de aviación, eso es cosa de ellos. Los operadores especiales de la Fuerza Aérea, paracaidistas, destacan en sacar a las personas de la mierda.

Entre nuestras especialidades está la AD.

AD significa «acción directa». Una misión de acción directa es un golpe muy breve y rápido contra un objetivo pequeño pero de mucho valor. Se podría pensar en ello como un golpe quirúrgico contra el enemigo. En un sentido práctico, podría variar desde algo como un ataque en

un puente clave detrás de líneas enemigas hasta una redada en un escondite terrorista para detener a quien fabrica
bombas; un «llegar y agarrar», como algunos lo llaman.
Aunque son visiones muy diferentes, la idea es la misma:
golpear duro y rápido antes de que el enemigo se dé cuenta
de lo que está sucediendo.

Después del 11 de septiembre, los SEAL comenzaron a
entrenarse para ocuparse de los lugares donde era más
probable que estuvieran situados terroristas islámicos,
siendo Afganistán el número uno, y después el Oriente
Medio y África. Seguíamos haciendo todas las cosas que
un SEAL ha de hacer: bucear, saltar desde aviones, derribar barcos, etc. Pero durante nuestro entrenamiento se
hacía más hincapié en la guerra en tierra del que tradicionalmente había habido en el pasado.

Hubo debate con respecto a este cambio mucho más
arriba de mi nivel salarial. Algunas personas querían limitar a los SEAL a diez millas en tierra. Nadie pidió mi opinión, pero en cuanto a mí, no debería haber ningún límite.
Personalmente, estoy muy contento al quedarme fuera del
agua, pero eso no tiene nada que ver. Que me dejen hacer
lo que estoy entrenado para hacer dondequiera que haya
que hacerlo.

De todos modos, la mayor parte del entrenamiento era
divertido, incluso cuando era una patada en las pelotas.
Buceábamos, fuimos al desierto, trabajamos en las montañas. Incluso pasamos por ahogamiento simulado y gaseado.

Todo el mundo practica el ahogamiento simulado
durante el entrenamiento. La idea es prepararte en caso
de que seas capturado. Los instructores nos torturaban
tan duro como podían, atándonos y vapuleándonos, sin
llegar a dañarnos de modo permanente. Ellos dicen que
cada uno de nosotros tiene un punto en que se doblega, y
que los prisioneros a la larga ceden. Pero yo habría hecho
todo lo posible para hacer que me matasen antes de revelar secretos.

El entrenamiento con gas era otro golpe. Básicamente, te golpean con gas lacrimógeno y tienes que luchar en medio de todo ello. El ingrediente activo del gas lacrimógeno es el 2-clorobenzalmalonitrilo, para los que dominan la química. Nosotros pensábamos en él como «tose y escupe», porque esa es la mejor manera de tratarlo. Uno aprende durante el entrenamiento a dejar que los ojos lloren; lo peor que se puede hacer es restregarlos. Vas a sentirte mocoso y vas a estar tosiendo y llorando, pero aun así puedes disparar tu arma y luchar en medio de todo eso. Ese es el propósito del ejercicio.

Fuimos hasta Kodiak, Alaska, donde hicimos un curso de navegación por tierra. No era el punto álgido del invierno, pero aun así había tanta nieve en el terreno que tuvimos que ponernos botas de nieve. Comenzamos con la instrucción básica sobre mantenernos calientes, poniéndonos capas, etc., y aprendimos sobre cosas como refugios en la nieve. Uno de los puntos importantes de este entrenamiento, que se aplicaba en todas partes, era aprender a conservar el peso en el campo. Tienes que llegar a saber si es más importante ir más ligero y ser más móvil, o tener más munición y armadura corporal.

Yo prefiero ligereza y velocidad. Cuento gramos cuando salimos, no kilos. Cuanto más ligero seas, más móvil puedes llegar a ser. Los bastardos que hay ahí son más rápidos que el demonio; es necesario tener todas las ventajas que se pueda con respecto a ellos.

El entrenamiento fue bastante competitivo. Supimos en cierto momento que el mejor pelotón en el Equipo sería enviado a Afganistán. El entrenamiento arreció desde este punto en adelante. Era una feroz competición, y no solamente en el campo de entrenamiento. Los oficiales se apuñalaban por la espalda unos a otros. Iban al oficial al mando y decían:

¿Has visto lo que esos tipos hicieron en el campo? No son buenos...

La competición llegó hasta nosotros y otro pelotón. Quedamos los segundos. Ellos fueron a la guerra; nosotros nos quedamos en casa.

Ese puede ser el peor destino que un SEAL puede imaginar.

CON EL CONFLICTO EN IRAK APARECIENDO POR EL HORIZONTE, nuestro énfasis cambió. Practicábamos tiro en el desierto; practicábamos luchas en ciudades. Trabajamos duro, pero siempre había movimientos más ligeros.

Recuerdo una vez que estuvimos en un entrenamiento urbano real (RUT son sus siglas en inglés). Nuestro mando encontraba un municipio que estuviese dispuesto a dejar que entrásemos y tomásemos un edificio de verdad (un almacén vacío, digamos, o una casa), algo un poco más auténtico de lo que uno encontraría en una base. En este ejercicio, estábamos trabajando en una casa. Todo había sido cuidadosamente organizado con el departamento de policía local. Algunos «actores» habían sido reclutados para interpretar papeles durante el ejercicio.

Mi tarea era establecer la seguridad en el exterior. Yo bloqueaba el tráfico, indicando a los vehículos que se apartaran mientras algunos de los policías locales observaban desde los lados.

Mientras yo estaba allí, con la pistola preparada, sin parecer particularmente amigable, se acercó un tipo desde las casas hasta mí.

Yo comencé a realizar la rutina. Primero le indiqué con la mano que se alejase; él seguía avanzando. Entonces le apunté con luz; él seguía avanzando. Le señalé con el láser; él seguía avanzando.

Desde luego, cuanto más se acercaba él, más convencido estaba yo de que era uno de los actores, enviado para probarme. Mentalmente repasé mis RA («reglas de actuación»), que cubrían el modo en que yo debía actuar.

«¿Quién eres, el popo?», preguntó, acercando su cara a la mía.

«Popo» (el término de un gamberro para policía) no estaba en las RA, pero pensé que él estaba improvisando. Lo siguiente que había en mi lista era derribarle. Así que eso hice. Él comenzó a resistirse, y metió su mano bajo su chaqueta para alcanzar lo que yo supuse que sería un arma, que es exactamente lo que un SEAL actuando de malo haría. Así que reaccioné en consonancia, dando una buena respuesta SEAL mientras le derribaba al suelo y peleaba un poco.

Lo que estaba debajo de su chaqueta se rompió, y salió un líquido por todas partes. Él comenzó a maldecir y siguió adelante, pero yo no tomé el tiempo para pensar en todo eso en aquel momento. Cuando él se cansó de pelear, le esposé y miré a mi alrededor.

Los policías, sentados en el interior de su auto patrulla que estaba cerca, casi estaban doblados de la risa. Yo me acerqué a ver qué sucedía.

«Era Fulano», me dijeron. «Uno de los mayores traficantes de droga en la ciudad. Nos gustaría poder haberle derribado como acabas de hacer tú».

Parece que el señor Popo había ignorado todas las señales y se había metido en el ejercicio de entrenamiento suponiendo que llevaría a cabo sus negocios como siempre. Hay idiotas en todas partes; pero supongo que eso explica cómo pudo él meterse en esa zona de trabajo en un principio.

NOVATADAS Y TRINCHERAS

Durante meses, el Consejo de Seguridad de las Naciones Unidas presionó a Irak para que cumpliese plenamente las resoluciones de las Naciones Unidas, en especial las que requerían inspecciones de supuestas armas de destrucción masiva y lugares relacionados. La guerra no era una conclusión ineludible; Saddam Hussein podría haber cumplido y haber mostrado a los inspectores todo lo que ellos querían ver. Pero la mayoría de nosotros sabíamos que no lo haría. Por lo tanto, cuando nos enteramos de que nos iban a enviar a Kuwait, nos emocionamos mucho. Suponíamos que iríamos a la guerra.

De un modo o del otro, había mucho que hacer allí. Además de vigilar las fronteras de Irak y proteger a la minoría kurda, a la que Saddam había gaseado y masacrado en el pasado, las tropas estadounidenses hacían que se respetaran las zonas de restricción aérea en el norte y en el sur. Saddam pasaba de contrabando petróleo y otros productos tanto dentro como fuera de su país, en violación de las sanciones de las Naciones Unidas. Estados Unidos y otros aliados reforzaban operaciones para detener eso.

Antes de ser desplegados, Taya y yo decidimos casarnos. La decisión nos sorprendió a los dos. Un día comenzamos a charlar en el auto, y ambos llegamos a la conclusión de que deberíamos casarnos.

La decisión me sorprendió, incluso cuando la tomé. Estaba de acuerdo con ello. Era completamente lógico. Sin duda alguna estábamos enamorados. Yo sabía que ella era la mujer con la que quería pasar mi vida. Y sin embargo, por alguna razón, pensaba que el matrimonio no duraría.

Ambos sabíamos que había un índice de divorcio muy elevado en los SEAL. De hecho, he oído a consejeros matrimoniales afirmar que está cerca del noventa y cinco por ciento, y lo creo. Por lo tanto, quizá eso fuese lo que me preocupaba. Tal vez parte de mí no estuviese realmente preparado para pensar en un compromiso para toda la vida. Y por supuesto entendía lo demandante que iba a ser mi trabajo cuando fuésemos a la guerra. No puedo explicar las contradicciones.

Pero lo que sí sé es que estaba totalmente enamorado, y que ella me amaba. Y por lo tanto, en lo bueno y en lo malo, ya sea en la paz o en la guerra, el matrimonio fue nuestro siguiente paso juntos. Felizmente, hemos sobrevivido a todo.

Una cosa que debieras saber sobre los SEAL: cuando eres nuevo en los Equipos, sufres novatadas. Los pelotones son grupos muy cerrados. A los nuevos, siempre llamados «tipos nuevos», les hacen la vida imposible hasta que demuestran que pertenecen al grupo. Eso por lo general no sucede hasta bien avanzado el primer despliegue, si es que sucede. Los tipos nuevos son quienes hacen los peores trabajos. Son probados constantemente, son siempre molidos.

Es un cierto tipo de novatada extensa que adopta muchas formas. Por ejemplo: en un ejercicio de entrenamiento, trabajas duro. Los instructores patean tu trasero durante todo el día. Entonces, cuando has terminado, el pelotón saldrá y se irá de fiesta. Cuando estamos fuera en una misión de entrenamiento, normalmente nos movemos en grandes camionetas de doce pasajeros. Uno de los nuevos siempre conduce. Lo cual, desde luego, significa que no puede beber cuando estamos en los bares, al menos no según las normas de los SEAL.

Esa es la forma más suave de novatada. De hecho, es tan suave que en realidad no es ninguna novatada.

Asfixiarle mientras va conduciendo: eso sí es una novatada.

Una noche, poco después de haberme unido a mi pelotón, estábamos fuera, de fiesta, después de una misión de entrenamiento. Cuando nos fuimos del bar, todos los muchachos mayores se subieron a la parte trasera. Yo no iba conduciendo, pero no tenía ningún problema con eso, pues me gusta sentarme delante. Durante un rato avanzamos a toda velocidad, y de repente escuché: «Uno, dos, tres, cuatro, declaro una guerra de camioneta».

De lo siguiente que me di cuenta es que me estaban aporreando. «Guerra de camioneta» significaba que era un periodo abierto contra los tipos nuevos. Salí de aquello con costillas dañadas y un ojo morado, quizá dos. Me deben haber roto el labio una docena de veces durante esas novatadas.

Debería decir que las guerras de camioneta son distintas a las peleas en los bares, otro elemento básico de los SEAL. Los SEAL se destacan bastante por meterse en peleas en los bares, y yo no era una excepción. He sido arrestado en más de una ocasión a lo largo de los años, aunque como regla general los cargos nunca fueron presentados, o fueron rápidamente retirados.

¿Por qué se pelean tanto los SEAL?

Yo no he realizado ningún estudio científico al respecto, pero creo que mucho se debe a la agresión reprimida. Somos entrenados para salir y matar gente. Y entonces, al mismo tiempo, también se nos enseña que pensemos en nosotros mismos como machotes invencibles. Esa es una combinación bastante potente.

Cuando entras en un bar, siempre habrá alguien que te da un empujón o da a entender que deberías irte a la mierda. Sucede en todos los bares alrededor del mundo. La mayoría de las personas tan solo ignoran cosas como esas.

Si alguien le hace eso a un SEAL, vamos a darnos la vuelta y noquearle.

Pero al mismo tiempo tengo que decir que aunque los SEAL *ponen fin* a muchas peleas, por lo general no comienzan muchas. En muchos de los casos, las peleas son el resultado de algún tipo de celos estúpidos o la necesidad que tiene algún idiota de probar su propia hombría y ganarse el derecho de fanfarronear por haberse peleado con un SEAL.

Cuando entramos en los bares, no lo hacemos encogidos o pasando desapercibidos. Entramos con mucha confianza, y quizá armamos ruido. Y al ser la mayoría jóvenes y con una forma física estupenda, las personas lo notan. Hay muchachas que gravitan hacia un grupo de SEAL, y quizá eso hace que sus novios se pongan celosos. O hay muchachos que quieren demostrar algo por alguna otra razón. En cualquiera de los casos, las cosas escalan y se producen peleas.

Pero yo no estaba hablando de las peleas en los bares; estaba hablando de las novatadas. Y de mi boda.

Estábamos en las montañas de Nevada; hacía frío, tanto frío que estaba nevando. Yo había conseguido algunos días de permiso para casarme, y debía irme en la mañana. El resto del pelotón todavía tenía algún trabajo que hacer.

Regresamos aquella noche a nuestra base temporal y entramos en la sala de planeamiento de misiones. El jefe nos dijo a todos que nos relajáramos y nos tomáramos unas cervezas mientras mapeábamos nuestra operación del día siguiente. Entonces se dirigió a mí.

«Oye, tipo nuevo», me dijo. «Ve y agarra la cerveza y los tragos de la camioneta y tráelos aquí».

Yo fui enseguida.

Cuando regresé y entré, todos estaban sentados en sillas. Solo quedaba una vacía, y estaba prácticamente en medio de un círculo que formaban las demás. No pensé mucho en ello cuando me senté.

«Muy bien, esto es lo que vamos a hacer», dijo mi jefe, que estaba de pie delante de la pizarra que estaba en la sala. «La operación será una emboscada. El objetivo estará en el centro. Lo rodearemos por completo».

Yo pensé: *Eso no parece muy inteligente. Si salimos desde todas las direcciones, nos dispararemos unos a otros.* Por lo general, nuestras emboscadas se planean en forma de L para evitar eso.

Yo miré al jefe. El jefe me miró. De repente, su expresión seria dio paso a una sonrisa de mierda.

Con eso, el resto del pelotón me rodeó.

Caí al piso un segundo después. Ellos me esposaron a una silla, y entonces comenzó mi juicio.

Hubo muchas acusaciones contra mí. La primera fue el hecho de que yo había dado a conocer que quería convertirme en francotirador.

«¡Este tipo nuevo es un ingrato!», gritó el fiscal. «No quiere hacer su trabajo. Cree que él es mejor que el resto de nosotros».

Yo intenté protestar, pero el juez, que no era otro sino el jefe mismo, enseguida desestimó mi protesta. Yo me giré hacia mi abogado defensor.

«¿Qué esperas?», me dijo. «Él solo tiene una edu-ka-sión de tercer grado».

«¡Culpable!», declaró el juez. «¡Siguiente acusación!».

«Su Señoría, el demandado es irrespetuoso», dijo el fiscal. «Le dijo al oficial al mando que se fuese a la mierda».

«¡Objeción!», dijo mi abogado. «Le dijo al oficial al mando del pelotón que se fuese a la mierda».

El oficial al mando está a cargo de todo el Equipo. El oficial al mando del pelotón es quien está a cargo del pelotón. Una diferencia bastante grande, excepto en este caso.

«¡Culpable! ¡Siguiente acusación!».

Fui declarado culpable de cada acusación, lo cual significaba cualquier cosa y todo lo que ellos pudieran inventar; y tenía que tomar un trago de Jack Daniels y Coca-Cola, seguido por un trago de Jack.

Ya me tenían bastante borracho antes de siquiera llegar a los delitos graves. En cierto momento, me desvistieron y pusieron hielo en mis calzoncillos. Finalmente me desmayé.

Entonces me pintaron con pintura en spray, y en buen tamaño, dibujaron conejitos de Playboy en mi pecho y espalda con un rotulador. Precisamente el tipo de arte corporal que uno quiere tener en su luna de miel.

En cierto momento, parece que mis amigos comenzaron a preocuparse por mi salud, así que me pegaron a un tablero espinal completamente desnudo, me sacaron al exterior y me pusieron de pie en la nieve. Me dejaron allí durante un rato hasta que recuperé cierta cantidad de conciencia. Para entonces, estaba yo temblando tan fuerte como para hacer un agujero en el tejado de un búnker. Me pusieron una inyección, pues la solución salina rebaja el alcohol en el cuerpo, y finalmente volvieron a llevarme al hotel, aún atado a la placa de madera.

Lo único que recuerdo del resto de la noche es ser levantado por un tramo de escaleras, aparentemente a la habitación de mi motel. Debió haber algunos espectadores, porque los muchachos iban gritando: «¡Nada que ver aquí, nada que ver!», mientras me llevaban.

TAYA ME LIMPIÓ LA MAYOR PARTE DE LA PINTURA Y LOS CONEJITOS cuando me reuní con ella al día siguiente. Pero parte era aún visible debajo de mi camisa. Mantuve mi chaqueta bien abotonada durante la ceremonia.

Para entonces, la hinchazón en mi cara se había ido casi por completo. Los puntos que tenía en la ceja (de una pelea amigable entre compañeros de equipo unas semanas antes) se estaban curando bien. El corte en mi labio (por un ejercicio de entrenamiento) también se estaba curando bastante bien. Probablemente no fuese el sueño de toda novia tener a un novio pintado con spray y golpeado, pero Taya parecía lo bastante feliz.

Sin embargo, la cantidad de tiempo que tuvimos para nuestra luna de miel fue un punto de tensión. El Equipo fue lo bastante bueno para darme tres días para la boda y la luna de miel. Como yo era un tipo nuevo, agradecí esos pocos días. Mi flamante esposa no fue tan comprensiva, y lo dejó claro. No obstante, nos casamos y tuvimos la luna de miel rápidamente. Entonces regresé al trabajo.

3

DESARMES

ARMA PREPARADA

«DESPIERTA. TENEMOS UN PETROLERO».

Me levanté del lado de la barca donde había estado tomando un descanso a pesar del frío viento y las aguas agitadas. Estaba empapado por la espuma del agua. A pesar del hecho de que era un tipo nuevo en mi primer despliegue, yo ya había dominado el arte de dormir en todo tipo de condiciones, una habilidad de los SEAL que no se proclama, pero es crítica.

Un petrolero acechaba más adelante. Un helicóptero lo había divisado intentando ocultarse en el Golfo después de cargar ilegalmente en Irak. Nuestra tarea era subir a bordo, inspeccionar sus documentos, y si, como se sospechaba, estaba violando las sanciones de la ONU, entregarlo a los Marines u otras autoridades para procesarlo.

Despegué rápidamente para prepararme. Nuestra RHIB (barca hinchable rígida, utilizada para diversas tareas de los SEAL) parecía un cruce entre una balsa de goma y una lancha motora con dos motores gigantescos en la parte trasera. De treinta y seis pies de longitud, llevaba a ocho SEAL y avanzaba a cuarenta y cinco nudos con mar calmada.

El humo de los dos motores flotaba por encima de la barca, mezclándose con la espuma mientras aumentábamos la velocidad. Íbamos avanzando a buen ritmo, tras la estela del petrolero donde el radar no podía detectarnos. Me puse a trabajar, agarrando una pértiga de la cubierta de la barca. Nuestra velocidad disminuyó mientras nuestra RHIB se ponía al lado del petrolero, hasta que estuvimos casi a su mismo paso. Los motores del barco iraní hacían moverse el agua, con un ruido tan fuerte que nuestros propios motores no se escuchaban.

Una vez al lado del petrolero, yo extendí la vara hacia delante, intentando buscar el gancho en lo alto del pasamanos del barco.

¡Te agarré!

Una cuerda elástica unía el gancho a la vara. Una escalera de cable de acero estaba conectada al gancho. Alguien agarró la parte baja y la sostuvo mientras el hombre guía comenzó a escalar por el lateral del barco.

Un petrolero cargado puede estar bastante bajo en el agua; tan bajo, de hecho, que a veces se puede agarrar directamente el pasamanos y saltar. No fue ese el caso aquí; el pasamanos estaba bastante más alto que nuestra pequeña barca. Yo no soy un fan de las alturas, pero mientras no pensara demasiado en lo que estaba haciendo, todo iba bien.

La escalera se movía con el barco y el viento; me impulsé hacia arriba tan rápido como pude, y mis músculos recordaban todas aquellas flexiones en el BUD/S. Cuando llegué a cubierta, los hombres guía ya se estaban dirigiendo hacia el timón y el puente del barco. Yo corrí para ponerme a su altura.

De repente, el petrolero comenzó a cobrar velocidad. El capitán, al darse cuenta tarde de que estaba siendo abordado, intentó llegar rápidamente a aguas iraníes. Si llegaba hasta allí, nosotros tendríamos que irnos, ya que nuestras órdenes prohibían estrictamente tomar ningún barco que estuviese fuera de aguas internacionales.

Yo me puse a la altura del jefe del equipo justo cuando llegaban a la puerta que da al puente. Alguien de la tripulación llegó allí casi al mismo tiempo, e intentó cerrarla. No fue lo suficientemente rápido, o lo bastante fuerte; alguien del grupo de abordaje se lanzó contra la puerta y la abrió de par en par.

Yo salí corriendo, con mi arma preparada.

Habíamos realizado docenas de esas operaciones durante los últimos días, y rara vez alguien siquiera había insinuado un poco de resistencia. Pero el capitán de este barco tenía ganas de luchar, y aunque iba desarmado, no estaba listo para rendirse.

Él lo intentó conmigo.

Bastante estúpido. En primer lugar, yo era no solamente más grande que él, sino que también llevaba mi cuerpo completamente protegido. Sin mencionar el hecho de que tenía en mi mano un subfusil.

Con el cañón de mi arma golpeé a ese idiota en el pecho. Él cayó enseguida.

De alguna manera, también me las arreglé para escurrirme. Mi codo aterrizó directamente sobre su cara.

Un par de veces.

Aquello le quitó las ganas de pelear que le quedaban. Le di la vuelta y le esposé.

ABORDAR Y EXAMINAR BARCOS, OFICIALMENTE CONOCIDO como VAET (Visitar, Abordar, Examinar, Tomar), es una misión estándar de los SEAL. Aunque la Marina «regular» tiene marineros especialmente entrenados para ocuparse de esa tarea en tiempos de paz, nosotros somos entrenados para hacernos cargo de esos exámenes en lugares donde es posible que haya resistencia. Y en vísperas de la guerra durante el invierno de 2002–2003, eso significaba el Golfo Pérsico en Irak. La ONU más adelante calculó que, en violación de las sanciones internacionales, miles de millones de dólares de petróleo y otros productos fueron sacados de contrabando de Irak y fueron a parar a los bolsillos del régimen de Saddam.

El contrabando adoptaba todo tipo de formas. Se podía encontrar petróleo transportado en portadores de trigo, oculto en barriles. Era más común que los petroleros llevasen miles y miles de litros en exceso de lo que les permitía el programa de la ONU «Petróleo por alimentos».

No era solamente petróleo. Uno de los mayores cargamentos de contrabando con que nos encontramos aquel invierno era de dátiles. Parece que podían alcanzar un precio bastante decente en el mercado mundial.

Fue durante aquellos primeros meses de mi primer despliegue que llegué a familiarizarme con el *Wojskowa Formacja Specjalna GROM im* polaco. *Cichociemnych Spadochroniarzy Armii Krajowej*: Formación especial militar GROM de los oscuros y silenciosos paracaidistas del ejército polaco, mejor conocido como GROM. Eran la versión polaca de las Fuerzas Especiales, con una excelente reputación en operaciones especiales, y trabajaban en los desarmes con nosotros.

En general, trabajábamos desde un barco grande, que utilizábamos como cierto tipo de puerto base flotante para nuestra RHIB. La mitad del pelotón salía durante un periodo de veinticuatro horas. Navegábamos hasta un punto designado y nos quedábamos durante la noche, a la espera. Con suerte, un helicóptero o un barco comunicaban por radio que algún barco salía de Irak navegando por el agua bastante bajo. Todo lo que tuviera un cargamento era abordado e inspeccionado. Salíamos y lo desarmábamos.

Algunas veces trabajábamos con una barca Mk-V. La Mk-V es una barca especial de operaciones que algunas personas han comparado con las lanchas patrulleras de la Segunda Guerra Mundial. La barca se parece a una lancha motora armada, y su tarea es meter a los SEAL al peligro lo más rápidamente posible. Construida de aluminio, puede salir pitando de verdad; se dice que las barcas alcanzan los sesenta y cinco nudos. Pero lo que nos gustaba de ellas eran sus cubiertas planas debajo de la superestructura. Por lo general, cargábamos dos Zodiac ahí; pero como las Zodiac no eran necesarias, toda la compañía abordaba desde la RHIB y se tumbaba para poder dormir un poco hasta que se divisara algún barco. Eso era mucho mejor que estar acomodado en el asiento o intentar doblarte para descansar en la borda.

Desarmar barcos en el Golfo pronto se volvió rutina. Podíamos abordar docenas en una noche. Pero nuestro mayor desarme no se produjo en Irak; fue a unos tres kilómetros de distancia, en la costa de África.

MISILES SCUD

A FINALES DEL OTOÑO, UN PELOTÓN DE LOS SEAL EN FILIPINAS se escabulló al lado de un carguero. Desde ese momento en adelante, el barco norcoreano fue literalmente un barco marcado.

El carguero de 3.500 toneladas tenía un interesante historial de transportar objetos desde y a Corea del Norte. Según un rumor, había transportado productos químicos que podían ser utilizados para crear gas nervioso. Sin embargo, en este caso, los documentos del barco declaraban que estaba transportando cemento.

Pero lo que en realidad transportaba eran misiles Scud.

El barco fue rastreado por el Cuerno de África mientras la administración Bush decidía qué hacer al respecto. Finalmente, el presidente ordenó que el barco fuese abordado y examinado: precisamente el tipo de tarea en que sobresalen los SEAL.

Teníamos un pelotón en Djibouti, que estaba mucho más cerca del barco que nosotros. Pero debido al modo en que funcionaban la cadena de mando y las tareas (la unidad resultaba estar trabajando para los Marines mientras que nosotros estábamos directamente bajo el mando de la Armada), se nos asignó la tarea de desarmar al carguero.

Podrás imaginar lo contento que se puso nuestro pelotón hermano al vernos cuando llegamos a Djibouti. No solo habíamos «robado» una misión que ellos consideraban suya, sino que también tuvieron que soportar la indignidad de ayudarnos a descargar y prepararnos para la acción.

En cuanto me bajé del avión, divisé a un compañero.

«¡Hola!», grité.

«Vete al carajo», respondió él.

«¿Qué pasa?».

«Vete a la mierda».

Esa fue toda su bienvenida. Yo no podía culparle; si hubiera estado en su lugar, yo mismo habría estado molesto. Él y los demás finalmente se acercaron; no estaban furiosos con nosotros, sino con la situación. A regañadientes nos ayudaron a prepararnos para la misión, y entonces nos llevaron en un helicóptero de correo y reabastecimiento a bordo del USS *Nassau*, un barco anfibio de asalto que estaba en el océano Índico.

Los buques anfibios, como se les llama, son grandes barcos de asalto que llevan tropas y helicópteros, y ocasionalmente aviones de ataque Harrier. Se parecen a antiguos portaaviones con una cubierta de vuelo plana. Son bastante grandes, y tienen instalaciones de mando y control que pueden utilizarse como puestos de planeación y mando durante operaciones de asalto.

Hay varias maneras de desarmar un barco, dependiendo de las condiciones y el objetivo. Aunque podríamos haber usado helicópteros para llegar hasta el carguero norcoreano, al ver fotografías del barco notamos que había cierto número de cables por encima de la cubierta. Habría que haber quitado esos cables antes de poder aterrizar, lo cual añadiría tiempo a la operación.

Sabiendo que perderíamos el elemento sorpresa si entrábamos con helicópteros, optamos por usar en cambio las

RHIB. Comenzamos haciendo carreras de práctica al lado del *Nassau* con lanchas que habían sido llevadas allí por una unidad especial marina (las unidades especiales marinas son el servicio de taxi de los SEAL. Ellas dirigen las RHIB, Mk-V y otras lanchas relacionadas con los SEAL. Entre otras cosas, las unidades están equipadas y entrenadas para hacer inserciones en combate, enfrentándose al fuego para meter y sacar a los SEAL de problemas).

El carguero, mientras tanto, seguía navegando hacia nosotros. Aumentamos la velocidad cuando se puso a nuestro alcance, preparándonos para llegar a él; pero antes de que pudiéramos subir a las barcas, recibimos una llamada diciéndonos que esperásemos, pues los españoles habían intervenido.

¿Qué?

La fragata española *Navarra* había confrontado al barco norcoreano, que no había estado engañando exactamente a nadie al navegar sin bandera y con su nombre cubierto. Según informes posteriores, las tropas españolas entraron después que el carguero no acatara las órdenes de la fragata de detenerse. Desde luego, ellos utilizaron helicópteros, y tal como nosotros habíamos pensado, fueron retrasados al tener que sortear los cables. Por lo que he oído, ese retraso habría dado al capitán a bordo del barco tiempo para librarse de documentos incriminatorios y otras evidencias, eso es lo que creo que sucedió.

OBVIAMENTE, HABÍA MUCHO MÁS ENTRE BAMBALINAS DE LO que nosotros éramos conscientes.

Lo que sea.

Nuestra misión cambió rápidamente de abordar el barco a subir a bordo y asegurarlo; y descubrir los misiles Scud.

Uno no pensaría que sería difícil encontrar misiles; pero en este caso, no se veían por ninguna parte. La carga del barco estaba llena de bolsas de cemento: bolsas de treinta y seis kilos. Debía haber cientos de miles.

Había solo un lugar donde podían estar los Scud. Comenzamos a mover el cemento; una bolsa tras otra. Ese fue nuestro trabajo durante veinticuatro horas. Sin dormir, solo moviendo bolsas de cemento. Yo mismo debí haber movido miles. Era horroroso. Estaba cubierto de polvo. Dios sabe cómo estaban mis pulmones. Finalmente encontramos debajo contenedores, y sacamos nuestras linternas y sierras.

Yo trabajé con una de las sierras rápidas. También conocida como sierra circular, y se parece a una motosierra con una cuchilla circular delante. Corta casi todo, incluidos contenedores de Scud.

Había quince misiles Scud bajo el cemento. Yo nunca antes había visto de cerca un Scud, y para ser sincero, pensé que se veían en cierto modo bonitos. Tomamos fotografías, y después hicimos indicaciones a los muchachos de EDB (desactivación de explosivos, o expertos en detonación de bombas) para que acudiesen y asegurarnos de que estaban inertes.

A esas alturas, todo el pelotón estaba completamente cubierto de polvo de cemento. Algunos muchachos se zambulleron en el mar para limpiarse. Yo no. Dado mi historial con las zambullidas, no iba a correr ningún riesgo. Con tanto cemento, ¿quién diablos sabe lo que sucede cuando tocas el agua?

ENTREGAMOS EL CARGUERO A LOS MARINES Y REGRESAMOS A bordo del *Nassau*. El mando informó que seríamos sacados de allí y regresaríamos a Kuwait «de la misma manera apropiada en que fuimos traídos».

Desde luego, ellos hablaban mucha mierda. Nos quedamos en el *Nassau* durante dos semanas. Por alguna razón, la Marina no pudo solucionar cómo dejar libre uno de los muchísimos helicópteros que tenían en la cubierta del barco para que nos llevase de nuevo a Djibouti; así que estuvimos jugando videojuegos y levantando pesas, esperando. Eso y durmiendo.

Por desgracia, el único videojuego que teníamos era Madden Football. Yo llegué a ser bastante bueno. Hasta ese momento no había sido un gran fan de los videojuegos; ahora soy un experto, en especial en Madden. Probablemente fue entonces cuando me enganché. Creo que mi esposa aún maldice mis dos semanas a bordo del *Nassau* hasta la fecha.

UNA NOTA AL PIE DE PÁGINA SOBRE LOS SCUD: LOS MISILES TENÍAN destino Yemen. O al menos eso fue lo que dijo Yemen. Ha habido rumores de que eran parte de cierto tipo de trato con Libia que implicaba un pago para llevar al exilio a Saddam Hussein, pero no tengo ni idea de si eso es cierto o no. En cualquier caso, los Scud fueron descubiertos y fueron a Yemen, Saddam se quedó en Irak, y nosotros regresamos a Kuwait para prepararnos para la guerra.

NAVIDAD

ESE MES DE DICIEMBRE ERA LA PRIMERA NAVIDAD QUE YO ESTARÍA lejos de mi familia, y era un poco deprimente. El día en cierto modo llegó y se fue sin ninguna celebración memorable.

Sin embargo, lo que sí recuerdo son los regalos que los padres de Taya enviaron ese año: Hummers con control remoto.

Eran pequeños juguetes controlados por radio que era fenomenal dirigir. Algunos de los iraquíes que trabajaban en la base parece que nunca antes habían visto nada parecido. Yo dirigía un vehículo hacia ellos, y ellos gritaban y salían corriendo. No sé si pensaban que era cierto tipo de misil dirigido, o algo así. Sus agudos gritos, junto con carreras en la dirección contraria, me hacían doblarme de la risa. Las emociones baratas en Irak eran muy valiosas.

Algunas de las personas que teníamos trabajando para nosotros no eran exactamente lo mejor de lo mejor, ni tampoco a todos les caían particularmente bien los estadounidenses.

Agarraron a uno de ellos masturbándose en nuestra comida.

Enseguida fue acompañado hasta la salida de la base. Los jefes, nuestros oficiales al mando, sabían que en cuanto alguien descubriese lo que él había hecho, alguien probablemente intentase matarlo.

NOS QUEDAMOS EN DOS CAMPAMENTOS DIFERENTES EN KUWAIT: Ali al-Salem y Doha. Nuestras instalaciones en ambos lugares tenían relativamente lo esencial.

Doha era una base grande del ejército estadounidense, y desempeñó importantes papeles en la Primera y la que sería la Segunda Guerra del Golfo. Se nos dio allí un almacén y habitaciones enmarcadas con la ayuda de algunos Seabees, los ingenieros de combate de la Marina. Habíamos llegado a confiar en los Seabees para un apoyo similar en el futuro.

Ali al-Salem era incluso más primitivo, al menos para nosotros. Allí teníamos una carpa y algunas estanterías, y eso era prácticamente todo. Supongo que los supuestos SEAL que lo solucionan todo no necesitan mucho.

YO ESTABA EN KUWAIT CUANDO VI MI PRIMERA TORMENTA DE arena en el desierto. El día repentinamente se volvió noche. Revoloteaba arena por todas partes. Desde la distancia, se podía ver una inmensa nube de color marrón anaranjado moverse hacia ti. Entonces, de repente, todo se vuelve negro y sientes que estás en medio de un pozo de mina que da vueltas, o quizá en el ciclo de enjuagado en una extraña lavadora que utiliza arena en lugar de agua.

Recuerdo estar en un hangar para aeroplanos, y aunque las puertas estaban cerradas, la cantidad de polvo que había en el aire era insoportable. La arena era una fina lija que nunca querías que te entrase en los ojos, porque nunca saldría de allí. Aprendimos rápidamente a ponernos lentes de seguridad para protegerlos; los lentes de sol no servían.

ARTILLERO DEL 60

Al ser yo un tipo nuevo, era el artillero del 60.

Como estoy seguro de que muchos sabrán, «60» se refiere a la ametralladora M-60 para propósitos generales, un arma automática que se carga con cinturones de munición y que ha servido al ejército estadounidense en diferentes versiones durante varias décadas.

La M-60 fue desarrollada en la década de 1950. Dispara balas de 7.62 mm; el diseño es tan flexible que puede utilizarse como base para una ametralladora coaxial en vehículos y helicópteros armados, y es un arma ligera que los hombres transportan en los pelotones. Fue una bestia de carga en la Guerra de Vietnam, donde los soldados la llamaban «el Cerdo» y ocasionalmente maldecían sobre el cañón caliente, que requería un guante de tela de amianto para cambiarlo después de haber disparado unos cientos de balas; lo cual no es particularmente conveniente en combate.

La Armada le hizo importantes mejoras al arma a lo largo de los años, y sigue siendo un arma potente. De hecho, la versión más nueva está tan mejorada que tiene una designación distinta: la Armada la llama una Mk-43 Mod 0. (Algunos argumentan que debería considerarse un arma completamente distinta; yo no voy a entrar en ese debate.) Es comparativamente ligera, anda en los diez kilos, y tiene un cañón relativamente corto. También tiene un sistema de raíl, lo cual permite incorporarle telescopios y cosas similares.

También están actualmente en servicio la M-240, la M-249 y la Mk-46, una variación de la M-249.

Como regla general, las ametralladoras que llevaban los tiradores en mis pelotones eran siempre llamadas las *60*, aunque en realidad fuesen otra cosa, como la Mk-48. Utilizamos más la Mk-48 a medida que pasó el tiempo durante mis días en Irak, pero a menos que sea significativo por alguna razón, me refiero a cualquier ametralladora a nivel de pelotón como una 60 y dejo a otros que lean la letra pequeña.

El viejo apodo de «Cerdo» para la 60 sobrevive, lo cual lleva a que a muchos artilleros de la 60 se les llame Cerdos, o alguna variación creativa; en nuestro pelotón, a un amigo mío llamado Bob le pusieron ese apodo.

Nunca se aplicó a mí. Mi apodo era «Tex», el cual era alguno de los términos más socialmente aceptables con que la gente me llamaba.

CUANDO LA GUERRA LLEGÓ A SER INEVITABLE, COMENZAMOS A patrullar la frontera de Kuwait, asegurándonos de que los iraquíes no fuesen a intentar colarse en un golpe autoritario. También comenzamos a entrenarnos para una participación en la pelea que llegaría.

Eso significaba pasar tiempo de calidad en los VPD, también conocidos como los vehículos duna de los SEAL.

Los VPD (Vehículos Patrulla del Desierto) se ven muy bonitos desde la distancia, y están mucho mejor equipados que el todoterreno promedio. Hay una ametralladora de calibre 50 mm, un lanzador Mk-19 de granadas en el frente, y una M-60 en la parte trasera. Después están los misiles LAW, armas antitanque de un solo disparo que son los descendientes espirituales de los bazuca y los Panzerfaust de la Segunda Guerra Mundial. Los misiles van montados en soportes especiales en el marco tubular superior. Añadido al factor «bonito» está la antena de radio por satélite situada en el techo del vehículo, con una antena de radio VHF/UHF al lado.

Prácticamente todas las imágenes que veas de un VPD lo muestran volando sobre una duna de arena y haciendo derrapes. Es una imagen realmente formidable.

Por desgracia, es solamente eso: una imagen. No una realidad.

Por lo que entiendo, los VPD estaban basados en un diseño que se había utilizado en las carreras de Baja

California. En su versión básica, eran sin duda fenomenales. El problema es que nosotros no los conducíamos en su versión básica. Todos los elementos que llevábamos añadían un peso considerable. Después estaban nuestras mochilas, y el agua y la comida necesarios para sobrevivir en un desierto durante varios días. Combustible extra. Por no mencionar a tres SEAL totalmente equipados: conductor, navegador y artillero Cerdo.

Y, en nuestro caso, una bandera de Texas ondeando en la parte posterior. Tanto mi jefe como yo éramos texanos, lo cual hacía que la bandera fuese un accesorio obligado.

La carga se añadía rápidamente. El VPD utilizaba un pequeño motor Volkswagen que era, según mi experiencia, una basura. Probablemente estuviera bien en un auto, o quizá en un vehículo todoterreno que no viese combate alguno. Pero si sacábamos el vehículo para dos o tres días, casi siempre terminábamos trabajando en él durante esa misma cantidad de tiempo cuando regresábamos. Inevitablemente, había cierto tipo de averías en la dirección o las escobillas. Nosotros teníamos que realizar nuestro propio mantenimiento. Afortunadamente para nosotros, mi pelotón incluía a un mecánico certificado, y él se hacía cargo de mantener en buen estado los vehículos.

Pero con mucha diferencia, el principal revés era el hecho de que eran de tracción delantera. Esto suponía un gran problema si el terreno no era muy llano. Mientras siguiéramos adelante, por lo general todo iba bien, pero si nos deteníamos, terminábamos con problemas. Constantemente teníamos que sacarlos de la arena en Kuwait.

Eran estupendos cuando funcionaban bien. Al ser el artillero, yo tenía un asiento elevado detrás del conductor y el navegador, que se sentaban al lado uno del otro por debajo de mí. Equipado con lentes de protección táctica y balística y un casco tipo helicóptero, iba atado con un empotrado de cinco puntos y sujeto mientras avanzábamos por el desierto. Recorríamos ciento doce kilómetros por hora. Yo soltaba unas cuantas ráfagas con el calibre 50 mm, entonces ponía la palanca al lado del asiento y giraba hacia la parte trasera. Allí agarraba la M-60 y disparaba algunas más. Si estábamos simulando un ataque desde el lateral mientras nos movíamos, podía agarrar la M-4 que transportaba y disparar en esa dirección.

¡Disparar la máquina grande era *divertido*!

Apuntar a ese objetivo mientras el vehículo rebotaba arriba y abajo por el desierto también tenía su emoción. Puedes mover el arma arriba y abajo para mantener el objetivo, pero nunca vas a ser particularmente preciso; en el mejor de los casos, lanzas suficiente fuego para poder salir endiabladamente de allí.

Además de nuestro VPD de tres asientos, teníamos dos de seis asientos. El de seis asientos era la versión sencilla: tres filas de dos asientos, con la única arma, la 60, en el frente. Lo utilizábamos como la carretilla de mando y control. Un viaje muy aburrido. Era algo parecido a conducir una minivan cuando mamá y papá tienen el auto deportivo.

Estuvimos practicando durante algunas semanas. Hicimos mucha navegación por tierra, establecimos puntos de disparo ocultos, e hicimos VR (vigilancia y reconocimiento) a lo largo de la frontera. Cavábamos, cubríamos los vehículos con redes, e intentábamos hacerlos desaparecer en mitad del desierto. Eso no es fácil para un VPD: por lo general terminaba viéndose como un VPD intentando ocultarse en mitad del desierto. También practicamos desplegar los VPD desde helicópteros, montados en la parte trasera cuando tocábamos tierra: un rodeo sobre ruedas.

Cuando enero se acercaba a su fin, comenzamos a preocuparnos, no porque fuese a estallar la guerra, sino porque comenzase sin nosotros. El despliegue usual de los SEAL en esa época era de seis meses. Nosotros habíamos zarpado en septiembre, y estaba programado que volviésemos a Estados Unidos en unas semanas.

Yo quería luchar. Quería hacer lo que me habían entrenado para hacer. Los contribuyentes estadounidenses habían invertido muchos dólares en mi educación como SEAL. Yo quería defender a mi país, cumplir con mi obligación, y hacer mi trabajo.

Quería, más que nada, experimentar la emoción de la batalla.

Taya veía las cosas de manera muy distinta.

Taya:

Yo estuve aterrada todo el tiempo en que los acontecimientos continuaban hacia la guerra. Aunque la guerra aún no había comenzado oficialmente, yo sabía que estaban cumpliendo misiones con riesgos. Cuando los SEAL trabajan, siempre implica algún riesgo. Chris intentaba suavizarme las cosas para que no me preocupase, pero yo no estaba ajena a la situación y sabía leer entre líneas. Mi ansiedad se mostraba de diferentes maneras. Estaba nerviosa. Veía por el rabillo del ojo cosas que no estaban ahí. No podía dormir sin tener las luces encendidas; leía cada noche hasta que mis ojos se cerraban involuntariamente. Hacía todo lo que podía para evitar estar sola o tener demasiado tiempo para pensar.

Chris llamó dos veces con historias sobre accidentes de helicóptero en los que había estado él. Ambos fueron muy pequeños, pero él tenía preocupación por si se informaba de eso, yo me enteraba y me preocupaba.

«Tan solo quiero que lo sepas, por si lo escuchas en las noticias», me decía. «El helicóptero sufrió algunos daños y yo estoy bien».

Un día me dijo que tenía que salir para otro ejercicio en helicóptero. A la mañana siguiente, yo estaba viendo las noticias e informaron que un helicóptero había caído cerca de la frontera y todos habían muerto. El locutor dijo que iba lleno de soldados de las fuerzas especiales.

En el ejército, «Fuerzas especiales» se refiere a las tropas de operaciones especiales del ejército, pero el locutor tenía tendencia a usar el término para los SEAL. Inmediatamente saqué conclusiones.

Él no me llamó ese día, aunque había prometido que me llamaría.

Dije para mí que no iba a sentir pánico. No era él.

Me entregué del todo en el trabajo. Aquella noche, sin recibir aún ninguna llamada, comencé a sentirme un poco más ansiosa... Luego un poco histérica. No podía dormir, aunque estaba agotada por haber estado trabajando y reprimiendo las lágrimas que seguían amenazando con apoderarse de cualquier sentimiento de calma que yo estuviera fingiendo.

Finalmente, alrededor de la una, comencé a desmoronarme.

Sonó el teléfono, y fui corriendo a contestar.

«¡Hola, cariño!», me dijo él, tan alegre como siempre.

Yo comencé a llorar con fuerza.

Chris no dejaba de preguntar qué sucedía, pero yo no podía ni siquiera pronunciar las palabras para explicarle. Mi temor y mi alivio salían como sollozos ininteligibles.

Después de eso, prometí dejar de ver las noticias.

4

CINCO MINUTOS DE VIDA

LOS VEHÍCULOS DUNA Y EL BARRO NO SE MEZCLAN

EQUIPADO Y SUJETO, IBA SENTADO Y VIBRANDO EN LA SILLA de tirador del VPD poco después de la medianoche del 20 de marzo de 2003, cuando un Air Force MH-53 despegó de la pista en Kuwait. El vehículo había sido cargado en la parte trasera del avión PAVE-Low, y estábamos en ruta hacia la misión que habíamos pasado las últimas semanas preparando. La espera estaba a punto de llegar a su fin; Operación Libertad Iraquí estaba en camino.

Mi guerra finalmente había llegado.

Yo estaba sudando, y no solo de emoción. Al no saber exactamente lo que Saddam podría tener preparado, se nos había ordenado llevar equipamiento completo MOPP (Posición Protectora Orientada a la Misión, por sus siglas en inglés, o trajes espaciales para algunos). Los trajes protegen contra ataques químicos, pero son casi tan cómodos como pijamas de goma, y la máscara antigás que viene con ellos es el doble de incómoda.

«¡Preparados!», dijo alguien por radio.

Yo comprobé mis armas. Estaban listas, incluida la 50. Lo único que tenía que hacer era tirar hacia atrás de la palanca de carga y cargar.

Estábamos dirigidos directamente hacia la parte trasera del helicóptero. La rampa trasera no estaba subida del todo, de modo que yo podía ver en medio de la noche. De repente, la franja negra que yo observaba por encima de la rampa estaba salpicada de rojo: los iraquíes se habían hecho con radares y armas antiaéreas que inteligencia había afirmado que no existían, y los pilotos del helicóptero comenzaron a disparar ráfagas de señuelo para confundirlos.

Entonces llegaron los rastreadores, ríos de balas chispeando por el estrecho rectángulo de color negro.

Malditos, pensé. *Nos van a derribar antes de que ni siquiera tengamos oportunidad de dispararle a alguien.*

De algún modo, los iraquíes se las arreglaron para no darnos. El helicóptero seguía moviéndose, abalanzándose hacia tierra.

«¡Pies en tierra!», dijo alguien por radio. Ahora estábamos en tierra.

El infierno entero estaba desatado. Éramos parte de un equipo con la tarea de golpear recursos petrolíferos iraquíes antes de que los iraquíes pudieran volarlos o incendiarlos, como habían hecho durante la operación Tormenta del Desierto en 1991. Los SEAL y GROM estaban llegando a las plataformas de gas y petróleo (GO-PLAT) en el Golfo, al igual que a refinerías y áreas portuarias en la costa.

Doce de nosotros teníamos la tarea de adentrarnos más en tierra, en la zona de la refinería de petróleo de al-Faw. Los pocos minutos extra que nos tomó se transformaron en un infierno de disparos, y cuando el helicóptero tocó tierra, estábamos en la mierda.

La rampa bajó y nuestro conductor pisó el acelerador. Yo cerré y cargué, listo para disparar mientras bajábamos por la rampa. El VPD salió rápidamente al suave barro... y rápidamente se quedó atascado.

¡Hijo de puta!

El conductor comenzó a revolucionar el motor y golpear la transmisión hacia delante y hacia atrás, intentando sacarnos de allí. Al menos estábamos fuera del helicóptero; uno de los otros VPD se quedó atascado con media mitad dentro y media mitad fuera del helicóptero. Su 53 daba tirones arriba y abajo, intentando desesperadamente liberarlo; los pilotos aborrecen que les disparen, y querían salir de allí.

A esas alturas yo podía oír a las diferentes unidades de VPD por radio. Casi todo el mundo estaba atascado en el barro empapado de petróleo. La especialista de inteligencia que nos aconsejaba había afirmado que el terreno estaría duro donde íbamos a aterrizar. Desde luego, ella y sus colegas también habían afirmado que los iraquíes no tenían armas antiaéreas. Como se dice, la inteligencia militar es un oxímoron.

«¡Estamos atascados!», dijo nuestro jefe.

«Sí, nosotros también estamos atascados», dijo el teniente.

«Estamos atascados», dijo alguien más.

«Mierda, tenemos que salir de aquí».

«Muy bien, todo el mundo fuera de sus vehículos y sitúense en sus posiciones», dijo el jefe.

Yo desaté el arnés, saqué la 60 de la parte trasera, y fui agachado en dirección a la valla que bloqueaba las instalaciones petrolíferas. Nuestra tarea era asegurar la puerta, y solo porque no tuviéramos ruedas con las que hacerlo no significaba que no se estuviera haciendo.

Encontré un montón de escombros a la vista de la puerta y preparé la 60. Un tipo se situó a mi lado con un Carl Gustav. Técnicamente es un fusil sin retroceso, el arma dispara un maldito cohete que puede liquidar un tanque o hacer un agujero en un edificio. Nada iba a pasar por esa puerta sin que nosotros lo dijéramos.

Los iraquíes habían establecido un perímetro defensivo fuera de la refinería. Su único problema era que nosotros habíamos aterrizado en el interior. Ahora estábamos entre ellos y la refinería; en otras palabras, detrás de sus posiciones.

A ellos no les gustó mucho eso. Se dieron la vuelta y comenzaron a dispararnos.

En cuanto me di cuenta de que no nos estaban lanzando gas, me quité la máscara antigás. Al devolver disparos con la 60, yo tenía muchos objetivos; demasiados, de hecho. Nos sobrepasaban en número con mucha diferencia; pero eso no era un verdadero problema. Comenzamos a pedir apoyo por aire. Minutos después, todo tipo de aeronaves estaban por encima de nosotros: F/A-18, F-16, A-10A, incluso un helicóptero de ataque AC-130.

Los Air Force A-10, mejor conocidos como Warthogs (Jabalíes), eran increíbles. Son aviones a reacción de movimientos lentos, pero eso es intencional; están diseñados para volar bajo y lento, de modo que puedan hacer el máximo de disparos sobre los objetivos en tierra. Además de bombas y misiles, están equipados con un cañón Gatling de 30 mm. Esos Gatling machacaron al enemigo aquella noche. Los iraquíes se dispersaron con su armamento fuera de la ciudad para llegar a nosotros, pero no consiguieron acercarse. Llegó un punto en el que los iraquíes entendieron que estaban jodidos y trataron de huir.

Un grave error. Eso tan solo hizo que fuera más fácil verlos. Seguían llegando los aviones, machacándolos. Los tenían concentrados, y después los redujeron. Se oían las ráfagas pasar en el aire, *errrrrrr*, y después se oía el eco, seguido de cerca por explosiones secundarias y los demás estragos que causaban las balas.

Yo pensaba: *Carajo, esto es estupendo. Me encanta malditamente esto. Es emocionante y te destroza los nervios, y me encanta malditamente.*

GASEADO

Una unidad británica voló hasta allí en la mañana. Para entonces, la batalla había terminado. Desde luego, no pudimos resistirnos a provocarlos al respecto.

«Entren. La lucha ha terminado», les decíamos. «Es seguro para ustedes».

No creo que a ellos les resultara divertido, pero era difícil saberlo. Ellos hablan inglés raro. Agotados, atravesamos una puerta y pasamos al interior de una casa que había quedado casi destruida por completo durante el tiroteo. Fuimos hacia las ruinas, nos tumbamos entre los escombros, y nos quedamos dormidos.

Unas horas después, me levanté. La mayoría de los otros muchachos en mi compañía también estaban en movimiento. Salimos fuera y comenzamos a examinar el perímetro de los campos petrolíferos. Mientras estábamos fuera, divisamos algunas de las defensas aéreas que los iraquíes no tenían. Pero los informes de inteligencia no tenían que ser actualizados, pues esas defensas ahora no estaban en condición alguna de molestar a nadie.

Había cadáveres por todas partes. Vimos a un tipo al que literalmente le habían volado el trasero. Se había muerto desangrado, pero no antes de haber intentado arrastrarse para alejarse de los aviones. Se podía ver el rastro de sangre en la tierra.

Mientras estábamos examinando las cosas, yo detecté una camioneta Toyota en la distancia. Iba por la carretera y se detuvo a un poco más de dos kilómetros de distancia.

Los iraquíes utilizaban camionetas blancas civiles como vehículos militares a lo largo de la guerra. Por lo general, eran alguna versión de la Toyota Hilux, la camioneta compacta fabricada con diversos estilos. (En Estados Unidos, la Hilux se denominaba con frecuencia la SR5; el modelo finalmente dejó de fabricarse aquí, aunque siguió vendiéndose en el extranjero.) Al no estar seguros de lo que sucedía, observamos la camioneta durante unos momentos hasta que oímos un *golpe*.

Algo cayó con un *¡plaf!* a poca distancia de nosotros. Los iraquíes habían disparado un mortero desde la parte trasera. Pero se hundió de modo inofensivo en el barro mojado de petróleo.

«Gracias a Dios que esa cosa no explotó», dijo alguien. «Estaríamos muertos». Entonces empezó a salir humo blanco del agujero que el proyectil había formado.

«¡Gas!», gritó alguien.

Comenzamos a correr tan rápido como pudimos de regreso a la puerta. Pero justamente antes de llegar a ella, los guardias británicos la cerraron y se negaron a abrirla.

«¡No pueden entrar!», gritó uno de ellos. «Acaban de ser gaseados».

Mientras los Cobras de la Marina sobrevolaban para ocuparse de las camionetas de los morteros, nosotros intentábamos saber si íbamos a morir.

Cuando aún estábamos respirando unos minutos después, nos dimos cuenta de que el humo había sido solamente eso: humo.

Quizá fuese vapor del barro. Lo que sea. Fue todo chisporroteo, ningún bum, nada de gas.

Lo cual fue un alivio.

SHATT AL-ARAB

CON AL-FAW ASEGURADO, EQUIPAMOS DOS DE NUESTROS CUATRO VPD y nos lanzamos a la carretera, conduciendo hacia el norte a Shatt al-Arab, el río que separa Irán e Irak cuando desemboca en el Golfo. Nuestra tarea era buscar botes suicidas y minas que podrían estar bajando por el río al Golfo. Encontramos una vieja estación fronteriza abandonada por los iraquíes y establecimos un puesto de observación.

Nuestras reglas cuando comenzó la guerra eran bastante sencillas: *si ves a alguien de dieciséis hasta sesenta y cinco y es un varón, dispárale. Mata a todo varón que veas.*

Ese no era el lenguaje oficial, pero esa era la idea. Sin embargo, ahora que estábamos observando Irán, estábamos bajo estrictas órdenes de *no* disparar, al menos no en Irán.

Cada noche, alguien al otro lado del río se levantaba y nos disparaba. Nosotros, como era nuestra obligación, llamábamos y pedíamos permiso para devolver el fuego. La respuesta era siempre un muy claro «¡NO!». Muy alto y claro.

En retrospectiva, eso tenía mucho sentido. Nuestras armas más pesadas eran una Carl Gustav y dos 60. Los iraníes tenían mucha artillería, y tenían marcada la posición. Cualquier cosa habría bastado para que ellos nos dispararan; y de hecho, lo que probablemente intentaban era meternos en una pelea para poder así matarnos.

Sin embargo, eso nos enojaba. Si alguien te dispara, tú quieres devolverle el disparo.

Después de la emoción del comienzo de la guerra, nuestros ánimos decayeron. Estábamos de un lado a otro sin hacer nada. Uno de los muchachos tenía una cámara de vídeo, e hicimos un vídeo burlándonos de eso. No había mucho más que hacer. Encontramos algunas armas iraquíes y las juntamos en un montón para ser destruidas. Pero eso fue todo. Los iraquíes no enviaban barcas hacia nosotros, y los iraníes hacían un solo disparo y después se ocultaban y esperaban a que nosotros reaccionáramos. Casi lo más entretenido que podíamos hacer era meternos en el agua y orinar en dirección a ellos.

Durante una semana hicimos turnos para vigilar, dos muchachos de guardia y dos libres, supervisando la radio y observando el agua. Finalmente fuimos relevados por otro grupo de SEAL y nos dirigimos de regreso a Kuwait.

LA CARRERA HACIA BAGDAD

A ESAS ALTURAS, LA DENOMINADA CARRERA HACIA BAGDAD había comenzado. Estados Unidos y unidades aliadas avanzaban por la frontera, realizando grandes progresos cada día.

Pasamos algunos días en nuestro campamento otra vez en Kuwait, esperando alguna tarea. A pesar de lo frustrante que fue nuestra estancia en la estación fronteriza, esto fue peor. Queríamos entrar en acción. Había varias misiones que podríamos haber realizado, por ejemplo, eliminar algunas de esas defensas aéreas «no existentes» en Irak, pero el mando no parecía querer hacer uso de nosotros.

Nuestro despliegue se había ampliado para que pudiéramos participar en el comienzo de la guerra. Pero ahora el rumor era que rotaríamos y regresaríamos a Estados Unidos para ser sustituidos por el Equipo 5. Nadie quería irse de Irak ahora que la acción se estaba calentando. La moral tocó fondo. Todos estábamos enojados.

PARA COLMO, LOS IRAQUÍES HABÍAN ENVIADO ALGUNOS SCUD justo antes de que comenzase la guerra. De la mayoría de ellos se habían ocupado los misiles Patriot, pero uno consiguió llegar. ¿Sabías que eliminó el Starbucks donde habíamos estado durante nuestro entrenamiento en la preguerra?

Eso es muy bajo, golpear una cafetería. Aunque supongo que podría haber sido peor. Podría haber sido un Dunkin' Donuts.

La broma era que el presidente Bush solamente declaró la guerra cuando fue alcanzado el Starbucks. Te puedes meter con la ONU todo lo que quieras, pero cuando empiezas a interferir en el derecho a conseguir cafeína, alguien tiene que pagar.

NOS QUEDAMOS DURANTE TRES O CUATRO DÍAS, QUEJÁNDONOS y deprimidos todo el tiempo. Entonces, finalmente, nos unimos a la maniobra de los Marines en la zona de Nasiriya. Estábamos de nuevo en la guerra.

CERCA DE NASIRIYA

NASIRIYA ES UNA CIUDAD EN EL RÍO ÉUFRATES EN EL SUR DE Irak, a unos doscientos kilómetros al noroeste de Kuwait. La ciudad misma fue tomada por los Marines el 31 de marzo, pero la acción en la zona continuó durante bastante tiempo, pues pequeños grupos de soldados iraquíes y fedayines siguieron resistiendo y atacando a los estadounidenses. Fue cerca de Nasiriya donde Jessica Lynch fue capturada y retenida durante los primeros días de la guerra.

Algunos historiadores creen que la lucha en la zona fue la más feroz que los Marines encontraron durante la guerra, comparándola con la mayoría de los feroces tiroteos en Vietnam y más adelante en Faluya. Además de la ciudad misma, los Marines tomaron el campo aéreo de Jaliba, varios puentes sobre el Éufrates, y autopistas y ciudades que aseguraron el pasaje a Bagdad durante las primeras etapas de la guerra. A lo largo del camino, comenzaron a encontrarse con el tipo de insurgencia fanática que caracterizaría la guerra después que cayera Bagdad.

Nosotros desempeñamos un papel muy pequeño en el conflicto allí. Entramos en algunas batallas muy intensas, pero el grueso de la acción la realizaban los Marines. Obviamente, no puedo escribir sobre la mayor parte de eso; lo que vi de la batalla general fue como mirar un enorme cuadro de un paisaje a través de un diminuto pitillo.

Cuando estás trabajando con unidades de los cuerpos del ejército y los Marines, de inmediato notas una diferencia. La Armada es bastante dura, pero su actuación puede depender de la unidad individual. Algunas son excelentes, llenas de guerreros de primer orden. Unas pocas son absolutamente horribles; la mayoría de ellas están entre medias.

En mi experiencia, los Marines son excesivamente oficiosos y agresivos a pesar de todo. Lucharán hasta la muerte. Cada uno de ellos solo quiere salir ahí y matar. Son como las madres enérgicas e intensas.

Nos introdujimos en el desierto en medio de la noche, con dos VPD de tres asientos, saliendo de la parte trasera de un 53. El terreno era bastante firme, así que nadie se quedó atascado.

Íbamos detrás de la punta del avance estadounidense, y no había unidades enemigas en la zona. Condujimos por el desierto hasta que llegamos a un campamento base del ejército. Descansamos unas horas con ellos, y después partimos para vigilar antes del avance de los Marines.

El desierto no estaba totalmente vacío. Aunque había largos tramos de desierto, también había ciudades y asentamientos muy pequeños a intervalos en la distancia. Principalmente rodeábamos las ciudades, observándolas desde la distancia. Nuestro trabajo era tener una idea de dónde estaban los puntos fuertes del enemigo, comunicándolos por radio para que los Marines pudieran decidir si atacarlos o rodearlos. De vez en cuando llegábamos a terreno elevado, nos deteníamos un rato y echábamos una mirada.

Ese día habíamos tenido solamente un contacto significativo. Estábamos rodeando una ciudad. Obviamente, nos acercamos demasiado, porque ellos comenzaron a entablar combate. Yo disparé el calibre 50 mm, y después me giré a la 60 mientras salíamos de allí apresuradamente.

Debimos de haber viajado cientos de kilómetros aquel día. Nos detuvimos un rato avanzada la tarde, descansamos un poco, y entonces seguimos camino de nuevo después de la caída de la noche. Cuando comenzamos a atraer el fuego esa noche, nuestras órdenes fueron cambiadas. El centro de mando nos llamó a regresar y dispusieron que los helicópteros fueran a recogernos.

Podrías pensar que nuestra tarea era atraer el fuego, pues eso revelaba dónde estaba el enemigo. Podrías pensar que el hecho de que estábamos lo bastante cerca para hacer disparar al enemigo significaba que habíamos descubierto una fuerza importante que era anteriormente desconocida. Podrías pensar que eso significaba que estábamos haciendo un buen trabajo.

Y podrías tener razón. Pero para nuestro comandante, todo eso era equivocado. Él quería que *no* fuéramos contactados. No quería arriesgar ninguna baja, incluso si eso significaba que no pudiéramos llevar a cabo nuestra misión adecuadamente. (Y debería añadir que a pesar de los disparos y el contacto al principio, no habíamos sufrido ninguna baja.)

Estábamos enojados. Habíamos salido esperando estar vigilando durante una semana. Teníamos suficiente combustible, agua y comida, y ya habíamos pensado en cómo reabastecernos si era necesario. Maldición, podríamos haber hecho todo el camino hasta Bagdad, que en ese momento seguía estando en manos iraquíes.

Nos reportamos de nuevo en la base, desmoralizados.

AQUEL NO FUE EL FINAL DE LA GUERRA PARA NOSOTROS, PERO era una mala señal de lo que nos esperaba.

Tienes que entender esto: ningún SEAL *quiere* morir. El propósito de la guerra, como lo expresó Patton, es hacer morir al otro necio bastardo. Pero también queremos luchar.

Parte de ello es personal. Es lo mismo para los atletas: un atleta quiere estar en un gran partido, quiere competir en el campo o en el ring. Pero otra parte, una parte más grande, creo yo, es el patriotismo.

Es algo que si tiene que explicarse, no se va a entender. Pero quizá esto ayudará:

Una noche un poco más adelante, estábamos en un agotador tiroteo. Diez de nosotros pasamos cerca de cuarenta y ocho horas en el segundo piso de un viejo y abandonado edificio de ladrillo, peleando con un calor sofocante y llevando el uniforme completo. Volaban balas, demoliendo las paredes que nos rodeaban prácticamente sin parar. El único descanso que tomábamos era para recargar.

Finalmente, cuando salió el sol en la mañana, el sonido de los disparos y las balas golpeando el ladrillo se detuvo.

La lucha había terminado. Se volvió todo siniestramente silencioso.

Cuando los Marines entraron para relevarnos, encontraron a cada hombre en la habitación o bien desplomado sobre una pared, o derribado en el suelo, vendándose heridas o tan solo empapándose de la situación.

Uno de los Marines en el exterior tomó una bandera estadounidense y la elevó sobre la posición. Otro puso el himno nacional, y no tengo idea de dónde salía la música, pero el simbolismo y el modo en que hablaba al alma eran abrumadores; sigue siendo uno de mis recuerdos más poderosos.

Cada hombre agotado por la batalla se levantó, fue hacia la ventana y saludó. La letra de la música resonaba en cada uno de nosotros mientras observábamos las estrellas y las listas ondear literalmente a la suave luz del amanecer. El recordatorio de aquello por lo que luchábamos provocó que cayeran libremente lágrimas y también sangre y sudor en todos nosotros.

Yo he vivido el significado literal de «la tierra de los libres» y «el hogar de los valientes». Para mí no es sensiblero. Lo siento en mi corazón; lo siento en mi pecho. Incluso en un partido de fútbol cuando alguien habla mientras suena el himno o no se quita la gorra, eso me enoja. Yo tampoco soy alguien que se queda callado ante eso.

Para mí y para los SEAL con quienes estaba, el patriotismo y estar en el corazón de la batalla estaban profundamente relacionados. Pero cuánto puede pelear una unidad como la nuestra depende mucho del liderazgo. Gran parte de ello depende de la cúpula, los oficiales que nos dirigen. Los oficiales SEAL son una verdadera mezcla. Algunos son buenos, y otros son malos. Y algunos son tan solo cobardes.

Ah, puede que sean individuos duros, pero se necesita algo más que dureza *personal* para ser buenos líderes. Los métodos y los objetivos tienen que contribuir a esa dureza.

Nuestro mando más alto quería que lográramos un cien por ciento de éxito, y hacerlo con cero bajas. Eso puede sonar admirable; ¿quién no quiere tener éxito, y quién quiere que alguien resulte herido? Pero en la guerra, esas dos cosas son incompatibles e irrealistas. Si el cien por ciento de éxito con cero bajas es tu objetivo, vas a realizar muy pocas operaciones. Nunca correrás ningún riesgo, ya sea realista o no.

Idealmente, podríamos haber realizado vigilancia con francotiradores y haber emprendido misiones de exploración para los Marines por toda Nasiriya. Podríamos haber sido una parte mucho mayor de la acción de los Marines. Podríamos haber salvado algunas de sus vidas.

Queríamos salir en la noche y llegar a la siguiente ciudad grande o pueblo que los Marines iban a atravesar. Habríamos suavizado el objetivo para ellos, matando a tantos malos como pudiéramos. Sí, realizamos algunas misiones como esa, pero ciertamente fueron muchas menos de las que podríamos haber realizado.

MALDAD

YO NUNCA HABÍA CONOCIDO MUCHO SOBRE EL ISLAM. AL HABERME criado como cristiano, obviamente sabía que había habido conflictos religiosos durante siglos. Sabía sobre las Cruzadas, y sabía que había habido luchas y atrocidades siempre.

Pero también sabía que el cristianismo había evolucionado desde la Edad Media. No matamos a personas porque sean de una religión diferente.

Las personas contra quienes luchábamos en Irak, después que el ejército de Saddam huyera o fuera derrotado, eran fanáticas. Nos odiaban porque nosotros no éramos musulmanes. Ellos querían matarnos, aunque acabábamos de expulsar a su dictador, porque practicábamos una religión distinta a la de ellos.

¿Acaso no debe la religión enseñar tolerancia?

La gente dice que hay que distanciarse del enemigo para matarlo. Si eso es cierto, en Irak los insurgentes hicieron que fuese realmente fácil. Mi historia anterior sobre lo que la madre le hizo a su hijo al tirar de la anilla de la granada fue solo un terrible ejemplo.

Los fanáticos contra quienes luchábamos no valoraban nada aparte de su retorcida interpretación de la religión. Y la mitad del tiempo *afirmaban* que valoraban su religión, y la mayoría ni siquiera oraba. Un número considerable de ellos eran drogados para que pudieran pelear contra nosotros.

Muchos de los insurgentes eran unos cobardes. Por rutina consumían drogas para avivar su valentía. Sin ellas, por sí mismos, no eran nada. Tengo una cinta en alguna parte que muestra a un padre y a una muchacha en una casa que estaba siendo examinada. Ellos estaban en la parte de abajo; por alguna razón, se produjo una llamarada en el piso superior.

En el vídeo, el padre se oculta detrás de la niña, con miedo a que vaya a ser asesinado y listo para sacrificar a su hija.

CUERPOS OCULTOS

Puede que hayan sido cobardes, pero sin duda podían matar a personas. Los insurgentes no se preocupaban por las reglas de operación o los consejos de guerra. Si hubieran tenido la ventaja, habrían matado a cualquier occidental que pudieran encontrar, ya fuese soldado o no.

Un día fuimos enviados a una casa donde habíamos oído que podría haber prisioneros estadounidenses. No encontramos a nadie en el edificio. Pero en el sótano había señales obvias de que la tierra había sido removida, así que encendimos linternas y comenzamos a cavar.

No pasó mucho tiempo antes de ver la pierna de un pantalón, y después un cuerpo, recién enterrado.

Un soldado estadounidense. Del ejército.

A su lado había otro. Después otro hombre, que llevaba una camiseta de los Marines.

Mi hermano se había unido a los Marines un poco antes del 11 de septiembre. Yo no había oído de él, y pensaba que había sido desplegado a Irak.

Por alguna razón, mientras ayudaba a sacar el cuerpo muerto, estaba seguro de que era mi hermano.

No lo era. Hice una oración en silencio y seguimos cavando.

Otro cuerpo, otro Marine. Me incliné y me obligué a mirar.

No era él.

Pero ahora, con cada hombre que sacábamos de esa tumba, y eran varios, yo estaba cada vez más convencido de que iba a ver a mi hermano. Se me hizo un nudo en el estómago. Seguí cavando. Quería vomitar.

Finalmente, terminamos. Él no estaba allí.

Sentí un momento de alivio, incluso de entusiasmo: ninguno de ellos era mi hermano. Entonces sentí una tremenda tristeza por los jóvenes asesinados cuyos cuerpos habíamos sacado.

CUANDO FINALMENTE OÍ DE MI HERMANO, DESCUBRÍ QUE aunque él estaba en Irak, no había estado en ningún lugar cercano a donde yo había visto aquellos cuerpos. Él había tenido sus propios sustos y momentos difíciles, estoy seguro, pero oír su voz me hizo sentirme mucho mejor.

Yo seguía siendo el hermano mayor, y esperaba protegerlo. Diablos, él no necesitaba que yo cuidara de él; era un Marine, y de los duros. Pero en cierto modo, esos instintos nunca desaparecen.

EN OTRA UBICACIÓN ENCONTRAMOS BARRILES DE MATERIAL químico que sería utilizado como armamento biológico. Todo el mundo habla de que no había armas de destrucción masiva en Irak, pero parecen estar refiriéndose a bombas nucleares completadas, y no a las muchas armas químicas mortales o sus precursores que Saddam había acumulado.

Quizá la razón sea que lo que estaba escrito en los barriles mostraba que los productos químicos provenían de Francia y Alemania, nuestros supuestos aliados occidentales.

Lo que siempre me pregunto es cuánto fue capaz Saddam de ocultar antes de que realizáramos la invasión. Habíamos hecho tantas advertencias antes de entrar allí, que seguramente él tuvo tiempo de mover y enterrar toneladas de materiales. Dónde fue, dónde aparecerá, lo que envenenará... creo que son preguntas bastante buenas que nunca han sido respondidas.

UN DÍA VIMOS ALGUNAS COSAS EN EL DESIERTO Y PENSAMOS QUE eran bombas de fabricación casera enterradas. Llamamos a los de desactivación de bombas y ellos acudieron. Y, ¡sorpresa! Lo que encontraron no era una bomba; era un aeroplano.

Saddam había enterrado un puñado de sus aviones de caza en el desierto. Hizo que los cubrieran con plástico y entonces intentó ocultarlos. Probablemente pensó que nosotros llegaríamos, como lo hicimos en Tormenta del Desierto, golpearíamos rápidamente y después nos iríamos.

Él estaba equivocado en eso.

«VAMOS A MORIR»

SEGUIMOS TRABAJANDO CON LOS MARINES MIENTRAS ELLOS marchaban al norte. Nuestras misiones normalmente nos llevaban por delante de su avance, explorando para encontrar grupos de defensores. Aunque inteligencia nos había dicho que había algunos soldados enemigos en la zona, no se suponía que fueran grandes unidades.

Esa vez estábamos trabajando con todo el pelotón; los dieciséis de nosotros. Llegamos a unas pequeñas instalaciones en el límite de una ciudad. Una vez allí, comenzamos a recibir disparos.

El tiroteo aumentó rápidamente, y unos minutos después nos dimos cuenta de que estábamos rodeados, y nuestra vía de escape cortada por un grupo de varios cientos de iraquíes.

Yo comencé a matar a muchos iraquíes, todos lo hacíamos, pero por cada uno al que abatíamos, cuatro o cinco parecían materializarse para ocupar su lugar. Esto continuó durante horas, con el tiroteo aumentando, y después disminuyendo.

La mayoría de los tiroteos en Irak eran esporádicos. Podían ser muy intensos durante algunos minutos, quizá incluso durante una hora o más, pero finalmente los iraquíes se retiraban. O nosotros.

Eso no sucedió aquí. La lucha continuó en oleadas durante toda la noche. Los iraquíes sabían que nos sobrepasaban en número y que nos rodeaban, y no iban a irse. Poco a poco comenzaron a acercarse cada vez más, hasta que era obvio que iban a invadirnos.

Estábamos terminados. Íbamos a morir. O peor aún, seríamos capturados y hechos prisioneros. Yo pensé en mi familia y en lo horrible que todo eso sería. Decidí que iba a morir primero.

Disparé más ráfagas, pero ahora la pelea se estaba acercando. Yo estaba comenzando a pensar en qué haría si ellos cargaban contra nosotros. Usaría mi pistola, mi cuchillo, mis manos: cualquier cosa.

Y entonces moriría. Pensé en Taya, y en lo mucho que la amaba. Intenté no distraerme con nada, intenté concentrarme en la lucha.

Los iraquíes seguían llegando. Calculamos que nos quedaban cinco minutos de vida. Yo comencé la cuenta atrás en mi cabeza.

No había llegado muy lejos cuando la radio de la compañía sonó con una transmisión: «Vamos a llegar a sus seis».

Amigos se aproximaban a nuestra posición.

La caballería.

Los Marines, en realidad. No íbamos a morir.

No dentro de cinco minutos, de todos modos.

¡Gracias, Dios!

FUERA DE LA LUCHA

ESA ACCIÓN RESULTÓ SER NUESTRO ÚLTIMO ENCUENTRO significativo durante ese despliegue. El mando nos llevó de nuevo a la base.

Fue desolador. Los Marines iban a Nasiriya cada noche, intentando limpiar el lugar a medida que la insurgencia se acumulaba. Ellos podrían habernos dado nuestra propia sección que pudiéramos patrullar. Podríamos haber entrado y haber sacado a los malos; pero el oficial al mando lo vetó.

Lo escuchamos en las bases delanteras y los campamentos donde nos quedábamos a la espera de tener algo real que hacer. El GROM (las fuerzas especiales polacas) salía y hacía tareas. Ellos nos dijeron que éramos leones dirigidos por perros.

Los Marines eran más directos. Regresaban cada noche y nos soltaban:

«*¿A cuántos agarraron esta noche? Ah, es verdad; ustedes no salieron*».

Hinchapelotas. Pero yo no podía culparlos. Pensaba que nuestros mandos eran un grupo de cobardes.

Habíamos comenzado a entrenarnos para tomar la presa de Mukarayin, al noreste de Bagdad. La presa era importante no solo porque proporcionaba energía hidroeléctrica, sino porque si se hacía que se desbordase, podría haber retrasado a las fuerzas militares que atacaban a los iraquíes en la zona. Pero la misión se posponía continuamente, y al final se la entregaron al Equipo 5 de los SEAL cuando ellos rotaron al Golfo hacia el final de nuestra estancia. (La misión, que siguió nuestro plan básico, fue un éxito.)

Había muchas cosas que podríamos haber hecho. Cuál habría sido el impacto causado en la guerra, no tengo idea. Sin duda podríamos haber salvado algunas vidas aquí y allá, quizá acortado algunos conflictos en un día o más. En cambio, se nos dijo que nos preparáramos para regresar a casa. Nuestro despliegue había terminado.

Yo me quedé en la base durante un par de semanas sin nada que hacer. Me sentía como un maldito cobarde, jugando videojuegos y esperando a salir de allí en barco.

Estaba bastante furioso. De hecho, estaba tan furioso que quise dejar la Armada, y renunciar a ser un SEAL.

5

FRANCOTIRADOR

Taya:

La primera vez que Chris regresó a casa, estaba realmente indignado con todo. Con Estados Unidos, especialmente.

En el auto, camino de regreso a nuestra casa, íbamos escuchando la radio. Las personas no hablaban sobre la guerra; la vida continuaba como si nada estuviera sucediendo en Irak.

«La gente habla de idioteces», dijo él. «Nosotros estamos luchando por el país, y a nadie le importa un carajo».

Él había quedado realmente decepcionado cuando comenzó la guerra. Estaba de nuevo en Kuwait y había visto algo en televisión que era negativo acerca de las tropas. Él gritó y dijo: «¿Sabes qué? Si eso es lo que piensan, que se vayan a la mierda. Yo estoy aquí listo para dar mi vida y ellos están haciendo estupideces».

Tuve que decirle que había muchas personas que se interesaban, no solo por las tropas en general, sino por él. Él me tenía a mí, tenía amigos en San Diego y Texas, y familiares.

Pero la adaptación a estar en casa fue difícil. Se despertaba dando puñetazos. Él siempre había sido nervioso, pero ahora, cuando yo me levantaba a mitad de la noche, tenía que detenerme y decir su nombre antes de meterme otra vez en la cama. Tenía que despertarlo antes de regresar a la cama para asegurarme de no recibir un golpe por sus reflejos.

Una vez me desperté y él tenía agarrado mi brazo con ambas manos. Una de sus manos estaba en mi antebrazo, y la otra un poco más arriba de mi codo. Él estaba profundamente dormido y parecía estar listo para partirme el brazo en dos. Yo me quedé lo más quieta posible y seguí repitiendo su nombre, cada vez más alto para no asustarle, pero también para impedir el inminente daño en mi brazo. Finalmente, él se despertó y me soltó.

Lentamente fuimos estableciendo algunos hábitos nuevos, y nos ajustamos.

SUSTOS

No abandoné los SEAL.

Podría haberlo hecho, si a mi contrato no le hubiera quedado tanto tiempo. Quizá habría pasado a los Marines. Pero eso no era una opción.

Tenía algún motivo para la esperanza. Cuando regresas a casa y el Equipo regresa de un despliegue, hay una reubicación en los altos mandos y tienes un nuevo liderazgo. Siempre cabía la posibilidad de que nuestro nuevo mando fuera mejor.

Hablé con Taya y le dije lo enojado que estaba. Desde luego, ella tenía una perspectiva diferente: sencillamente estaba feliz porque yo estaba vivo y en casa de una sola pieza. Mientras tanto, los altos mandos recibieron grandes ascensos y felicitaciones por su papel en la guerra. Ellos se llevaron la gloria.

Gloria de mierda.

Gloria de mierda por una guerra en la que ellos no lucharon y por la postura cobarde que adoptaron. Su cobardía terminó vidas que podríamos haber salvado si ellos nos hubieran dejado hacer nuestro trabajo. Pero eso es la política: un grupo de jugadores sentados y felicitándose los unos a los otros en su seguridad mientras vidas reales están siendo destruidas.

Cada vez que regresaba a casa de un despliegue, a partir de entonces, no salía de esta durante una semana. Simplemente me quedaba allí. Por lo general, nos daban aproximadamente un mes libre después de descargar y ordenar nuestro equipo y nuestras cosas. Esa primera semana yo siempre me quedaba en casa con Taya y a solas. Solamente después comenzaba a ver a familiares y amigos.

No tenía recuerdos recurrentes de la batalla ni nada dramático como eso; tan solo necesitaba estar a solas.

Sí recuerdo una vez, después del primer despliegue, que tuve algo *como* una recurrencia, aunque solo duró unos segundos. Yo estaba sentado en la habitación que usábamos como oficina en nuestra casa en Alpine, cerca de San Diego. Teníamos un sistema de alarma contra robos, y por algún motivo, Taya lo hizo sonar accidentalmente cuando llegó a casa.

Me dio un susto de muerte. De inmediato regresé otra vez a Kuwait. Me metí debajo del escritorio. Pensé que era un ataque con Scud.

Ahora nos reímos de eso; pero durante esos pocos segundos estuve verdaderamente asustado, más asustado incluso de lo que había estado en Kuwait cuando los Scuds realmente volaban por encima de nosotros.

Me he divertido más con alarmas contra robos de lo que puedo recordar. Un día me desperté después que Taya se fuera al trabajo. En cuanto me levanté de la cama, la alarma sonó. Estaba en modo voz, así que me alertó con una voz computarizada:

«*¡Alerta de intruso! ¡Intruso en la casa! ¡Alerta de intruso!*».

Yo agarré mi pistola y fui a enfrentarme con el criminal. Ningún hijo de puta iba a entrar en mi casa y vivir para contarlo.

«*¡Intruso: sala!*».

Avancé con cautela hasta la sala y utilicé todas mis habilidades como SEAL para despejarla.

Vacía. Inteligente criminal.

Fui al pasillo.

«*¡Intruso: cocina!*».

La cocina también estaba vacía. El hijo de puta estaba huyendo de mí.

«*¡Intruso: pasillo!*».

¡Hijo de perra!

No puedo decir cuánto tiempo pasó antes de que me diera cuenta de que *yo* era el intruso: el sistema me estaba rastreando a mí. Taya había programado la alarma con una configuración que supone que la casa estaba vacía, activando los detectores de movimiento.

Eres libre para reírte. Conmigo, no de mí, ¿vale?

YO SIEMPRE PARECÍA MÁS VULNERABLE EN CASA. DESPUÉS DE cada despliegue, algo me sucedía, por lo general durante el entrenamiento. Me rompí un dedo del pie, un dedo de la mano, y tuve todo tipo de pequeñas lesiones. En el extranjero, en el despliegue, en la guerra, yo parecía invencible.

«Te quitas tu capa de superhéroe cada vez que regresas a casa de un despliegue», solía bromear Taya.

Después de un tiempo, supuse que eso era cierto.

MIS PADRES HABÍAN ESTADO NERVIOSOS TODO EL TIEMPO QUE YO estuve fuera. Querían verme en cuanto llegué a casa, y creo que mi necesidad de estar a solas al principio tal vez les hizo más daño del que ellos admitirán. Sin embargo, cuando al fin nos reunimos, fue un día muy feliz.

A mi padre le resultó especialmente difícil mi despliegue, mostrando externamente su ansiedad mucho más que mi madre. Es gracioso que a veces los individuos más fuertes se sienten peor cuando los acontecimientos están fuera de su control, y en realidad no pueden estar ahí para las personas que aman. Yo mismo lo he sentido.

Era un patrón que se repetiría cada vez que yo salía al extranjero. Mi mamá se comportaba como la estoica; y mi papá, antes estoico, se convirtió en quien se preocupaba en la familia.

EN LA ESCUELA

Renuncié a parte de mis vacaciones y regresé una semana antes para ir a la escuela de francotiradores. Habría renunciado a mucho más que eso por tener aquella oportunidad.

Los francotiradores de la Armada han obtenido, de modo justificado, mucha atención con los años, y su programa de entrenamiento se sigue considerando como uno de los mejores del mundo. De hecho, los francotiradores SEAL solían ser entrenados allí. Pero hemos avanzado y comenzamos nuestra propia escuela, adaptando gran parte de lo que los Marines hacen, pero añadiendo varias cosas a fin de preparar a los francotiradores SEAL para nuestra misión. La escuela SEAL requiere un poco más del doble de tiempo para terminar debido a eso.

Después del BUD/S, el entrenamiento de francotirador fue el curso más difícil que realicé nunca. Constantemente jugaban con nuestras mentes. Teníamos noches avanzadas y madrugones. Siempre estábamos corriendo o siendo estresados de alguna manera.

Esa era una parte clave de la instrucción. Ya que no pueden dispararte, ponen tanta presión sobre ti como puedan en todos los demás aspectos. Por lo que he oído, solo el cincuenta por ciento de los SEAL que hacen el curso, lo terminan. Puedo creerlo.

Las primeras clases enseñan a los SEAL cómo usar las computadoras y las cámaras que son parte de nuestro trabajo. Los francotiradores SEAL no son únicamente tiradores; de hecho, disparar es solo una pequeña parte del trabajo. Es una parte importante y vital, pero está lejos de serlo todo.

Un francotirador SEAL está entrenado para observar. Es una habilidad fundamental. Puede que se encuentre por delante de un grupo principal, con la tarea de descubrir todo lo que pueda sobre el enemigo. Incluso si se le ha asignado estar en posición para derribar un objetivo de alto valor, lo primero que debe ser capaz de hacer es observar la zona. Necesita ser capaz de utilizar modernas capacidades de navegación y herramientas como GPS, y al mismo tiempo presentar la información que ha recopilado. Por lo tanto, es ahí donde comenzamos.

La siguiente parte del curso, y en muchos aspectos la más difícil, es el acecho. Esa es la parte donde la mayoría falla. Acechar significa llegar a una posición sin ser visto: más fácil decirlo que hacerlo. Es moverse lentamente y con cuidado hasta el punto exacto correcto para la misión. No es paciencia, o al menos eso no es todo. Es disciplina profesional.

Yo no soy una persona paciente, pero aprendí que para ser exitoso como acechador necesito tomarme mi tiempo. Si sé que voy a matar a alguien, esperaré un día, una semana, dos semanas.

Digamos que, *he* esperado.

Haré todo lo que sea necesario. Y digamos que tampoco hay recesos para ir al baño.

Para uno de los ejercicios, tuvimos que acechar en un campo de heno. Necesité horas para cubrirme con hierba y heno en mi traje *ghillie*. El traje *ghillie* está hecho de arpillera y es cierto tipo de base de camuflaje para un francotirador en una misión de acecho. El traje te permite añadirle heno, o hierba, o lo que necesites, para que puedas mezclarte y fundirte con tu entorno. La arpillera añade profundidad, de modo que no se vea como un tipo con heno pinchado en su trasero mientras cruza un campo. Uno parece un arbusto.

Pero los trajes dan mucho calor y hacen sudar; y no te hacen invisible. Cuando llegas a otra parte del terreno, tienes que detenerte y recolocar el camuflaje. Tienes que parecerte a cualquier cosa que estés atravesando.

Recuerdo una vez en que yo me iba abriendo camino l-e-n-t-a-m-e-n-t-e por un campo cuando oí el distintivo ruido de una serpiente cerca. Una cascabel parece que le había tomado gusto a la parte del terreno que yo tenía que atravesar. Desear que se alejase no iba a funcionar. Al no querer revelar mi posición al instructor que me estaba evaluando, fui gateando lentamente hacia el lado, alterando mi curso. No vale la pena luchar contra algunos enemigos.

Durante la parte de acecho de nuestro entrenamiento, no te evalúan en tu primer tiro; te evalúan en el segundo. En otras palabras, cuando has disparado, ¿se te puede ver?

Es de esperar que no. Porque no solo existe una buena posibilidad de que tengas que disparar más veces, sino que también tienes que salir de ahí. Y sería hermoso hacer eso con vida.

Es importante recordar que los círculos perfectos no existen en la naturaleza, y eso significa que tienes que hacer lo que puedas para camuflar el telescopio y el cañón de tu fusil. Yo tomaba cinta adhesiva y la ponía sobre mi fusil, y después la pintaba con spray para camuflarlo más. Ponía algo de vegetación delante de mi telescopio y también de mi cañón; no necesitas verlo todo, tan solo tu objetivo.

Para mí, acechar fue la parte más difícil del curso. Casi fallé debido a la falta de paciencia.

Solamente después que domináramos el acecho era cuando pasábamos a disparar.

ARMAS

La gente pregunta mucho sobre armas, qué utilizaba yo como francotirador, sobre qué aprendí, qué prefiero. En el campo, yo emparejaba el arma a la tarea y la situación. En la escuela de francotiradores aprendí lo básico de un abanico de armas, así que estaba preparado no solo para usarlas todas, sino también para escoger la adecuada para la tarea.

Yo usaba cuatro armas básicas en la escuela de francotiradores. Dos eran semiautomáticas alimentadas por tambor: la Mk-12, un fusil de francotirador 5.56; y la Mk-11, un fusil de francotirador 7.62. (Cuando hablo de un arma, con frecuencia solo menciono el calibre, así que la Mk-12 es el 5.56. Ah, y no hay «punto» al frente de los números, se entiende.)

Después estaba mi Win Mag de calibre .300. Esa era alimentada por tambor, pero era un fusil a cerrojo. Como las otras dos, estaba silenciada. Eso significa que tiene un aparato al final del cañón que suprime la llamarada del disparo y reduce el sonido de la bala cuando sale del arma, parecido a un silenciador en un auto. (En realidad no es un silenciador, aunque algunos lo piensan de ese modo. Sin llegar a ser demasiado técnico, el silenciador funciona haciendo salir gas del cañón cuando se dispara la bala. Hablando en general, hay dos tipos, uno que se fija al cañón del arma y otro que está integrado en el cañón mismo. Entre los efectos prácticos del silenciador en un rifle de francotirador está que tiende a reducir la cantidad de «retroceso» que el tirador experimenta. Eso ayuda a hacer que sea más preciso.)

También tenía una calibre .50, que no tenía silenciador.

Hablemos de cada arma por separado.

Mk-12

Oficialmente el rifle Mk-12 de propósito especial de la Armada de Estados Unidos, esta arma tiene un cañón de dieciséis pulgadas, pero por lo demás es la misma plataforma que un M-4. Dispara balas de 5.56 x 45 mm de un tambor de treinta. (También puede tener un tambor de veinte.)

Derivado de lo que llegó a conocerse como el cartucho de .223 y, por lo tanto, más pequeño y ligero que la mayoría de los tambores militares anteriores, la 5.56 no es una bala preferida con la que dispararle a alguien. Pueden ser necesarias varias balas para derribar a alguien, especialmente a los locos drogados con los que tratábamos en Irak, a menos que le dispares a la cabeza. Y contrariamente a lo que tal vez estés pensando, no todos los tiros de francotirador, y ciertamente no los míos, apuntan a la cabeza de los malos. Por lo general apuntamos a la masa central: un objetivo grande en algún lugar en medio del cuerpo, lo cual me daba mucho espacio donde trabajar.

El arma era súper fácil de manejar, y prácticamente intercambiable con la M-4, que, aunque no es un arma de francotirador, sigue siendo una valiosa herramienta de combate. De hecho, cuando regresé a mi pelotón, saqué el receptor inferior de mi M-4 y lo monté en el receptor superior de mi Mk-12. Eso me proporcionaba una culata abatible y me permitía que fuese totalmente automática. (Ahora veo que algunos Mk-12 están equipados con la culata abatible.)

Al estar de patrulla me gustaba utilizar una culata más corta. Permite subirla al hombro con más rapidez y tener a alguien en la mira. También es mejor para trabajar en el interior y en lugares pequeños.

Otra nota sobre mi configuración personal: nunca utilicé una automática total en el fusil. La única vez que de verdad quieres tener una automática total es para mantener la cabeza de alguien abajo; lanzar balas no constituye un curso de disparos preciso. Pero como podría haber alguna circunstancia donde eso resultara útil, yo siempre quería tener esa opción por si acaso la necesitaba.

Mk-11

Oficialmente llamado rifle para propósito especial Mk-11 Mod X, y también conocido como el SR25, esta es un arma muy versátil. Particularmente me gusta la idea del Mk-11 porque podía patrullar con él (en lugar de un M-4) y también usarlo como fusil de francotirador. No tenía una culata abatible, pero esa era su única desventaja. Yo ataba el silenciador a mi kit, dejándolo inactivo durante el comienzo de una patrulla. Si necesitaba hacer un disparo de francotirador, lo activaba. Pero si estaba en la calle o moviéndome a pie, podía volver a disparar enseguida. Era semiautomático, de modo que podía poner muchas balas en un objetivo, y disparaba balas 7.62 x .51 mm de un tambor de veinte. Esas tenían más capacidad de detención que las más pequeñas 5.56 de la OTAN. Yo podía disparar a un tipo una sola vez y abatirlo.

Nuestros tambores eran de munición competitiva comprada a Black Hills, lo cual hacía que fuese probablemente la mejor munición para francotiradores.

El Mk-11 tenía una mala reputación en el campo porque con frecuencia se atascaba. En el entrenamiento no teníamos tanta sobrecarga, pero en el extranjero era otra historia. Finalmente pensamos que algo relacionado con el polvo que cubría el rifle estaba causando una doble alimentación; resolvimos gran parte del problema dejando cerrado el guardapolvo. Sin embargo, había otros problemas con el arma, y personalmente no fue nunca una de mis favoritas.

.300 Win Mag

La .300 está en otra clase totalmente distinta.

Como estoy seguro de que muchos lectores sabrán, la .300 Win Mag (se pronuncia «trescientos win mag») se refiere a la bala que el fusil dispara, la Winchester Magnum redonda de .300 (7.62 x 67 mm). Es un cartucho excelente multifunción, cuyo rendimiento permite una precisión soberbia y también capacidad de detención.

Otros servicios disparan desde diferentes (o ligeramente diferentes) armas; se dice que el más famoso es el sistema de armas de francotirador M-24 del ejército, que está basado en el fusil Remington 700. (Sí, es el mismo fusil que los civiles pueden comprar para cazar.) En nuestro caso, comenzamos con culatas MacMillan, personalizábamos los cañones, y utilizábamos acción 700. Estos eran buenos fusiles.

En mi tercer pelotón, el que fue a Ramadi, teníamos .300 nuevas. Estas usaban culatas de Accuracy International, con un cañón y acción totalmente nuevos. La versión AI tenía una culata más corta y un cañón abatible. Eran fenomenales.

La .300 es un arma un poco más pesada por diseño. Dispara como un láser. Puedes acertar a cualquier cosa desde una distancia de 900 metros o más. Y en objetivos más cercanos, no tienes que preocuparte demasiado por hacer demasiada corrección para tus avances. Puedes marcar tu objetivo a 450 metros y aun así dar en la diana desde 90 a 640 metros sin preocuparte demasiado por tener que hacer ajustes de último minuto.

Yo utilizaba una .300 Win Mag para la mayoría de mis disparos letales.

Calibre .50

El cincuenta es inmenso, muy pesado, y a mí no me gusta. Nunca usé uno en Irak.

Hay cierta cantidad de bombo publicitario e incluso romance por estas armas, que disparan una bala de 12.7 x 99 mm. Hay algunos rifles concretos diferentes y variaciones en servicio con el ejército estadounidense y otros ejércitos en todo el mundo. Probablemente hayas oído del Barret

M-82 o el M-107, desarrollados por Barrett Firearms Manufacturing. Tienen enormes alcances, y en la aplicación correcta son sin duda buenas armas. A mí sencillamente no me gustaban mucho. (La .50 que sí me gusta es el modelo Accuracy International, que tiene un cañón más compacto y abatible y un poco más de precisión; en aquel momento no estaba disponible para nosotros.)

Todos dicen que la .50 es un arma perfecta antivehículo; pero lo cierto es que si disparas la .50 al motor de un vehículo, en realidad no vas a detener el vehículo. No enseguida. Los líquidos gotearán y finalmente dejará de moverse; pero no es instantáneo de ninguna manera. Un .338 e incluso un .300 harán lo mismo. No, la mejor manera de detener un vehículo es disparar al conductor. Y eso se puede hacer con diversas armas.

.338

No teníamos .338 en el entrenamiento; comenzamos a tenerlos más adelante durante la guerra. De nuevo, el nombre se refiere a la bala; hay varios fabricantes diferentes, incluidos MacMillan y Accuracy International. La bala se dispara más lejos y va más plana que una de calibre .50, pesa menos, cuesta menos, y hará prácticamente el mismo daño. Son armas increíbles.

Yo usaba un .338 en mi último despliegue. Lo habría usado más si lo hubiera tenido. La única desventaja para mí era la falta de silenciador de mi modelo. Cuando estás disparando dentro de un edificio, el golpetazo es lo bastante fuerte para ser un dolor: literalmente. Me dolían los oídos después de varios disparos.

YA QUE ESTOY HABLANDO DE ARMAS, MENCIONARÉ QUE MIS favoritas en la actualidad son los sistemas de armas fabricados por GA Precision, una empresa muy pequeña que George Gardner comenzó en 1999. Él y su personal prestan mucha atención a cada detalle, y sus armas son sencillamente estupendas. No tuve oportunidad de probar una hasta que estuve fuera de servicio, pero ahora son las que yo uso.

LAS MIRAS SON UNA PARTE IMPORTANTE DEL SISTEMA armamentístico. En el extranjero yo usaba una mira de 32 aumentos. (Los aumentos en una mira se refieren a la apertura de la lente focal. Sin ser demasiado técnico, cuanto mayor sea el aumento, mejor puede ver un tirador a distancia. Pero hay compensaciones, dependiendo de la situación y de la mira. Las miras deberían escogerse teniendo en mente la situación en que serán utilizadas; para dar un ejemplo obvio, una mira de 32 aumentos sería muy inadecuada en una escopeta.) Además, dependiendo de las circunstancias, yo tenía un láser infrarrojo y rojo visible, al igual que visión nocturna para la mira.

Como SEAL, usaba miras Nightforce. Tienen un cristal muy claro, y son muy durables bajo circunstancias terribles. Siempre mantenían su enfoque para mí. En los despliegues, usaba un telémetro Leica para determinar cuán lejos estaba del objetivo.

La mayoría de las culatas en mis armas utilizaban carrilleras ajustables. A veces llamadas extensión (técnicamente, la extensión es la parte superior de la culata, pero los términos son a veces intercambiables), y me permitía mantener mi ojo en posición cuando miraba por la mira. En armas más antiguas, adaptábamos un pedazo de espuma dura y elevábamos la culata hasta la altura correcta. (A medida que los anillos de las miras se han ido haciendo cada vez más grandes y más variados en tamaño, la capacidad de cambiar la altura de la culata se ha vuelto más importante.)

Yo utilizaba un gatillo de 900 g en mis fusiles. Eso es bastante ligero. Quiero que el gatillo me sorprenda cada vez; no quiero dar un tirón brusco cuando disparo. No quiero resistencia alguna:

Situarme, prepararme, poner mi dedo y comenzar suavemente a apretar, y entonces que salga.

COMO CAZADOR, YO SABÍA CÓMO DISPARAR, CÓMO HACER QUE la bala fuera desde el punto A hasta el punto B. La escuela de francotiradores me enseñó la ciencia que hay tras ello. Uno de los hechos más interesantes es que el cañón de un fusil no puede tocar ninguna parte de la culata: tiene que estar flotando libre para aumentar la precisión. (El cañón «flotará» en la culata, debido al modo en que está cortado el cañón. Se une solamente al cuerpo principal del fusil.) Cuando disparas una ráfaga, se produce una vibración por el cañón, conocida como batido del cañón. Cualquier cosa que toque el cañón afectará esa vibración y, a su vez, afectará la precisión. Después hay cosas como el efecto Coriolis, que tiene que ver con la rotación de la tierra y el efecto que tiene sobre una bala de fusil. (Esto entra en juego solamente a distancias extremadamente largas.)

Vives todos estos datos técnicos en la escuela de francotiradores. Aprendes sobre cuán lejos dirigirse a alguien cuando se está moviendo; si está caminando o si está corriendo, dependiendo de la distancia. Lo sigues haciendo hasta que ese cálculo esté grabado no solo en tu cerebro, sino también en tus brazos, tus manos y tus dedos.

EN LA MAYORÍA DE LAS SITUACIONES DE DISPAROS, HAGO AJUSTES en la elevación, pero no en la resistencia aerodinámica. (En palabras sencillas, ajustar en la elevación significa ajustar mi objetivo para compensar el descenso de mi bala a lo largo de la distancia que recorre; resistencia aerodinámica significa compensar el efecto del viento.) El viento cambia constantemente; por lo tanto, cuando ya he ajustado para el viento, entonces el viento cambia. La elevación es otra historia; aunque si estás en una situación de combate, muchas veces no tienes el lujo de realizar un ajuste fino. Tienes que disparar o que te disparen.

PROBADO

Yo no era el mejor francotirador en mi clase. De hecho, fallé en la prueba práctica. Eso significaba salir de la clase potencialmente.

A diferencia de los Marines, en el campo no trabajamos con observadores. La filosofía de los SEAL es, básicamente: si tienes a un compañero guerrero contigo, él debiera estar disparando, no mirando. Dicho eso, sí utilizábamos observadores en el entrenamiento.

Después de haber fallado la prueba, el instructor lo repasó todo conmigo y con mi observador, intentando averiguar qué había salido mal. Mi telescopio era perfecto, la carrilera estaba en su lugar, no había nada mecánicamente incorrecto en el fusil...

De repente, él me miró.

«¿Masticar?», dijo él, más como una afirmación que una pregunta.

«Ah...».

Yo no había puesto nada de tabaco de mascar en mi boca durante la prueba. Fue lo único que hice de modo diferente... y resultó ser la clave. Pasé el examen brillantemente, y con un puñado de tabaco de mascar en mi carrillo.

Los francotiradores como estirpe tienden a ser supersticiosos. Somos como los jugadores de béisbol con nuestros pequeños rituales y obligaciones. Observa un partido de béisbol, y verás a un bateador hacer siempre lo mismo cuando pasa al plato: hará la señal de la cruz, pateará el suelo, moverá el bate. Los francotiradores somos iguales.

Durante el entrenamiento e incluso después, yo guardaba mis armas de cierta manera, llevaba la misma ropa, tenía todo ordenado precisamente igual. Es todo una cuestión de controlarlo todo en mi parte. Sé que el arma va a hacer su trabajo; y necesitaba estar seguro de que haría el mío.

HAY MUCHO MÁS EN SER UN FRANCOTIRADOR DE LOS SEAL que solamente disparar. A medida que progresaba el entrenamiento, me enseñaron a estudiar el terreno y los entornos. Aprendí a ver cosas con ojo de francotirador.

Si yo estuviera intentando matarme, ¿dónde me situaría? Ese tejado. Podría derribar a todo el grupo desde ahí.

Una vez identificadas esas ubicaciones, yo pasaba más tiempo mirándolas. Tuve una visión excelente al transcurrir el curso, pero no se trataba tanto de ver como de aprender a percibir: saber qué tipo de movimiento debería captar tu atención, discernir sutiles sombras que pueden prevenir sobre una emboscada a la espera.

Tuve que practicar para mantenerme agudo. La observación es un trabajo duro. Salía al exterior y me entrenaba para detectar cosas en la distancia. Siempre intentaba agudizar mi habilidad, incluso cuando estaba de permiso. En un rancho en Texas, se ven animales, aves; aprendes a mirar en la distancia y detectar movimiento, sombras, pequeñas incoherencias en el paisaje.

Durante un tiempo, parecía que todo lo que hacía ayudaba a entrenarme, incluso los juegos de vídeo. Tenía un juego de mahjong portátil que un amigo mío nos había obsequiado como regalo de boda. No sé si era exactamente apropiado como regalo de boda, pues es un juego portátil para una sola persona, pero fue muy valioso como herramienta de entrenamiento. En el mahjong examinas diferentes azulejos, buscando cosas iguales. Yo jugaba sesiones cronometradas contra la computadora, trabajando para agudizar mis habilidades de observación.

LO DIJE ANTES Y LO SEGUIRÉ DICIENDO: YO NO SOY EL MEJOR tirador del mundo. Había bastantes muchachos mejores que yo, incluso en esa clase. Me gradué solamente entre la media del grupo.

Resultó que el tipo que recibió el honor o fue el mejor en nuestra clase fue parte de nuestro pelotón. Sin embargo, él nunca causó tantas muertes como yo, al menos en parte porque fue enviado a Filipinas durante algunos meses mientras yo pasaba mi tiempo en Irak. Necesitas habilidad para ser un francotirador, pero también necesitas oportunidad. Y suerte.

GOLPEADO POR DELFINES, COMIDO POR TIBURONES

DESPUÉS DE PASAR TODO EL VERANO EN LA ESCUELA DE francotiradores, regresé a mi pelotón y me mantuve ocupado con el resto de nuestro trabajo, pasando por las distintas sesiones de entrenamiento a medida que nos preparábamos para el despliegue en un año. Como siempre, pasé algunos de mis momentos más difíciles en el agua.

TODO EL MUNDO SIENTE TERNURA Y CARIÑO POR LOS ANIMALES marinos, pero yo he tenido encuentros cercanos y personales que fueron cualquier cosa menos eso.

Mientras la Marina estaba probando un programa que utilizaba delfines para la defensa portuaria, nos usaban a nosotros como objetivos, y en algunos casos sin advertencia. Los delfines salían y nos molían a golpes. Estaban entrenados para golpear en los lados, y podían romper costillas. Y si no te habían advertido de antemano del ejercicio, no sabías lo que estaba sucediendo, y tu primera reacción, al menos la mía, era pensar que estabas siendo atacado por tiburones.

Una vez estábamos fuera y los delfines iban tras nosotros. Después de haber recibido fuertes golpes, me dirigí hacia la costa para esquivar a esos bastardos. Al detectar algunos embarcaderos, me situé debajo; yo sabía que no me seguirían.

Estaba a salvo.

De repente, algo golpeó fuerte contra mi pierna. Fuerte.

Era un león marino. Ellos habían sido entrenados para guardar los embarcaderos.

Regresé a aguas abiertas. Prefería ser golpeado por un delfín que ser comido por un león marino.

Pero los tiburones eran, con creces, lo peor.

Una noche íbamos a nadar cruzando la bahía de San Diego, en la oscuridad, y plantar una mina lapa en un barco en particular. Sencillo, una operación estándar de los SEAL.

No todos los SEAL aborrecen el agua como yo. De hecho, a muchos les gusta tanto que nadarán de un lado a otro y les harán jugarretas a los demás en el ejercicio. Se podría tener a un tipo que planta su mina, y después desciende al fondo y espera a que el siguiente hombre llegue con la suya. Por lo general, hay suficiente luz de arriba para que se distinga la silueta del segundo buceador y sea fácil de ver. Entonces, cuando la víctima (quiero decir, el buceador) llega para plantar su mina, el primer buceador sube, le agarra de la aleta y tira de ella.

Eso hace que el segundo buceador se cague del susto. Normalmente piensa que hay un tiburón en el agua, y fastidia el resto del ejercicio. Y puede que su traje necesite una limpieza especial.

En ese día en particular, yo estaba por debajo del barco y acababa de plantar mi mina cuando algo agarró mi aleta.

¡¡TIBURÓN!!

Entonces volví a ponerme el corazón en el pecho, recordando todas las historias y advertencias sobre mis hermanos los SEAL.

Uno de los muchachos me quiere engañar, pensé. Me giré para apartarlo de allí.

Y me encontré señalando con mi dedo a un tiburón al que parece que le había gustado mucho mi aleta. La tenía en su mandíbula.

No era un tiburón inmenso, pero lo que le faltaba de tamaño lo compensaba con puro mal humor. Agarré mi cuchillo y corté mi aleta; no tenía sentido conservarla ahora que ya estaba toda mordida, ¿no?

Mientras él seguía mordiendo lo que quedaba de ella, yo nadé a la superficie y detuve con una señal a la barca de seguridad. Me agarré a un lado y expliqué que me iban a sacar de allí ¡¡AHORA MISMO!! porque había un ¡¡TIBURÓN!! ahí, y era una madre hambrienta.

Durante otro ejercicio de entrenamiento, este fue antes de mi primer despliegue, cuatro de nosotros fuimos insertados en la costa de California desde un submarino. Llegamos a la playa en dos Zodiac, construimos un refugio e hicimos algo de reconocimiento. Cuando llegó el momento, nos metimos todos en nuestras Zodiac y nos dirigimos de regreso al submarino para volver a casa.

Por desgracia, mi oficial le había dado al submarino las coordenadas equivocadas para el encuentro. De hecho, estaba tan lejos que había una isla entre nosotros y el submarino.

Desde luego, nosotros no lo sabíamos en aquel momento. Tan solo íbamos en círculo, intentando establecer contacto por radio con un barco que estaba demasiado lejos para escucharnos. En algún momento, o bien nuestra radio se mojó o se acabó la batería, y perdimos toda esperanza de conexión.

Pasamos casi toda la noche en el agua en las Zodiac. Finalmente, cuando llegaba el amanecer, casi no nos quedaba combustible. Mi balsa comenzaba a deshincharse. Todos decidimos que regresaríamos a la playa y esperaríamos. Al menos podríamos dormir un poco.

Cuando estábamos llegando, un león marino se acercó nadando, y parecía muy amigable. Al ser yo de Texas, en verdad nunca había tenido la oportunidad de ver leones marinos, así que naturalmente sentía curiosidad y comencé a observar a ese. Era una criatura bastante interesante, aunque fea.

De repente, *chof*, desapareció por debajo de la superficie.

Lo siguiente que supe fue que él, y nosotros, estábamos rodeados por largas y puntiagudas aletas. Parece ser que varios tiburones habían decidido que él fuera su desayuno.

Los leones marinos son grandes, pero había demasiados tiburones para quedar satisfechos solamente con él. Comenzaron a acercarse en círculo cada vez más hasta los lados de mi balsa, que cada vez estaba más plana y peligrosamente cerca del agua.

Yo miré hacia la orilla. Estaba aún muy lejos.

Maldición, pensé. *Me van a comer.*

Mi compañero en la balsa era un tipo bastante redondo, al menos para ser un SEAL.

Yo le advertí: «Si nos hundimos, voy a dispararte. Tú serás algo que los tiburones puedan masticar mientras yo nado hasta la orilla».

Él me maldijo. Creo que pensó que yo estaba bromeando.

Pero no bromeaba.

TATUAJES

Finalmente llegamos a la costa sin que nos comieran; pero mientras tanto, toda la Marina nos estaba buscando. Los noticieros comenzaron a hacerse eco de la historia: cuatro SEAL perdidos en el mar.

No queríamos ser famosos precisamente por eso.

Tomó algún tiempo, pero finalmente un avión de patrulla nos divisó y enviaron un Mk-V para recogernos. El comandante del bote de asalto se ocupó de nosotros y nos llevó a casa.

Esa fue una de las pocas veces en que estuve realmente contento de estar a bordo de una barca o un barco. Generalmente, cuando he estado en el mar, me he aburrido. Preocuparme por ser asignado a alguna tarea en el mar fue un gran motivador durante el BUD/S.

Los submarinos son los peores. Incluso los más grandes se sienten estrechos. La última vez que estuve a bordo de uno, ni siquiera nos permitían hacer ejercicio. El gimnasio estaba situado al otro lado del reactor nuclear de nuestro cuartel, y no teníamos autorización para atravesar el reactor para llegar hasta allí.

Los portaaviones son muchísimo más grandes, pero pueden ser igual de aburridos. Al menos tienen salas donde puedes jugar videojuegos y no hay restricciones en cuanto a ir al gimnasio para desahogarte.

De hecho, en una ocasión, el oficial al mando pidió específicamente que fuésemos al gimnasio.

Nos encontrábamos en el *Kitty Hawk* cuando estaban teniendo un problema con las pandillas. Parece que algunos marineros gamberros que eran pandilleros estaban causando un serio problema de disciplina a bordo del barco. El oficial al mando del barco nos llamó a un lado y nos dijo cuándo estaba la pandilla en el gimnasio.

Así que fuimos a hacer ejercicio, cerramos la puerta con llave después de entrar, y solucionamos el problema con la pandilla.

DURANTE ESE ENTRENAMIENTO, YO ME PERDÍ UNA SESIÓN DE buceo porque me enfermé. Y eso hizo que se prendiera el bombillo en mi cabeza. Desde ese momento en adelante, prácticamente cada vez que aparecía el buceo en nuestro calendario de entrenamiento, yo sufría una enfermedad muy mala; o encontraba un viaje de entrenamiento como francotirador que *tenía* que realizar en ese momento.

El resto de los muchachos se burlaban de mí diciendo que tenía mejores bombas de humo que nadie.

¿Y quién soy yo para discutir eso?

FUE TAMBIÉN EN ESA ÉPOCA CUANDO ME HICE MI PRIMER TATUAJE. Quería honrar a los SEAL, y sin embargo no sentía que me hubiera ganado un tatuaje de un Tridente. (El emblema oficial SEAL tenía un águila aferrada en posición de vigilancia a un tridente que forma el larguero de un ancla; un fusil de chispa está delante. La insignia es conocida como el tridente o, de modo no oficial, un «Budweiser», siendo la referencia al BUD/S... o a la cerveza, dependiendo de a quién se le pregunte.)

Por lo tanto, en lugar de eso, me hice un «hueso de rana», un tatuaje que parece un esqueleto de rana. Este, también, es un símbolo tradicional SEAL y UDT; en este caso, honrando a nuestros camaradas muertos. Tengo el tatuaje en mi espalda, mirando por encima de mi hombro, como si quienes fueron antes de mí me estuvieran mirando, ofreciéndome protección.

NACIMIENTO

ADEMÁS DE SER UN SEAL, TAMBIÉN ERA UN ESPOSO. Y CUANDO llegué a casa, Taya y yo decidimos intentarlo y comenzar una familia.

Las cosas fueron bastante bien. Ella quedó embarazada casi la primera vez que nos besamos sin protección. Y su embarazo fue casi perfecto; lo que se complicó fue el parto.

Por alguna razón, mi esposa tenía un problema con el recuento de plaquetas. Por desdicha, el problema fue descubierto cuando era demasiado tarde, y debido a eso no pudieron ponerle una epidural u otro anestésico cuando llegó la hora de dar a luz. Por lo tanto, tuvo que dar a luz de modo natural, sin ningún entrenamiento o preparación.

Nuestro hijo pesó 3,6 kilos, no fue un niño particularmente pequeño.

Uno aprende mucho sobre una mujer cuando ella está de parto. Estuvo soltando pestes de mí. (Ella afirma que no lo hizo, pero yo lo sé. ¿Y a quién vas a creer, a un SEAL, o a la esposa de un SEAL?)

Taya estuvo de parto durante dieciséis horas. Hacia el final, decidieron que podían administrarle gas de la risa para aliviar el dolor; pero antes de hacerlo, me advirtieron de todo lo que podría sucederle a mi hijo, por distante que estuviera la posibilidad.

Yo no sentía que tuviera muchas opciones. Ella tenía un dolor tremendo; necesitaba alivio. Les dije que procedieran, aunque en lo profundo de mi ser estaba preocupado de que pudiera afectarle a mi muchacho.

Entonces el doctor me dijo que mi hijo era tan grande que no podía salir por el canal de parto. Querían poner un aparato de succión sobre su cabeza para ayudarlo a salir. Mientras tanto, Taya se quedaba inconsciente entre las contracciones.

«Muy bien», dije, sin entenderlo en realidad.

El doctor me miró. «Puede que su cabeza salga como un cono».

Yo pensé: *Estupendo. Mi hijo no solo va a estar fastidiado por el gas, sino que también va a ser un cabeza de cono.*

«Maldición, solo sáquenlo de ahí», le dije. «Están matando a mi esposa. ¡Háganlo!».

Mi hijo pudo salir bien. Pero tengo que decir que yo fui un caso perdido todo el tiempo. Fue el sentimiento de más desesperanza del mundo ver a mi esposa con un dolor terrible y sin nada que yo pudiera hacer.

Yo estaba muchísimo más nervioso observándola a ella dar a luz de lo que nunca estuve en combate.

Taya:

Fue un tiempo muy emocional, con tremendos altibajos. Nuestras dos familias estaban en la ciudad para el nacimiento. Todos estábamos muy contentos y, sin embargo, al mismo tiempo sabíamos que Chris se iría pronto a Irak.

Esa parte apestaba.

Chris tuvo problemas al principio con los llantos del bebé, y eso también me estresaba a mí; ¿puedes manejar la guerra pero no puedes manejar unos cuantos días de llanto?

La mayoría de las personas no maneja eso demasiado bien. Chris sin duda no era una de las excepciones.

Yo sabía que el cuidado de nuestro hijo iba a depender de mí durante los siguientes meses mientras él estuviera fuera. Lo más importante, sabía que toda la novedad y la magia también iban a quedarse conmigo. Estaba nerviosa por cómo lo manejaría, y triste porque todos los recuerdos de nuestro hermoso hijo serían únicamente míos, contrariamente a los recuerdos compartidos que podríamos mirar juntos más adelante.

Al mismo tiempo, estaba enojada porque él tuviera que irse y aterrada de que no regresara. También le quería con locura.

ESCUELA NAV

Además de la escuela de francotiradores, mi jefe me había presentado «voluntario» para la escuela de navegación. Fui a regañadientes.

La navegación es una habilidad importante en combate; sin un navegador, no sabes cómo llegar donde está la batalla, y mucho menos salir de allí cuando has terminado. En un escenario de AD (acción directa), el navegador busca la mejor manera de llegar al objetivo, elabora ideas alternativas, y guía al equipo de asalto a un lugar seguro al terminar.

El problema es que los navegadores de los SEAL no tienen con frecuencia la oportunidad de luchar realmente en la AD en la que navegan. Tal como se establecen las cosas, al navegador normalmente se le asigna quedarse en el vehículo mientras el resto de la unidad entra en la casa o el lugar que sea. Se hace para que pueda estar listo en caso de que sea necesario salir de ahí rápidamente.

Sentado en el asiento del pasajero metiendo números a una computadora no era exactamente donde yo quería estar. Pero mi jefe quería a alguien con quien pudiera contar para planear las rutas, y cuando tu jefe te pide que hagas algo, lo haces.

Me pasé la primera semana de la escuela de navegación con el ceño fruncido en un escritorio delante de una computadora portátil Toughbook, aprendiendo las funciones de la computadora, cómo engancharte a un GPS y manipular las imágenes por satélite y los mapas. También aprendí a tomar las imágenes y pegarlas en PowerPoint para presentar informes y demás.

Sí, incluso los SEAL utilizan PowerPoint.

La segunda semana fue un poco más interesante. Condujimos por la ciudad (estábamos en San Diego) trazando y siguiendo diferentes rutas. Sin embargo, no estoy fingiendo que fuese divertido; importante, sí, pero no muy emocionante.

No obstante, resultó que fueron mis habilidades como navegador las que me llevaron a Irak por delante de todos los demás.

6

TRATAR CON LA MUERTE

DE REGRESO A LA GUERRA

HACIA EL FINAL DE NUESTRO ENTRENAMIENTO, DESCUBRIMOS que estaban estableciendo una nueva unidad en Bagdad para realizar redadas de acción directa sobre posibles terroristas y líderes de la resistencia. La unidad estaba siendo dirigida por la GROM, la unidad polaca de operaciones especiales. Aunque los polacos se ocuparían principalmente del peso pesado, necesitaban algunos suplementos; es decir, francotiradores y navegadores. Así, en septiembre de 2004 me sacaron de mi pelotón y me enviaron a Irak para ayudar a la GROM como navegador. El resto del pelotón debía salir al extranjero al mes siguiente; yo me reuniría con ellos allí.

Me sentía mal por dejar a Taya. Ella aún se estaba recuperando del parto. Pero al mismo tiempo sentía que mi obligación como SEAL era más importante. Quería regresar a la acción. Quería ir a la guerra.

EN ESE PUNTO, AUNQUE AMABA A MI HIJO, AÚN NO HABÍA CREADO un vínculo con él. Nunca fui uno de esos papás a quienes les gusta sentir el vientre de su esposa cuando el bebé da patadas. Yo tiendo a necesitar conocer bien a alguien, incluso a familiares, antes de que esa parte de mí se desarrolle.

Eso cambió con el tiempo, pero en aquel momento yo no había experimentado aún la profundidad de lo que se trata ser padre.

EN GENERAL, CUANDO LOS SEAL SALEN PARA UN DESPLIEGUE O regresan, lo hacemos muy calladamente; esa es la naturaleza de las operaciones especiales. Normalmente hay pocas personas cerca, a excepción de nuestro núcleo familiar; a veces ni siquiera ellos. En este caso, debido al momento en que había de irme, resultó que pasé al lado de un pequeño grupo de manifestantes que protestaban contra la guerra. Tenían carteles sobre asesinos de niños y otras cosas, protestando contra las tropas que iban a ir a luchar.

Estaban protestando contra las personas equivocadas. Nosotros no votamos en el Congreso; nosotros no votamos para ir a la guerra.

Yo me alisté para proteger a este país; no elijo las guerras. Resulta que me encanta pelear, pero no escojo a qué batallas iré. Ellos me envían a esas batallas.

Tuve que preguntarme por qué esas personas no estaban manifestándose en las oficinas del Congreso o en Washington. Protestaban contra las personas a quienes se les ordenaba protegerlos a ellos; digamos que eso me dejó un mal sabor de boca.

Entiendo que no todo el mundo sentía eso. Sí vi carteles en algunas casas que apoyaban a las tropas, con frases como «Les amamos» y otras parecidas. Y había muchos ojos llorosos y despedidas y bienvenidas respetuosas, algunas incluso en televisión. Pero era a los manifestantes ignorantes a quienes yo recordaba, años y años después.

Y, para que conste, no me molesta que los SEAL no tengan grandes despedidas o bonitas bienvenidas. Somos los profesionales silenciosos; somos operadores encubiertos, e invitar a los medios al aeropuerto no está en el programa.

Aun así, es bonito que de vez en cuando nos den las gracias por hacer nuestro trabajo.

IRAK

Sucedieron muchas cosas en Irak desde que yo me fui en la primavera de 2003. El país había sido liberado de Saddam Hussein y su ejército con la caída de Bagdad el 9 de abril de ese año. Pero diversas fuerzas terroristas o continuaban o comenzaban la lucha después que Saddam fuera depuesto. Luchaban contra otros iraquíes y contra los cuerpos estadounidenses que intentaban ayudar al país a recuperar la estabilidad. Algunos eran exmiembros del ejército de Saddam y miembros del Partido Ba'athis que Saddam había dirigido. Había fedayines, miembros de un grupo de resistencia paramilitar que el dictador había organizado antes de la guerra. Había grupos pequeños y mal organizados de guerrillas iraquíes, a los que también se les denominaban fedayines, aunque, técnicamente, no estaban relacionados con la organización de Saddam. Aunque casi todos ellos eran musulmanes, el nacionalismo en vez de la religión tendía a ser su motivación principal y su principio organizativo.

Después estaban los grupos organizados primordialmente en torno a creencias religiosas, que se identificaban a sí mismos como muyahidines, que básicamente significa «personas en la jihad», o asesinos en nombre de Dios. Ellos estaban dedicados a matar estadounidenses y musulmanes que no creyeran en la rama del islam que ellos creían.

También estaba al-Qaeda en Irak, un grupo principalmente extranjero que veía la guerra como una oportunidad de matar estadounidenses. Eran musulmanes suníes radicales, leales a Osama bin Laden, el líder terrorista que no necesita ninguna presentación; y a quien los SEAL persiguieron y dieron una adecuada despedida en 2011.

Había también iraníes y su Guardia Republicana, que luchaban (a veces directamente, aunque por lo general mediante representantes) para matar a estadounidenses y también obtener poder en la política iraquí.

Estoy seguro de que había multitud de otros grupos en lo que llegó a conocerse en los medios como «la insurgencia». Todos ellos eran el enemigo.

Nunca me preocupé demasiado de quién exactamente me estaba apuntando con un arma o plantando una bomba casera. El hecho de que ellos querían matarme era lo único que yo necesitaba saber.

SADDAM FUE CAPTURADO EN DICIEMBRE DE 2003.

En 2004, Estados Unidos entregó formalmente la autoridad al gobierno interino, devolviendo el control del país a los iraquíes, al menos en teoría. Pero la insurgencia aumentó tremendamente ese mismo año. Varias batallas en la primavera fueron tan feroces como las libradas durante la invasión inicial.

En Bagdad, un clérigo chií de la línea dura llamado Muqtada al-Sadr organizó un ejército de seguidores fanáticos y los instó a atacar a estadounidenses. Sadr era especialmente fuerte en una parte de Bagdad conocida como la ciudad de Sadr, un barrio pobre que llevaba el nombre de su padre, Mohammad Mohammad Sadeq al-Sadr, un gran ayatolá y oponente al régimen de Saddam durante la década de 1990. La ciudad de Sadr, una zona muy pobre incluso según los estándares iraquíes, estaba llena de chiíes radicales. Considerada con la mitad del tamaño de Manhattan en área, la ciudad de Sadr estaba situada al noreste de la Zona Verde de Bagdad, en el lado más lejano de Army canal y la calle Imam Ali.

Muchos de los lugares donde viven iraquíes comunes, incluso si son considerados de clase media, parecen chabolas para un estadounidense. Décadas de gobierno de Saddam convirtieron lo que podría haber sido un país bastante rico, debido a sus reservas de petróleo, en un país muy pobre. Incluso en las mejores partes de las ciudades, muchas de las calles no están asfaltadas y los edificios están bastante deteriorados.

La ciudad de Sadr es verdaderamente un poblado chabolista, incluso para Irak. Comenzó como una zona de alojamiento público para los pobres, y en la época de la guerra se había convertido en un refugio para chiíes, que eran discriminados por el gobierno de Saddam dominado por suníes. Después de comenzar la guerra, incluso más chiíes se trasladaron a la zona. He visto informes que calculan que más de dos millones de personas vivían dentro de sus apenas doce kilómetros cuadrados.

Establecidas como un diseño cuadriculado, las calles tienen una longitud de cuarenta y cinco a noventa metros. La mayoría de las zonas tienen edificios de dos y tres pisos densamente poblados. La obra en los edificios que vi era terrible; incluso en los edificios más bonitos, las líneas decorativas no encajaban de un lado al otro. Muchas de las calles son alcantarillas al descubierto, con desperdicios y basura por todas partes.

Muqtada al-Sadr lanzó una ofensiva contra las fuerzas estadounidenses en la primavera de 2004. Su violencia se las arregló para matar a varios grupos de estadounidenses y un número mucho mayor de iraquíes antes de que el clérigo fanático declarase un alto el fuego en junio. En términos militares, su ofensiva fracasó, pero los insurgentes siguieron siendo fuertes en la ciudad de Sadr.

Mientras tanto, la mayoría de los insurgentes suníes se apoderaron de la provincia de al-Anbar, un sector grande del país al oeste de Bagdad. Eran particularmente fuertes en las ciudades allí, incluidas Ramadi y Faluya.

Esa primavera fue el periodo en que los estadounidenses quedaron anonadados por las imágenes de cuatro contratistas, con sus cuerpos profanados y colgando de un puente en Faluya. Fue una señal de peores cosas por llegar. Los Marines entraron en la ciudad poco después, pero sus operaciones allí fueron suspendidas después de una fuerte lucha. Se ha calculado que en aquel momento ellos controlaban un veinticinco por ciento de la ciudad.

Como parte de la retirada, un cuerpo de iraquíes entró en la ciudad para tomar el control. En teoría, ellos debían mantener fuera a los insurgentes, pero la realidad fue muy distinta. En aquel otoño, casi las únicas personas que vivían en Faluya eran insurgentes. Era incluso más peligroso para los estadounidenses de lo que había sido en la primavera.

Cuando yo partí para Irak en septiembre de 2004, mi unidad había comenzado a entrenarse para sumarse a una nueva operación para asegurar Faluya, de una vez por todas. Pero en cambio yo fui a trabajar con los polacos en Bagdad.

CON LA GROM

«*KYLE, TÚ VENDRÁS*».

El suboficial polaco que daba las instrucciones se tocaba la barba mientras señalaba hacia mí. Yo no entendía mucho polaco, y él no hablaba muy bien inglés, pero lo que estaba diciendo parecía bastante claro: querían que yo entrara en la casa con ellos durante la operación.

«¡Carajo, sí!», dije yo.

Él sonrió. Algunas expresiones son universales.

Después de una semana en la tarea, me habían ascendido de navegador a miembro del equipo de asalto. Yo no podía estar más feliz.

Aun así, tenía que seguir navegando. Mi tarea era trazar una ruta segura hacia y desde la casa objetivo. Mientras que los insurgentes estaban activos en la zona de Bagdad, la lucha se había ralentizado y aún no había la gran amenaza de las bombas caseras y las emboscadas que uno veía en todos los lugares. Sin embargo, eso podía cambiar en un instante, y yo trazaba mis rutas con mucho cuidado.

Nos subimos a nuestros Hummer y partimos. Yo iba en el asiento delantero, al lado del conductor. Había aprendido suficiente polaco para dar instrucciones (*Prawo kolei*: «gira a la derecha») y guiarle por las calles. Llevaba sobre mis piernas la computadora, y a mi derecha estaba un brazo oscilante para una ametralladora. Le habíamos quitado las puertas al Hummer para que fuese más fácil entrar y salir entre los disparos. Además de los montajes a mi lado y en la parte trasera, había una .50 mm en una torreta atrás.

Llegamos al objetivo y salimos de repente del vehículo. Yo estaba preparado para finalmente regresar a la batalla.

Los polacos me situaron en sexto o séptimo lugar en la línea para entrar. Eso fue un poco decepcionante; tan lejos en la línea no es probable que participes en la acción. Pero yo no iba a quejarme.

La GROM tomaba casas esencialmente del modo en que lo hacen los SEAL. Hay algunas variaciones aquí y allá: el modo en que salen de los rincones, por ejemplo, y el modo en que cubren a los compañeros durante una operación. Pero en su mayor parte, es todo violencia de acción. Sorprender al objetivo, golpearlo duro y rápido, y tomar el control.

Una diferencia que me gusta en particular es su versión de las granadas de fogueo. Las granadas de fogueo estadounidenses explotan con un resplandor de luz y un enorme ruido. Las granadas polacas, por el contrario, hacen una serie de explosiones. Las llamábamos cacharros de siete. Suenan como disparos muy fuertes. Yo intenté agarrar de ellos todas las que pudiera cuando llegó el momento de seguir adelante.

Nos movimos en el instante en que la granada comenzaba a explotar. Yo entré por la puerta, y miré al suboficial que dirigía al equipo. Él me hizo una señal para que avanzara en silencio, y yo corrí para despejar y asegurar mi habitación.

La habitación estaba vacía.

Todo despejado.

Regresé al piso inferior. Algunos de los demás habían encontrado al tipo que queríamos, y ya le estaban metiendo en uno de los Hummer. El resto de los iraquíes que habían estado en la casa se encontraban por allí, muertos de miedo.

De nuevo en el exterior, me subí al Hummer y comencé a dirigir al equipo de regreso a la base. La misión transcurrió sin novedad, pero por lo que respectaba a la GROM, había perdido mi virginidad: desde ese momento en adelante, era un miembro del equipo en toda regla.

VODKA DE PIS DE BÚFALO

SEGUIMOS EN AD DURANTE OTRAS DOS SEMANAS Y MEDIA, PERO solo hubo una en la que tuvimos algunos problemas reales. Un tipo quería pelear cuando nosotros estábamos entrando. Por desgracia para él, lo único que tenía eran sus puños. Ahí estaba enfrentándose a un escuadrón de soldados, cada uno bien armado y protegido por uniformes; él era estúpido o valiente, o quizá ambas cosas.

La GROM se ocupó de él rápidamente. Un maldito menos en la lista de los buscados.

Retiramos a una amplia variedad de personas dudosas (financieros para al-Qaeda, fabricantes de bombas, insurgentes, insurgentes extranjeros); una vez hasta retiramos a un camión cargado de ellos.

La GROM era muy parecida a los SEAL: muy profesionales en el trabajo, y muy fiesteros después de terminar la tarea. Todos ellos tenían vodka polaco, y les gustaba especialmente una marca llamada Żubrówka.

El Żubrówka ha estado ahí durante cientos de años, aunque yo nunca lo había visto en Estados Unidos. Hay una brizna de hierba de bisonte en cada botella; cada brizna proviene del mismo campo en Polonia. La hierba de bisonte se supone que tiene propiedades medicinales, pero la historia que me contaron mis amigos de la GROM era mucho más colorida; o quizá descolorida. Según ellos, el bisonte europeo conocido como bisonte bonasus está en este campo y hace pis en el césped. Los destiladores ponen las briznas de hierba para darle un gusto extra. (En realidad, durante el proceso, ciertos ingredientes de la hierba de bisonte son neutralizados de modo seguro, para que el sabor permanezca. Pero mis amigos no me dijeron eso; quizá era demasiado difícil de traducir.)

Yo dudaba un poco de su explicación, pero el vodka demostró ser tan suave como potente. Sin duda apoyaba su argumento de que los rusos no saben nada sobre vodka y que los polacos lo fabrican mejor.

AL SER ESTADOUNIDENSE, OFICIALMENTE YO NO DEBÍA ESTAR bebiendo. (Y *oficialmente*, no lo hacía.)

Esa regla estúpida solo se aplicaba a los hombres de servicio de Estados Unidos. Ni siquiera podíamos comprar una cerveza. Todos los demás miembros de la coalición, fueran polacos o de otra nacionalidad, sí podían.

Afortunadamente, a la GROM le gustaba compartir. Ellos también iban a la tienda libre de impuestos en el aeropuerto de Bagdad y compraban cerveza, o whiskey, o cualquier otra cosa que quisieran los estadounidenses que trabajaban con ellos.

YO HICE AMISTAD CON UNO DE SUS FRANCOTIRADORES LLAMADO Matthew (todos ellos tenían nombres falsos, como parte de su seguridad general). Pasamos mucho tiempo hablando de diferentes fusiles y escenarios. Comparábamos notas sobre cómo hacían las cosas, y las armas que utilizaban. Más adelante, organicé hacer algo de instrucción con ellos, y les di un poco de antecedentes sobre cómo operan los SEAL. Les enseñé cómo construimos nuestros refugios ocultos dentro de casas, y les enseñé algunos ejercicios diferentes para llevarse a casa y entrenar. Trabajamos mucho con «saltarines» (objetivos que aparecen repentinamente) y «móviles» (objetivos que se mueven de izquierda a derecha y viceversa).

Lo que siempre me parecía interesante era lo bien que nos comunicábamos sin usar palabras, incluso en una operación. Ellos se giraban y me indicaban arriba o atrás, o lo que fuera. Si eres un profesional, no necesitas que te digan qué tienes que hacer. Los unos a los otros se leen y reaccionan.

EQUIPADO

La gente siempre me pregunta qué tipo de equipamiento llevaba en Irak. La respuesta es: depende. Yo ajustaba mi equipo ligeramente de despliegue en despliegue. Así es como normalmente salía:

Pistolas

La pistola estándar SEAL era una SIG Sauer P226, con munición de 9 mm. Aunque es un arma estupenda, yo sentía que necesitaba más capacidad de derribo de la que puede proporcionar la de nueve milímetros, y más adelante comencé a llevar mi propia arma personal en lugar de la P226. Seamos sinceros: si estás utilizando una pistola en combate, es que todo se fue a la mierda. Puede que no tengas tiempo para una ubicación perfecta de disparo. Las de mayor calibre puede que no maten a tu enemigo, pero es más probable que lo derriben cuando le disparas.

En 2004 llevé una Springfield TRP Operator, que utilizaba un calibre .45 mm. El cuerpo de la pistola era de estilo 1911, con enganches a medida y un sistema de raíl que me permitía añadir un combo de luz y láser. Era negra, tenía un cañón cilíndrico y era un revólver excelente; hasta que soportó por mí una granada de fragmentación en Faluya.

En realidad pude hacer que la repararan; esas Springfield son duras. Aun así, sin querer tentar mi suerte, la sustituí por una SIG P220. La P220 parecía igual a la P226, pero tenía cámara para calibre .45 mm.

Transporte de mi pistola

En mis dos primeros despliegues tenía una cartuchera de pierna. (Una cartuchera de pierna se apoya sobre el muslo superior, donde la mano puede alcanzarla fácilmente.) El problema con ese tipo de cartuchera es que tiende a moverse. Durante el combate, o incluso si estás sencillamente saltando, la cartuchera se desliza por tu pierna. Por lo tanto, después de mis dos primeros despliegues pasé a una cartuchera de cadera. De ese modo, mi pistola siempre estaba donde yo esperaba que estuviera.

Equipo médico

Cada uno siempre lleva su propio «kit de emergencia»: un pequeño conjunto de suministros médicos. Siempre llevabas lo básico para tratar una herida por disparo: vendas para diferentes heridas, catéter, medicinas antihemorragia. Tenía que ser fácilmente accesible, pues no quieres que la persona que te ayuda tenga que buscarlo. Yo llevaba el mío en el bolsillo derecho de mi pierna, debajo de la cartuchera. Si alguna vez me disparaban, mis compañeros podrían haber cortado la parte inferior del bolsillo para sacar el kit. La mayoría de los muchachos lo hacían de ese modo.

Cuando tratas a alguien en el campo antes de que llegue allí un médico del ejército o un doctor, siempre usas el kit del hombre herido. Si usas tu kit, ¿quién puede decir que lo tendrás para el próximo muchacho, o para ti mismo, si lo necesitas?

Chaleco antibalas y cordaje

Durante el primer despliegue, mi chaleco antibalas de SEAL tenía unido a él el sistema MOLLE. (MOLLE son las siglas en inglés de Equipo Modular Ligero de Transporte de Carga, un bonito acrónimo para un sistema de red donde se pueden adjuntar diversas utilidades y equipamiento, permitiendo que personalices tu equipo. La palabra *MOLLE* en sí es una marca del sistema desarrollado y fabricado por

Natick Labs. Sin embargo, muchas personas utilizan la palabra para describir cualquier sistema similar.)

En los despliegues que siguieron, tuve un chaleco antibalas separado con un cordaje rodesiano. (Rodesiano describe un chaleco que te permite organizar un cordaje MOLLE o similar al MOLLE. De nuevo, el principio general es que puedes personalizar el modo en que transportas tus cosas.)

Llevar un chaleco por separado me permitía quitarme mi equipamiento y dejarlo, a la vez que seguía llevando puesto mi chaleco antibalas. Esto hacía que fuese más cómodo estar tumbado y aun así poder agarrar todo lo que necesitara. Cuando iba a estar en el fusil de francotirador, tumbado detrás de él y mirando por el telescopio, me desataba el cordaje y soltaba el chaleco. Eso hacía que me resultara más fácil el acceso a mi munición, que llevaba en las cartucheras. Mientras tanto, el chaleco seguía estando unido a mis hombros; era arrastrado conmigo y se ubicaba en su sitio cuando yo me levantaba.

(Una nota sobre el chaleco antibalas: el que fabrica la Armada se ha sabido que se desbarata. A la luz de ese hecho, los padres de mi esposa muy generosamente me regalaron un chaleco antibalas Dragon Skin después de mi tercer despliegue. Es muy pesado, pero es un chaleco antibalas extremadamente bueno, el mejor que se puede conseguir.)

LLEVABA UN GPS EN MI MUÑECA, CON UN RESPALDO EN MI pecho e incluso una brújula de respaldo anticuada. Utilicé un par de lentes de protección por despliegue; tenían ventiladores en miniatura en el interior para mantener la circulación del aire y que no se empañasen. Y desde luego, llevaba una navaja (conseguí una Microtech después de graduarme del BUD/S) y cuchillas fijas Emerson y Benchmade, dependiendo del despliegue.

Como parte de otro equipamiento que llevábamos estaba un cuadrado de un panel VS-17, utilizado para alertar a los pilotos de una posición amiga para que no disparasen sobre nosotros. En teoría, al menos.

Al inicio yo intentaba mantenerlo todo en mi cintura, incluso llegando a llevar mis cartuchos extra en otro bolsillo en la pierna al otro lado. (Lo ceñía muy alto para poder seguir teniendo acceso al bolsillo de mi pierna izquierda.)

Nunca llevé protección para los oídos en Irak. La protección para oídos que teníamos tenía un circuito para cancelar sonido. Aunque era posible oír disparos hechos por el enemigo, el micrófono que captaba esos sonidos era omnidireccional. Eso significaba que no podías saber de qué dirección provenían los disparos.

Y contrariamente a lo que piensa mi esposa, yo llevaba puesto mi casco de vez en cuando. Tengo que admitir que no era con frecuencia. Era un casco estándar de fabricación militar estadounidense, incómodo y de mínimo valor contra todo menos los disparos más débiles o la metralla. Para evitar que se clavara en mi cabeza, lo apretaba usando acolchado Pro-Tec, pero seguía siendo molesto llevarlo durante largos ratos. Añadía mucho peso a mi cabeza mientras estaba en el fusil, haciendo que fuese más difícil mantenerme enfocado mientras seguía la vigilancia.

Yo había visto que las balas, incluso de pistolas, podían fácilmente atravesar un casco, así que no tenía mucho incentivo para soportar esa incomodidad. La excepción general de esto era en la noche. Me ponía el casco para poder tener un lugar para ajustar mi visión nocturna.

De otro modo, normalmente llevaba una gorra de béisbol: una gorra del pelotón con el símbolo del Cadillac adaptado como logo de nuestra unidad. (Aunque oficialmente éramos el pelotón Charlie, por lo general alternábamos nombres con la misma letra o sonido al principio: Charlie se convierte en Cadillac, etc.)

¿Por qué una gorra de béisbol?

El noventa por ciento de *ser* genial es verse genial. Y uno se ve mucho mejor llevando puesta una gorra de béisbol.

Además de mi gorra Cadillac, tenía otra favorita: una gorra de una compañía de bomberos de Nueva York que había perdido a algunos de sus hombres durante el 11 de septiembre. Mi papá la había conseguido para mí durante una visita, después de los ataques, al «Lions Den», un parque de bomberos histórico de la ciudad. Allí conoció a miembros del Engine 23; cuando los bomberos se enteraron de que su hijo iba a ir a la guerra, insistieron en que aceptase la gorra.

«Tan solo dígale que les haga pagar», le dijeron.

Si ellos están leyendo esto, espero que sepan que lo hice.

EN MI MUÑECA LLEVABA UN RELOJ G-SHOCK. EL RELOJ NEGRO y su correa de goma han sustituido a los Rolex Submarine como equipo estándar de los SEAL. (Un amigo mío, que pensaba que era una lástima que muriera la tradición, recientemente me regaló uno. Aún me siento un poco extraño al llevar puesto un Rolex, pero es un clásico de los hombres rana que me precedieron.)

Cuando hacía frío, llevaba una chaqueta personal, una North Face, porque, lo creas o no, tenía problemas para convencer a la mafia del aprovisionamiento para que me dieran equipamiento para el tiempo frío. Pero esa es una historia para otro día.

LLEVABA MI M-4 Y DIEZ CARTUCHOS DE MUNICIÓN (TRESCIENTAS balas) en los compartimentos delanteros del cordaje de mi equipo. También tenía mi radio, algunas luces y mi luz estroboscópica en esos bolsillos. (La luz estroboscópica podía utilizarse de noche para reunirse con otras unidades o aviones, barcos, lanchas, cualquier cosa. También podía usarse para identificar tropas amigas.)

Si llevaba conmigo uno de mis fusiles de francotirador, tenía unas doscientas balas en mi mochila. Cuando llevaba el Mk-11 en lugar del Win Mag o el .338, entonces no me molestaba en llevar el M-4. En ese caso, las balas de francotirador estaban en el cordaje de mi red, más a mano. Completando mi munición tenía tres cartuchos para mi pistola.

Llevaba botas de montaña Merrill de máxima calidad. Eran cómodas y soportaban el despliegue.

LEVÁNTATE, KYLE

Alrededor de un mes en mi recorrido con la GROM, me despertó una sacudida en el hombro. Yo me incorporé de un salto en la cama, listo para derribar a quien se hubiera metido en mi zona.

«Eh, eh, está bien», dijo el teniente al mando que me había despertado. Él era un SEAL, y mi jefe. «Necesito que te vistas y vengas a mi oficina».

«Sí, señor», musité. Me puse unos pantalones cortos y mis chanclas, y me fui por el pasillo.

Pensé que me había metido en problemas, aunque no estaba seguro del motivo. Había tenido buena conducta trabajando con los polacos, y ninguna pelea de la que hablar. Examiné mi mente mientras caminaba hacia su oficina, intentando preparar una defensa. Mi mente seguía estando bastante en blanco cuando llegué allí.

«Kyle, voy a necesitar que agarres tu fusil de francotirador y prepares todo tu equipamiento», me dijo el teniente al mando. «Te vas a Faluya».

Comenzó a hablarme sobre algunos de los planes y lanzó algunos detalles de la operación. Los Marines estaban planeando un gran avance, y necesitaban francotiradores para ayudarles.

Yo pensé: *Vaya, esto va a ser bueno. Vamos a matar masivas cantidades de malos. Y yo voy a estar en medio de todo ello.*

UN CAMPAMENTO ARMADO

DESDE UN PUNTO DE VISTA HISTÓRICO, HUBO DOS BATALLAS POR Faluya. La primera tuvo lugar en la primavera, como he mencionado antes. Consideraciones políticas, la mayoría impulsadas por informes de los medios muy distorsionados y mucha propaganda árabe, causaron que los Marines cancelaran su ofensiva poco después de que comenzase, y mucho antes de haber logrado su objetivo de expulsar a los insurgentes de la ciudad. En lugar de los Marines, se suponía que iraquíes leales al gobierno interino tomarían el control y dirigirían la ciudad.

Eso no funcionó. Apenas en el momento en que los Marines se retiraron, los insurgentes tomaron por completo Faluya. Los civiles que no estaban relacionados con la insurgencia fueron asesinados, o huyeron de la ciudad. Cualquiera que quisiera la paz, cualquiera con cierto sentido común, se fue de allí en cuanto pudo, o terminó muerto.

La provincia de Al-Anabar, la zona que contenía la ciudad, estaba salpicada de insurgentes de diversas formas. Muchos eran muyahidines iraquíes, pero también había muchos nacionales extranjeros que eran miembros de «al-Qaeda en Irak» o de otros grupos radicales. La cabeza de al-Qaeda en Irak, Sheikh Abdullah al-Janabi, tenía su cuartel principal en la ciudad. Un jordano que había luchado con Osama bin Laden en Afganistán, y estaba comprometido a matar estadounidenses. (A pesar de numerosos informes de lo contrario, por lo que se sabe, Sheikh Abdullah al-Janabi escapó de Faluya y aún anda suelto.)

Los insurgentes eran una parte terroristas, otra parte pandilleros criminales. Plantaban bombas caseras, secuestraban a oficiales y sus familias, atacaban convoyes estadounidenses, mataban iraquíes que no compartieran su fe o su política: cualquier cosa y todo lo que pudieran pensar. Faluya se había convertido en su refugio seguro, una anticapital de Irak dedicada a derrocar al gobierno interino y evitar elecciones libres.

La provincia de Al-Anabar, y más concretamente la zona general alrededor de Faluya, llegaron a conocerse en los medios como el Triángulo Suní. Es una aproximación tanto de la zona, contenida entre Bagdad, Ramadi y Baqubah, como de la composición étnica.

(Algunos antecedentes del islam en Irak: había dos grupos principales de musulmanes en Irak: suníes y chiíes. Antes de la guerra, los chiíes vivían principalmente en el sur y el este, digamos desde Bagdad hasta las fronteras, y los suníes dominaban alrededor de Bagdad y hasta el noroeste. Los dos grupos coexistían, pero generalmente se odiaban el uno al otro. Aunque los chiíes eran mayoría, durante la época de Saddam fueron discriminados y no se les permitía ocupar puestos importantes. Más al norte, las zonas están dominadas por kurdos, quienes en su mayoría suníes, tienen tradiciones distintas y con frecuencia no se consideran a sí mismos parte de Irak. Saddam los consideraba un pueblo inferior; durante una represión política, él ordenó que se utilizaran armas químicas y realizó una despreciable campaña de limpieza étnica.)

MIENTRAS UTILIZABAN FALUYA COMO BASE PARA ATACAR LA zona circundante y Bagdad, los insurgentes pasaban un tiempo considerable fortificando la ciudad para poder aguantar otro ataque. Acumularon munición y armas, prepararon bombas caseras, y fortificaron las casas. Se plantaron minas, y se bloquearon carreteras para poder ser utilizadas para emboscadas. Se crearon «túneles» en las paredes de instalaciones, permitiendo que los insurgentes se movieran de una casa a otra evitando las calles. Muchas mezquitas, si no todas las doscientas que había en la ciudad, se convirtieron en búnkeres fortificados, ya que los insurgentes sabían que los estadounidenses respetaban los lugares de adoración como sagrados y, por lo tanto, eran renuentes a atacar ahí. Un hospital fue convertido en un cuartel de insurgentes y utilizado como base de operaciones para la maquinaria de propaganda de la insurgencia. En resumen, la ciudad era una fortaleza terrorista en el verano de 2004.

De hecho, los insurgentes tenían confianza suficiente para lanzar regularmente ataques con cohetes contra bases estadounidenses en la zona y poner emboscadas a convoyes que se movían por las carreteras principales. Finalmente, el mando estadounidense decidió que ya era suficiente: Faluya tenía que ser recuperada.

El plan que trazaron se llamó Operación Furia Fantasma. La ciudad sería aislada para que no pudieran entrar provisiones y refuerzos enemigos. Los insurgentes en Faluya serían desarraigados y destruidos.

Mientras los Marines de la Primera División de Marines constituían la columna vertebral de la fuerza de ataque, todos los otros servicios añadieron piezas clave. Francotiradores SEAL fueron integrados a pequeños grupos de asalto de Marines, proporcionando vigilancia y realizando misiones tradicionales de francotiradores.

Los Marines pasaron varias semanas preparándose para el asalto, lanzando diversas operaciones para desequilibrar a los insurgentes. Los malos sabían que algo iba a llegar; tan solo no sabían dónde y cuándo. El lado oriental de la ciudad quedó fuertemente fortificado, y el enemigo probablemente pensaba que el ataque sería lanzado desde ahí.

En cambio, el ataque llegó desde el noroeste y alcanzó el corazón de la ciudad. Ahí estaba dirigido.

LA LLEGADA ALLÍ

CUANDO EL TENIENTE AL MANDO ME DESPIDIÓ, INMEDIATAMENTE recogí mi equipo, y después me dirigí al exterior a una camioneta que estaba esperando para llevarme al helicóptero. Un 60 (un Blackhawk H-60) nos estaba esperando a mí y a otro tipo que había trabajado con la GROM, un especialista en comunicaciones llamado Adam. Nos miramos el uno al otro y sonreímos. Estábamos emocionados porque íbamos a una batalla real.

Otros SEAL desde todo Irak estaban haciendo un viaje parecido, dirigiéndose hacia la gran base de los Marines al sur de la ciudad en Camp Faluya. Ya habían establecido su propia base pequeña dentro del campamento cuando yo llegué. Fui caminando por los estrechos pasillos del edificio, al que le habían llamado el Álamo, intentando no golpear nada. Las paredes estaban llenas de equipamiento y uniformes, cajas de pistolas y maletines de metal, envases y la extraña caja de soda. Podríamos haber sido una banda de rock de viaje, preparando un espectáculo en un estadio.

Excepto que nuestro espectáculo tenía pirotecnia muy seria.

Además de francotiradores del Equipo 3, se habían sacado hombres del Equipo 5 y del Equipo 8 para sumarse al asalto. Yo ya conocía a la mayoría de los muchachos de West Coast; a los otros llegué a respetarlos durante las siguientes semanas.

El nivel de energía era intenso. Todos tenían ganas de entrar en la lucha y ayudar a los Marines.

LA RETAGUARDIA

A MEDIDA QUE SE ACERCABA LA BATALLA, MIS PENSAMIENTOS SE dirigían a mi esposa y mi hijo. Mi pequeño bebé estaba creciendo. Taya había comenzado a mandarme fotografías e incluso vídeos que mostraban su progreso. También me había mandado imágenes por correo electrónico para que yo las viera.

Puedo ver algunos de esos vídeos ahora en mi mente; él estaba tumbado de espaldas, y movía sus manos y sus pies, como si fuera a salir corriendo, y con una gran sonrisa en su cara.

Era un niño muy activo. Al igual que su papá.

Acción de Gracias, Navidad: en Irak, esas fechas no significaban tanto para mí. Pero extrañar la experiencia que mi hijo tendría de ellas era un poco distinto. Cuanto más tiempo estaba fuera y más le veía crecer, más quería ayudarle a crecer; hacer las cosas que un padre hace con un hijo y por él.

Llamé a Taya mientras estaba a la espera de que comenzara el asalto.

Fue una conversación breve.

«Mira, cariño, no puedo decirte dónde voy, pero voy a estar lejos durante un tiempo», le dije. «Mira las noticias y lo sabrás. No sé cuándo podré hablar contigo de nuevo».

Eso iba a tener que ser suficiente por un tiempo.

EL COMIENZO

LA TARDE DEL 7 DE NOVIEMBRE ME METÍ EN UN CAMIÓN DE LOS Marines con una decena de Marines y unos pocos SEAL, todos nerviosos y entusiasmados por la batalla. El gran vehículo armado retumbaba de vida, y se movía lentamente hacia la punta de un inmenso desfile que salía del campamento y se dirigía al norte de la ciudad, al desierto abierto.

Íbamos sentados rodilla con rodilla en bancas unas frente a otras en el interior vacío. Se había insertado una tercera fila en medio del compartimento. El AAV-7A1 no era exactamente una limusina estrecha; podrías intentar no desplazar a los muchachos que tenías a tu lado, pero no había mucho que pudieras hacer. Estrecho no era la palabra. Afortunadamente, casi todos los que iban dentro conmigo se habían bañado recientemente.

Al principio hacía frío; era el mes de noviembre, y para un muchacho de Texas daba la sensación de ser el medio del invierno, pero unos minutos después la calefacción nos ahogaba, y tuvimos que pedir que la apagaran. Yo puse mi mochila en el suelo. Con mi Mk-11 sujeta entre mis piernas y mi casco detrás, tenía una almohada improvisada. Intenté dormir mientras nos movíamos. Cierras tus ojos, y el tiempo pasa más rápido.

No conseguí dormir mucho. De vez en cuando miraba hacia las ventanillas entrecerradas en la puerta trasera, pero no podía ver por los muchachos que iban sentados allí. No me perdía mucho; lo único que se podía ver era el resto de la comitiva, una neblina de polvo, y algunos tramos de desierto vacío. Habíamos estado practicando con los Marines alrededor de una semana, repasando todo desde entrar y salir de sus vehículos hasta pensar exactamente qué tipo de cargas usaríamos para hacer agujeros para francotiradores en los edificios. Entre medias habíamos trabajado en comunicaciones por radio y estrategia general, habíamos intercambiado ideas sobre cómo proporcionar la mejor cobertura para los pelotones a los que acompañaríamos, y habíamos tomado una docena de decisiones tácticas, como si sería generalmente mejor disparar desde el último piso o desde el penúltimo.

Ahora estábamos listos, pero como sucede con frecuencia en el ejército, estábamos en modo apresurarse y esperar. Los vehículos nos llevaron hasta el norte de Faluya, y entonces se detuvieron.

Nos quedamos sentados allí durante lo que parecían horas. Sentía calambres en cada músculo de mi cuerpo. Finalmente, alguien decidió que podíamos bajar la rampa y estirarnos un poco. Yo me levanté de la banca y salí para disparar a la mierda con algunos de los otros SEAL que estaban cerca.

Finalmente, justo antes del amanecer, volvimos a subirnos y comenzamos a rodar hacia el extremo de la ciudad. Había adrenalina al máximo dentro de esa pequeña lata con neumáticos. Estábamos listos para comenzar.

Nuestro destino era un complejo de apartamentos que daba a la esquina noroeste de la ciudad. A unos setecientos metros de donde comenzaba la ciudad propiamente, los edificios tenían una vista perfecta de la zona donde nuestros Marines iban a lanzar su asalto, una ubicación excelente para francotiradores. Lo único que teníamos que hacer era tomarla.

«¡Cinco minutos!», gritó uno de los suboficiales.

Yo agarré la mochila con uno de mis brazos y aferré con fuerza mi arma.

El camión se detuvo. La rampa trasera bajó y yo salté con los otros, corriendo hacia una pequeña arboleda con algunos árboles y rocas para cubrirnos. Me movía con rapidez; no tenía tanto miedo a que me dispararan como a que el vehículo de la armada que nos había llevado hasta allí me pasara por encima. Los inmensos camiones no parecía que fueran a detenerse por nadie.

Toqué el suelo, puse la mochila cerca de mí y comencé a examinar el edificio, buscando cualquier cosa sospechosa. Recorrí con mis ojos las ventanas y la zona circundante, esperando todo el tiempo que me dispararan. Los Marines, mientras tanto, sacaban sus vehículos. Además de los camiones que transportaban personal, había Hummers, tanques y decenas de vehículos de apoyo. Los Marines seguían llegando, llenando todo el complejo.

Comenzaron a derribar puertas. Yo no oía mucho, tan solo los fuertes ecos de los disparos de las carabinas recortadas que ellos usaron para volar los cerrojos. Los Marines detuvieron a algunas mujeres que estaban en el exterior, pero aparte de eso, la zona alrededor del edificio estaba vacía.

Mis ojos nunca dejaban de moverse. Examinaba todo constantemente, intentando encontrar algo.

Nuestro muchacho de la radio llegó y se estableció cerca. Monitoreaba el progreso de los Marines mientras ellos trabajaban en el edificio de apartamentos, asegurándolo. Los pocos habitantes que encontraron dentro tuvieron que ser sacados y llevados a un lugar seguro. No hubo resistencia en el interior; si había insurgentes, o se habían ido cuando nos vieron llegar, o ahora fingían ser iraquíes leales y amigos de Estados Unidos.

Los Marines terminaron trasladando a unos doscientos cincuenta civiles del complejo, una fracción de lo que les habían dicho que podían esperar. Cada uno de ellos fue interrogado primero. Suponiendo que no habían disparado un arma recientemente (los Marines les hicieron pruebas de pólvora), no estaban en una lista de personas buscadas, o no eran sospechosos; a cada cabeza de familia le dieron trescientos dólares y les dijeron que tenían que irse. Según uno de los oficiales de los Marines, se les permitió regresar a sus apartamentos, tomar lo que necesitaran y después irse.

(Unos pocos insurgentes conocidos fueron capturados y detenidos en la operación.)

Mientras estábamos en el terraplén observando la ciudad, también observábamos cautelosamente en busca de un francotirador iraquí conocido como Mustafá. Por los informes que oímos, Mustafá era un tirador olímpico que estaba usando sus habilidades contra los estadounidenses y contra la policía y los soldados iraquíes. Se habían hecho y mostrado varios vídeos, presumiendo de su habilidad.

Yo nunca le vi, pero otros francotiradores más adelante mataron a un francotirador iraquí que pensamos que era él.

A LOS APARTAMENTOS

«Muy bien», dijo finalmente nuestro hombre en la radio. «Nos quieren dentro».

Yo corrí desde los árboles hasta el complejo de apartamentos, donde un teniente de los SEAL estaba organizando las unidades de apoyo. Tenía un mapa de la ciudad y nos mostró dónde iba a tener lugar el asalto al día siguiente.

«Necesitamos cubrir esta zona aquí, aquí y aquí», dijo. «Todos vayan y busquen un lugar para hacerlo».

Nos dio un edificio, y allí nos fuimos. Yo había sido emparejado con un francotirador al que había conocido durante el BUD/S: Ray (he usado este nombre para proteger su identidad).

Ray es un loco de la pistola a más no poder. Le encantan las pistolas, y las conoce muy bien. No estoy seguro de lo buen tirador que es, pero probablemente haya olvidado más de lo que yo sé sobre fusiles.

No nos habíamos visto durante años, pero por lo que yo recordaba del BUD/S, supuse que nos llevaríamos bien. Uno quiere tener confianza en que el tipo con quien trabajas es alguien en quien puedes confiar; después de todo, literalmente le estás confiando tu vida.

Un Ranger al que llamábamos Ranger Molloy había estado guiando nuestros rifles y algún equipamiento con nosotros en un Hummer. Se acercó y me dio mi .300 Win Mag. La distancia extra del fusil con respecto al Mk-11 sería práctica cuando encontrara un buen lugar oculto desde el que disparar.

Mientras subía corriendo las escaleras, solucioné la situación en mi cabeza. Sabía en qué lado del edificio quería estar, y casi dónde quería estar. Cuando llegué arriba, decidí que quería disparar desde una habitación en lugar de hacerlo desde el tejado; comencé a caminar por el pasillo, examinando y buscando un apartamento que tuviera la vista correcta. Al entrar, busqué uno con muebles que pudiera utilizar para colocarme.

Para mí, el hogar donde yo estaba era tan solo otra parte del campo de batalla. Los apartamentos y todo lo que había en ellos eran solamente cosas a utilizar para lograr nuestra meta: limpiar la ciudad.

Los francotiradores tienen que estar tumbados o sentados durante largos periodos de tiempo, así que necesitaba encontrar muebles que me permitieran hacer eso todo lo más cómodamente posible. También se necesita algo donde apoyar el fusil. En este caso, yo iba a disparar desde las ventanas, así que necesitaba estar elevado. Mientras examinaba el apartamento, encontré un cuarto que tenía una cuna de bebé. Fue un extraño descubrimiento, y uno al que podía darle un buen uso.

Ray y yo la agarramos y la pusimos boca abajo. Eso nos dio una base. Entonces sacamos la puerta de la habitación de sus bisagras y la pusimos encima de la cuna. Ahora teníamos una plataforma estable donde trabajar.

La mayoría de los iraquíes no duermen en camas; utilizan sacos de dormir, tapetes gruesos, o mantas que ponen directamente en el piso. Encontramos algunas y las pusimos sobre la puerta. Eso formaba una cama ligeramente confortable y elevada donde tumbarnos mientras trabajábamos con el arma. Un saco de dormir nos daba un lugar donde apoyar el extremo de nuestras armas.

Abrimos la ventana y estábamos listos para disparar.

Decidimos que trabajaríamos tres horas y descansaríamos otras tres, rotando entre nosotros. Ray hizo la primera guardia.

Yo comencé a recorrer el complejo para ver si podía encontrar alguna mierda que sirviera: dinero, pistolas, explosivos. Lo único que encontré que valía la pena agarrar fue un juego de golf portátil Tiger Woods.

No que yo estuviera autorizado para agarrarlo, y ni siquiera lo agarré, oficialmente. Si me lo *hubiera* quedado, habría estado jugando durante el resto del despliegue. Si hubiera hecho eso, podría explicar por qué ahora soy en realidad bastante bueno en el juego.

Si me lo hubiera quedado.

COMENCÉ MI TRABAJO CON LA .300 WIN MAG avanzada la tarde. La ciudad que vigilaba tenía un color entre marrón, amarillento y gris, casi como si todo tuviera el matiz sepia de una vieja fotografía. Muchos de los edificios, aunque no todos, estaban hechos de ladrillo o cubiertos con estuco de ese mismo color. Las piedras y los caminos eran grises. Una fina neblina de polvo del desierto parecía estar por encima de las casas. Había árboles y otra vegetación, pero el paisaje general se parecía a una colección de cajas pálidamente pintadas en el desierto.

La mayoría de los edificios eran casas bajas, de dos pisos de altura, y ocasionalmente tres o cuatro. Sobresalían minaretes o torres de oración entre el tono gris a intervalos regulares. Había cúpulas de mezquitas diseminadas por la zona; aquí, un huevo verde flanqueado por una docena de huevos más pequeños, donde un colinabo blanco resplandecía ante el sol que se iba poniendo.

Los edificios estaban muy juntos, las calles eran casi geométricas en su patrón. Había muros por todas partes. La ciudad ya había estado en guerra durante algún tiempo, y había muchos escombros no solo alrededor de sus límites, sino también en las principales vías públicas y carreteras. Justo enfrente de mí, aunque no era visible, estaba el infame puente donde los insurgentes habían profanado los cuerpos de los contratistas de Blackwater medio año antes. El puente cruzaba el Éufrates, que discurría en forma de V invertida justamente al sur de mi posición.

Mi preocupación inmediata era un conjunto de vías de tren a unos setecientos metros del edificio. Había un terraplén y un puente de armazón para trenes sobre la autopista que se hallaba al sur de donde yo estaba. Al este, a mi izquierda cuando miraba por la ventana, la vía del tren iba hasta un intercambiador y una estación fuera de la parte principal de la ciudad.

El asalto de los Marines barrería las vías, entrando por allí a una zona desde el Éufrates hacia una carretera en el extremo oriental de la ciudad, marcado por un distribuidor vial. Esa era una zona apenas de unos cuatro o cinco kilómetros de anchura; el plan era moverse y entrar entre uno y dos kilómetros hasta la Ruta Iraquí 10 para el 10 de noviembre, un poco menos de tres días. Eso podría no parecer mucho, pues la mayoría de los Marines pueden probablemente caminar esa distancia en media hora, pero el camino atravesaba una ratonera de calles con trampas y pasaba al lado de casas armadas. Los Marines no solo esperaban estar luchando literalmente de casa en casa y de manzana en manzana, sino que también entendían que las cosas probablemente empeorarían a medida que avanzaban. Si sacas a las ratas de un agujero, se congregan en el siguiente. Tarde o temprano, se quedan sin lugares donde esconderse.

Mirando por la ventana, yo estaba ansioso porque comenzara la batalla. Quería tener un blanco. Quería dispararle a alguien.

No tuve que esperar mucho tiempo.

Desde el edificio tenía una estupenda vista hacia el frente de las vías del tren y el terraplén, y después más lejos hasta la ciudad.

Comencé a eliminar objetivos poco después de situarme con el arma. La mayoría estaban en la zona cercana a la ciudad. Los insurgentes se movían a esa zona, intentando situarse en posición de atacar o quizá para espiar a los Marines. Estaban a unos ochocientos metros de distancia, al otro lado de las vías del tren y por debajo del terraplén, así que probablemente, en sus mentes, nadie podía verlos y estaban seguros.

Estaban muy equivocados.

Ya he descrito lo que sentí al hacer mi primer disparo como francotirador; puede que haya habido alguna duda en un rincón recóndito de mi mente, y casi una pregunta inconsciente: *¿Puedo matar a esa persona?*

Pero las Reglas de Enfrentamiento eran claras, y no había duda de que el hombre que tenía en mi objetivo era un enemigo. No era solo el hecho de que él fuese armado y estuviera maniobrando hacia las posiciones de los Marines, aunque esos eran los puntos importantes para las RDE. Se había advertido a los civiles que no se quedaran en la ciudad, y aunque obviamente no todo el mundo había podido escapar, quedaban solamente unos puñados de inocentes. Los varones en edad de luchar y con cordura dentro de los límites de la ciudad eran casi todos ellos de los malos. Pensaban que iban a expulsarnos de allí, como supuestamente habían expulsado a los Marines en abril.

Después de la primera muerte, las demás son más fáciles. No tengo que mentalizarme, o hacer nada especial mentalmente; miro por el telescopio, tengo a mi blanco en la mira, y mato a mi enemigo antes que él mate a uno de los míos.

Derribé a tres ese día; Ray abatió a dos.

Yo mantenía ambos ojos abiertos mientras estaba en la mira. Con el ojo derecho miraba por el telescopio, y con el ojo izquierdo podía seguir viendo el resto de la ciudad. Me daba una mejor conciencia situacional.

CON LA COMPAÑÍA KILO

Cuando los Marines entraron en la ciudad, pronto alcanzaron una posición donde ya no podíamos cubrirlos desde las torres de apartamentos. Bajamos de allí, listos para la siguiente fase: trabajar en la ciudad misma.

Yo fui asignado a la Compañía Kilo, ayudando a las unidades de Marines en el lado occidental de la ciudad. Ellos eran la primera oleada del asalto, barriendo bloque por bloque. Otra compañía entraría tras ellos, asegurando la zona y asegurándose de que no quedase escondido ninguno de los insurgentes a sus espaldas. La idea era limpiar Faluya, bloque por bloque.

Las propiedades en esta parte de la ciudad, como en muchas ciudades iraquíes, estaban separadas de las vecinas con gruesos muros de ladrillo y estuco. Siempre había rincones donde los insurgentes podían ocultarse. Los patios, normalmente planos con arena dura o incluso cemento, eran laberintos rectangulares. Era un lugar seco y polvoriento, incluso con el río cerca. La mayoría de las casas no tenían agua corriente; el suministro de agua estaba en el tejado.

Yo trabajé con francotiradores de los Marines varios días durante la primera semana de esa fase del asalto. Durante gran parte del tiempo estaba emparejado con dos francotiradores de los Marines y un JTAC, un SEAL que podía requerir ataques aéreos. También había algunos hombres de apoyo, Marines que podían proporcionar seguridad y ayudar ocasionalmente con diferentes tareas. Eran Marines que querían ser francotiradores; después de su despliegue esperaban pasar a la escuela de francotiradores de los Marines.

Cada mañana comenzaba con unos veinte minutos de lo que llamábamos «fuegos»: morteros, artillería, bombas, misiles, cohetes; era un infierno de artillería que se lanzaba sobre posiciones enemigas clave. El fuego sacaba alijos o almacenes de munición, o suavizaba puntos donde pensábamos que tendríamos mucha resistencia. Se elevaban negras chimeneas de humo en la distancia, alijos golpeados por los bombardeos; la tierra y el aire retumbaban con explosiones secundarias.

Al principio, estábamos por detrás del avance de los Marines. Pero no fue necesario mucho tiempo para que nos diéramos cuenta de que podíamos hacer un mejor trabajo si íbamos por delante del escuadrón en tierra. Eso nos daba una mejor posición, permitiéndonos sorprender a cualquier insurgente que intentara acercarse a la unidad de tierra.

También nos dio un infierno más de acción. Así que comenzamos a tomar casas para utilizarlas como escondites.

Cuando la parte baja de la casa estaba limpia, yo subía por las escaleras desde el piso superior hasta el tejado, saliendo por la pequeña casucha que normalmente protegía la entrada al tejado. Cuando estaba seguro de que el tejado estaba limpio, me movía hacia la pared en el extremo, reunía mis cosas y establecía una posición. Por lo general, había algo en el tejado que podía utilizar, como una silla o alfombras, para hacer las cosas más cómodas; si no, siempre había algo en el piso inferior. Volvía a agarrar el Mk-11, entendiendo que la mayoría de mis disparos serían relativamente cercanos, debido al modo en que la ciudad estaba trazada. El arma era más conveniente que el Win Mag, y a esas distancias igualmente mortal.

Mientras tanto, los Marines en tierra trabajaban por la calle, normalmente de lado a lado, despejando las casas. Cuando llegaban a un punto donde nosotros no podíamos cubrirlos bien, nos movíamos y tomábamos un nuevo punto, y el proceso comenzaba una vez más.

Por lo general disparábamos desde los tejados. Nos daban la mejor vista y con frecuencia ya estaban equipados con sillas y cosas parecidas. La mayoría de ellos en la ciudad estaban rodeados de paredes de baja altura que proporcionaban protección cuando el enemigo respondía disparando. Además, usar los tejados nos permitía movernos con rapidez; el asalto no esperaba a que nosotros tomáramos nuestro tiempo para situarnos en posición.

Si el tejado no era bueno, disparábamos desde el piso superior, normalmente desde una ventana. De vez en cuando teníamos que hacer un agujero de francotirador en una pared para establecer una posición de disparo. Sin embargo, eso no era frecuente; no queríamos atraer más atención a nuestra posición al provocar una explosión, incluso si era relativamente pequeña. (Los agujeros eran tapados cuando nos íbamos.)

Un día nos establecimos dentro de un pequeño edificio de oficinas que había estado vacío algún tiempo antes. Retiramos los escritorios de las ventanas y los pusimos dentro de la habitación; las sombras naturales que se proyectaban en la pared exterior ayudaban a ocultar la posición.

LOS MALOS

LOS ENEMIGOS CONTRA QUIENES LUCHÁBAMOS ERAN FEROCES Y estaban bien armados. En solo una casa, los Marines encontraron unas dos docenas de pistolas, incluidas ametralladoras y fusiles de francotirador, junto con soportes de cohetes caseros y una base de mortero.

Esa fue solamente una de las casas en un largo bloque. Era una casa bonita, de hecho; tenía aire acondicionado, elaborados candelabros y bonitos muebles occidentales. Fue un buen lugar para descansar mientras hicimos un descanso una tarde.

Todas las casas eran examinadas exhaustivamente, pero las armas por lo general eran bastante fáciles de encontrar. Los Marines entraban y veían un lanzador de granadas apoyado sobre un armario de vajilla, con cohetes apilados cerca de las tazas de té que había debajo. En una de las casas, los Marines encontraron tanques de buceo; parece que el insurgente que se había quedado en la casa los usaba para cruzar el río ocultándose y realizar un ataque.

El equipamiento ruso también era común. La mayoría era muy viejo; en una casa había granadas de fusil que podrían haber sido fabricadas durante la Segunda Guerra Mundial. Encontramos prismáticos con emblemas comunistas de la hoz y el martillo. Y había bombas caseras, incluidas algunas incrustadas en las paredes, por todas partes.

MUCHAS DE LAS PERSONAS QUE HAN ESCRITO SOBRE LAS BATALLAS en Faluya mencionan lo fanáticos que eran los insurgentes. Ellos *eran* fanáticos, pero no era solamente la religión lo que les impulsaba. Muchos de ellos estaban bastante drogados.

Más adelante en la campaña, tomamos un hospital que habían estado utilizando en las afueras de la ciudad. Allí encontramos cucharas de calentar, mecanismos para preparar droga, y otra evidencia de cómo se preparaban ellos. Yo no soy un experto, pero me parecía que ellos preparaban heroína y se la inyectaban antes de una batalla. Otras cosas que he oído decir es que usaban medicamentos con receta y básicamente cualquier cosa que pudieran conseguir para ayudar a avivar su valentía.

Se podía ver eso a veces cuando les disparabas. Algunos podían aguantar varias balas sin parecer sentirlas. Estaban impulsados por algo más que tan solo religión y adrenalina, incluso más que deseo de sangre. Ya estaban a la mitad del camino al Paraíso, al menos en sus mentes.

BAJO LOS ESCOMBROS

Un día bajé de un tejado para tomar un descanso y me dirigí al patio trasero de la casa con otro francotirador SEAL. Abrí el bípode y acomodé mi fusil sobre él.

De repente hubo una explosión justo al otro lado de donde estábamos, quizá a unos tres metros. Yo me incliné, y entonces me giré y vi que la pared de cemento se estaba desmoronando. Justamente detrás había dos insurgentes, con AKs colgando sobre sus hombros. Ellos se veían tan sorprendidos como nosotros debíamos de estar; también ellos habían tomado un descanso cuando un cohete perdido cayó, o quizá algún tipo de bomba casera estalló.

Parecía un viejo duelo del oeste; cualquiera que consiguiera llegar a su pistola más rápidamente iba a vivir.

Yo agarré la mía y comencé a disparar. Mi compañero hizo lo mismo.

Les dimos, pero los tiros no los derribaron. Ellos giraron por la esquina y corrieron por la casa donde habían estado, y después salieron rápidamente a la calle.

En cuanto dejaron la casa, los Marines que establecían la seguridad en la carretera los abatieron.

EN UN MOMENTO AL PRINCIPIO DE LA BATALLA, UN LANZAGRANADAS antitanque golpeó el edificio desde el que yo trabajaba.

Era una tarde en que yo me había situado en una ventana en el piso superior. Los Marines en tierra habían comenzado a soportar disparos en la calle. Yo comencé a cubrirlos, derribando objetivos uno a uno. Los iraquíes comenzaron a devolverme los disparos, afortunadamente no con mucha precisión, que era por lo general el modo en que disparaban.

Entonces un lanzagranadas antitanque golpeó un lado de la casa. La pared absorbió la peor parte de la explosión, lo cual fueron buenas y malas noticias. En el lado positivo, eso me salvó de saltar por los aires; pero la explosión también se llevó una buena parte de la pared. Se desplomó sobre mis piernas, golpeando mis rodillas contra el cemento y dejándome sujeto temporalmente allí.

Dolió como diablos. Yo quité parte de los escombros y seguí disparando a los bastardos que estaban abajo.

«¿Todo el mundo bien?», gritó otro de los muchachos con quienes yo estaba.

«Estoy bien, estoy bien», grité como respuesta. Pero mis piernas gritaban lo contrario. Me dolían horriblemente.

Los insurgentes se replegaron, y entonces las cosas se avivaron otra vez. Ese era el modo en que sucedía: un momento de calma, seguido por un intenso intercambio, y después otra vez calma.

Cuando los disparos finalmente cesaron, me levanté y salí de la habitación. En el piso de abajo, uno de los muchachos señaló mis piernas.

«Estás cojeando», dijo.

«La maldita pared me cayó encima».

Él miró hacia arriba. Había un agujero de buen tamaño en la casa donde había estado antes la pared. Hasta ese momento, nadie se había dado cuenta de que yo había estado en la habitación donde había golpeado la granada.

ESTUVE COJEANDO DURANTE UN TIEMPO DESPUÉS DE AQUELLO. Un largo tiempo; finalmente tuvieron que hacerme cirugía en ambas rodillas, aunque yo seguí posponiéndolo durante un par de años.

No fui a ver a un médico. Vas a ver a un médico, y te sacan de allí. Yo sabía que podía seguir.

NO ME FRÍAN

NO PUEDES TENERLE MIEDO A TRATAR DE ACERTAR. CUANDO ves a alguien con una bomba casera o un fusil moviéndose hacia tus hombres, tienes una clara razón para disparar. (El hecho de que un iraquí tuviera una pistola no necesariamente significaba que se le podía disparar.) Las RDE eran concretas, y en la mayoría de los casos el peligro era obvio.

Pero había veces en que no estaba *exactamente* claro; cuando una persona casi con seguridad era un insurgente, probablemente estaba causando maldad, pero seguía habiendo alguna duda debido a las circunstancias o el entorno; su modo de moverse, por ejemplo, no era hacia una zona donde estaban las tropas. Muchas veces un tipo parecía estar actuando como un macho delante de sus amigos, completamente inconsciente de que yo le estaba observando, o de que había tropas estadounidenses cerca.

Yo no hacía esos disparos.

No podías hacerlos; tenías que preocuparte por tu propio trasero. Si hacías un disparo injustificado, podían acusarte de asesinato.

Yo a menudo me quedaba allí sentado y pensaba: *Sé que este hijo de puta es malo; le vi haciendo tal y tal cosa en la calle el otro día, pero aquí no está haciendo nada, y si le disparo, no podré justificarlo para los abogados. Me freiré.* Como dije, hay documentación para todo. Cada matanza confirmada tenía documentación, aportando evidencia, y un testigo.

Así que yo no disparaba.

No había muchos de esos, especialmente en Faluya, pero yo era siempre muy consciente del hecho de que cada muerte podría tener que justificarse ante los abogados.

Mi actitud era: si mi justificación es que yo *pensaba* que mi objetivo haría algo malo, entonces no estaba justificado. Él tenía que estar *haciendo* algo malo.

Incluso con esa regla, había muchos objetivos. Yo tenía un promedio de dos y tres al día, ocasionalmente menos, a veces muchos más, sin tener final a la vista.

UNA TORRE BAJA DE AGUA SOBRESALÍA POR ENCIMA DE LOS TEJADOS a unas manzanas de uno de los tejados donde estábamos situados. Parecía un ancho tomate amarillo.

Ya nos habíamos movido unas manzanas pasada la torre cuando un Marine decidió subir y retirar la bandera iraquí que ondeaba desde el tendido eléctrico. Mientras subía, los insurgentes que habían estado ocultos durante el ataque anterior comenzaron a dispararle. En segundos, fue alcanzado y atrapado.

Nosotros retrocedimos, moviéndonos por las calles y atravesando los tejados hasta que encontramos a los hombres que le habían disparado. Cuando tuvimos limpia la zona, enviamos a uno de nuestros muchachos a retirar la bandera. Después de bajarla, la enviamos al Marine que estaba en el hospital.

RUNAWAY MUESTRA SU VERDADERA CARA

NO MUCHO DESPUÉS, UN TIPO AL QUE LLAMARÉ RUNAWAY [Fugitivo] y yo estábamos en la calle cuando establecimos contacto con insurgentes iraquíes. Nos ocultamos en un hueco en la pared cerca de la calle, esperando a que la ráfaga de balas terminara.

«Regresaremos», le dije a Runaway. «Tú ve primero, y yo te cubriré».

«Bien».

Me adelanté y disparé fuego de cubierta, forzando a los iraquíes a retroceder. Esperé unos segundos, dando tiempo a Runaway para situarse en posición para que pudiera cubrirme. Cuando pensé que había pasado suficiente tiempo, salí y comencé a correr.

Comenzaron a volar balas por todas partes, pero ninguna desde Runaway. Todas provenían de los iraquíes, que intentaban escribir sus nombres en mi espalda con balas.

Me lancé contra la pared, deslizándome cerca de la puerta. Durante un momento estuve desorientado: ¿dónde estaba Runaway?

Él debía haber estado cerca, esperándome escondido para que yo pudiera regresar; pero no se le veía por ninguna parte. ¿Habría pasado por su lado en la calle?

No. El hijo de puta estaba ocupado ganándose su apodo.

Yo estaba atrapado, atascado por los insurgentes y sin mi amigo que desapareció misteriosamente.

Los disparos iraquíes se volvieron tan intensos que terminé teniendo que pedir refuerzos. Los Marines enviaron un par de Hummer, y con sus disparos haciendo que todos se replegasen, finalmente pude salir de allí.

Para entonces había descubierto lo que había sucedido. Cuando me encontré con Runaway poco tiempo después, prácticamente lo estrangulé; tal vez lo habría hecho, si no hubiera sido por el oficial que estaba allí.

«¿Por qué diablos huiste?», demandé. «Saliste corriendo por toda la manzana sin cubrirme».

«Pensé que me estabas siguiendo».

«¡Pura mentira!».

Era la segunda vez esa semana que Runaway me había dejado solo bajo los disparos. La primera vez yo había sido tolerante con él, dándole el beneficio de la duda. Pero ahora estaba claro que era un cobarde. Cuando estaba bajo fuego, se acobardaba.

El mando nos separó. Fue sabio hacerlo.

«VAMOS A DISPARAR»

Un poco después de la emocionante aventura de Runaway, bajé desde mi posición en uno de los tejados cuando escuché muchísimos disparos cerca. Corrí al exterior, pero no podía ver el tiroteo. Entonces oí una llamada por radio diciendo que había hombres abajo.

Un compañero al que llamaré Eagle y yo corrimos por la manzana hasta que nos encontramos con un grupo de Marines que se habían replegado después de enfrentarse a un tiroteo a una manzana de distancia. Nos dijeron que un grupo de insurgentes había acorralado a algunos otros Marines no muy lejos, y decidimos que intentaríamos ayudarlos.

Intentamos conseguir un ángulo desde una casa cercana, pero no era lo bastante alta. Eagle y yo nos acercamos más, probando con otra casa. Allí encontramos a cuatro Marines en el tejado, dos de los cuales habían sido heridos. Sus historias eran confusas, y tampoco podíamos disparar desde allí. Decidimos sacarlos para que los heridos pudieran recibir ayuda; el muchacho al que bajé tenía un disparo en las tripas.

En la calle tuvimos mejores indicaciones de los dos Marines que no habían sido heridos, y nos dimos cuenta finalmente de que habíamos tenido como objetivo la casa equivocada. Comenzamos a ir por un callejón en dirección a los insurgentes, pero después de poca distancia llegamos a obstáculos que no podíamos rodear, y revertimos el curso. Justo cuando giré la esquina para regresar a la calle principal, hubo una explosión detrás de mí; un insurgente nos había visto llegar y lanzó una granada.

Uno de los Marines que me seguía cayó. Eagle era médico del ejército y también francotirador, y después de alejar al muchacho herido del callejón, fue a evaluar sus daños. Mientras tanto, yo seguí con el resto de los Marines y continuamos por la carretera en dirección al fuerte de los insurgentes.

Encontramos a un segundo grupo de Marines apiñados en una esquina cercana, acorralados por el fuego que provenía de la casa. Se habían propuesto rescatar al primer grupo, pero se quedaron detenidos. Yo reuní a todos y les dije que un pequeño grupo de nosotros iría rápidamente por la calle mientras los otros abrían fuego. Los Marines atrapados estaban a una distancia de unos cuarenta y cinco metros, a una manzana.

«No importa si pueden verlos o no», les dije. «Vamos a disparar».

Me incorporé para comenzar. Un terrorista saltó al medio de la calle y comenzó a desatar todo el infierno sobre nosotros, escupiendo balas desde un arma alimentada con un cinto de balas. Regresando los disparos lo mejor que pudimos, nos ocultamos para estar a cubierto. Todos comprobaron si tenían agujeros; milagrosamente, nadie había recibido disparos.

Para entonces, entre quince y veinte Marines estaban allí conmigo.

«Muy bien», les dije. «Vamos a intentar esto otra vez. Vamos a hacerlo esta vez».

Salté desde detrás de la esquina, disparando mi arma mientras corría. El tirador iraquí había sido herido y muerto por nuestra ráfaga anterior, pero seguía habiendo muchos malos más arriba en la calle.

Yo había dado solamente unos pasos cuando me di cuenta de que ninguno de los Marines me había seguido.

Mierda. Seguí corriendo.

Los insurgentes comenzaron a enfocar sus disparos en mí. Yo puse mi Mk-11 bajo mi brazo y disparé mientras corría. La semiautomática es un arma estupenda y versátil, pero en esta situación en particular su tambor de veinte balas parecía horriblemente pequeño. Vacié el cargador, solté el siguiente, lo cerré en un segundo, y seguí disparando.

Encontré a cuatro hombres apiñados cerca de un muro no lejos de la casa. Resultó que dos de ellos eran reporteros que habían estado con los Marines; estaban obteniendo una vista malditamente mejor de la batalla de lo que habían esperado.

«Les cubriré», grité yo. «Salgan pitando de aquí».

Salté y comencé a disparar mientras ellos corrían. El último Marine me dio un golpecito en el hombro mientras pasaba, indicando que él era el último hombre que quedaba. Listo para seguirlos, miré hacia mi derecha, comprobando mi flanco.

Por el rabillo del ojo vi un cuerpo tumbado en el suelo. Tenía una camiseta de los Marines.

De dónde salió, si había estado allí cuando yo llegué o llegó allí desde algún otro lugar, no tengo idea. Me acerqué a él, vi que estaba herido por disparos en ambas piernas. Puse un nuevo cargador en mi arma, y entonces agarré la parte trasera de su chaleco antibalas y le arrastré conmigo mientras me replegaba.

En algún momento mientras corría, uno de los insurgentes lanzó una granada de fragmentación. La granada explotó en algún lugar cerca. Pedazos de pared me golpeaban en el lado, desde mi trasero hasta la rodilla. Por suerte, mi pistola recibió el fragmento más grande. Fue pura suerte; podría haber hecho un bonito agujero en mi pierna.

Me dolió el trasero durante un tiempo, pero aun así parece funcionar bastante bien.

CONSEGUIMOS LLEGAR HASTA EL RESTO DE LOS MARINES SIN que ninguno de los dos resultase herido otra vez.

Nunca descubrí quién era aquel tipo herido. Me han dicho que era un segundo teniente, pero nunca tuve la oportunidad de comprobar dónde estaba.

Los otros Marines dijeron que le salvé la vida. Pero no fui solo yo. Llevar a esos hombres hasta un lugar seguro fue un esfuerzo conjunto; todos trabajamos juntos.

El Cuerpo estaba agradecido de que yo hubiera ayudado a rescatar a su gente, y uno de los oficiales me propuso para una Estrella de Plata.

Según la historia que oí, los generales que están sentados en sus escritorios decidieron que como ningún Marine había recibido una Estrella de Plata durante el asalto, no iban a concederle una a un SEAL. Me dieron una Estrella de Bronce con una V (por valor en combate) en cambio.

Me hace sonreír solamente pensarlo.

Las medallas están bien, pero tienen mucho que ver con la política, y yo no soy un fan de la política.

Dicho todo eso, terminé mi carrera como SEAL con dos Estrellas de Plata y cinco Medallas de Bronce, todas ellas al valor. Estoy orgulloso de mi servicio, pero con toda seguridad no lo hice para recibir ninguna medalla. Ellas no me hacen ser mejor o menos que cualquier otro hombre que sirvió allí. Las medallas nunca cuentan la historia completa. Y como he dicho, al final se han vuelto más políticas que certeras. He visto hombres que se merecían mucho más y hombres que se merecían mucho menos ser recompensados por la negociación de los de arriba por cualquier causa pública en la que estuvieran trabajando en ese momento. Por todas esas razones, no las tengo en exposición en mi casa ni en mi oficina.

Mi esposa siempre me está animando a que las organice o las enmarque y muestre. Políticas o no, ella sigue pensando que son parte de la historia de mi servicio.

Quizá llegue a hacerlo algún día.

Lo más probable será que no lo haga.

MI UNIFORME ESTABA CUBIERTO DE TANTA SANGRE POR EL ASALTO, que los Marines me consiguieron uno de los suyos. Desde ese momento en adelante, yo parecía un Marine con su camiseta.

Era un poco raro llevar el uniforme de otro; pero era también un honor que me consideraran un miembro del equipo hasta el punto de darme un uniforme. Aun mejor, me dieron un forro polar y una gorra polar; hacía frío allí fuera.

Taya:

Después de un despliegue, íbamos conduciendo en el auto y Chris dijo de repente: «¿Sabías que hay cierto tipo de olor cuando alguien muere de un modo en particular?».

Yo dije: «No. No sabía eso».

Y poco a poco supe la historia.

Era bastante horrible y repelente.

Las historias iban saliendo. Muchas veces, él decía cosas para ver lo que yo podía aguantar. Le dije que realmente, verdaderamente no me importaba lo que él hiciera en el tiempo de guerra. Tenía todo mi apoyo incondicional. Aun así, él necesitaba ir despacio, probar las aguas. Creo que necesitaba saber si yo le vería de modo distinto, y quizá más que eso, sabía que le enviarían otra vez y no quería asustarme.

Por lo que puedo ver, cualquiera que tenga un problema con lo que los hombres hacen allí es incapaz de empatizar. La gente quiere que América tenga cierta imagen cuando luchamos. Sin embargo, supongo que si alguien les estuviera disparando y tuvieran que abrazar a sus familiares mientras se desangraban frente a un enemigo que se oculta detrás de sus hijos, se hace el muerto solamente para lanzar una granada cuando se acercara más, y no tuviera reparos en enviar a sus niños a morir por una granada a la que ellos personalmente quitaron la anilla; entonces les preocuparía menos actuar amablemente.

Chris seguía las RDE porque tenía que hacerlo. Algunas de las RDE de más amplio espectro están bien. El problema con las RDE que cubren minucias es que a los terroristas no les importa una mierda la Convención de Ginebra. Por eso desmenuzar cada movimiento de un soldado contra un enemigo oscuro, retorcido y sin reglas es más que ridículo; es despreciable.

Me importa que mi esposo y otros estadounidenses regresen a casa vivos. Por lo tanto, aparte de estar preocupada por su seguridad, en realidad no tenía miedo a oír cualquier cosa de la que él quisiera hablar. Incluso antes de escuchar las historias, no creo que tuviera nunca la ilusión de que la guerra es bonita o amable.

Cuando él me contó la historia sobre matar a alguien de cerca, lo único que pensé fue: Gracias a Dios que él está bien.

Entonces pensé: ¡Vaya! Eres un tremendo machote valiente.

Por lo general no hablábamos de muertes, o de la guerra. Pero entonces se inmiscuía.

No siempre de mala manera: un día, Chris estaba cambiando el aceite en una tienda local. Algunos hombres estaban en el vestíbulo con él. El hombre detrás del mostrador dijo el nombre de Chris. Chris pagó la factura y volvió a sentarse en su auto.

Uno de los hombres que esperaba a que revisaran su propio vehículo le miró y dijo: «¿Es usted Chris Kyle?».

Y Chris dijo: «Sí».

«¿Estuvo usted en Faluya?».

«Sí».

«Caray, usted es el hombre que salvó nuestro trasero».

El padre de ese hombre estaba allí, y se acercó para dar las gracias a Chris y darle un apretón de manos. Todos decían: «Fue usted estupendo. Derribó a más que nadie».

Chris se sintió avergonzado y dijo muy humildemente: «Ustedes también salvaron mi trasero».

Y eso fue todo.

7

EN MEDIO DE LA MIERDA

EN LA CALLE

EL MUCHACHO ME MIRÓ CON UNA MEZCLA DE EMOCIÓN E incredulidad. Era un joven Marine, deseoso pero templado por los tiroteos que habíamos estado librando la semana anterior.

«¿Quieres ser un francotirador?», le pregunté. «¿Ahora mismo?».

«¡Carajo, sí!», dijo finalmente.

«Bien», le dije, entregándole mi Mk-11. «Dame tu M-16, y tú agarra mi fusil de francotirador. Voy a la puerta principal».

Y con eso, me dirigí al pelotón con el que habíamos estado trabajando y les dije que les ayudaría a tomar las casas.

EN LOS ÚLTIMOS DÍAS, LOS INSURGENTES HABÍAN DEJADO DE salir para dispararnos. Nuestro índice de matanza de los grupos de apoyo había disminuido. Los malos se quedaban todos en el interior, porque sabían que si salían, íbamos a dispararles.

Ellos no tiraron la toalla. En cambio, defendían sus posiciones dentro de las casas, haciendo emboscadas y luchando contra los Marines en las pequeñas habitaciones y diminutos pasillos. Yo estaba viendo a muchos de nuestros muchachos ser sacados y evacuados médicamente.

Durante un tiempo, yo había estado dándole vueltas en mi cabeza a la idea de salir a la calle, antes de finalmente decidir ir adelante con ello. Escogí a uno de los soldados que había estado ayudando al equipo de francotiradores. Él parecía un buen muchacho, con mucho potencial.

Parte de la razón por la que salí a las calles era porque estaba aburrido. La mayor parte era que sentía que podía hacer un mejor trabajo protegiendo a los Marines si estaba con ellos. Ellos entraban por la puerta principal de esos edificios y eran liquidados. Yo observaba cuando ellos entraban, oía disparos, y después lo siguiente que sabía era que estaban sacando a alguien en una camilla porque le habían disparado. Eso me enfurecía.

Amo a los Marines, pero la verdad es que a esos tipos no les habían enseñado nunca como a mí a dejar limpia una habitación. No es una especialidad de los Marines. Todos ellos eran duros luchadores, pero tenían mucho que aprender sobre guerrilla urbana. Mucho eran cosas sencillas: cómo mantener tu fusil cuando entras a una habitación para que sea difícil que otra persona lo agarre; dónde moverte cuando entras a la habitación; cómo luchar 360 grados en una ciudad: cosas que los SEAL aprenden tan bien que podemos hacerlas hasta dormidos.

El pelotón no tenía un oficial; el mando de mayor rango era un sargento segundo, un E6 en el Cuerpo de Marines. Yo era un E5, de menor rango que él, pero a él no le importaba dejarme tener el control de los desarmes. Ya habíamos estado trabajando juntos durante un tiempo, y creo que me había ganado cierta cantidad de respeto. Además, él tampoco quería que sus hombres recibieran disparos.

«Miren, yo soy un SEAL, y ustedes son Marines», les dije a los muchachos. «Yo no soy mejor que ustedes. La única diferencia entre ustedes y yo es que yo he pasado más tiempo especializándome y entrenándome en esto que ustedes. Dejen que les ayude».

Hicimos un poco de entrenamiento durante el descanso. Le di algunos de mis explosivos a uno de los miembros del pelotón que tenía experiencia con explosivos. Hicimos un poco de repaso sobre cómo abrir cerrojos. Hasta ese momento, ellos habían tenido una cantidad tan pequeña de explosivos que principalmente habían estado derribando las puertas, lo cual, desde luego, tomaba tiempo y les hacía ser más vulnerables.

Cuando terminó el descanso, comenzamos a entrar.

DENTRO

Yo tomé la iniciativa.

Esperando fuera de la primera casa, pensé en los muchachos que veía que sacaban.

Yo no quería ser uno de ellos.

Sin embargo, podía serlo.

Era difícil sacar esa idea de mi mente. Yo también sabía que estaría metido en una mierda de problemas si resultaba herido; ir por las calles no era lo que se suponía que yo debía hacer, al menos desde un punto de vista oficial. Era sin duda correcto, lo que yo sentía que *tenía* que hacer, pero haría enojar mucho a los altos mandos.

No obstante, ese sería el menor de mis problemas si me disparaban, ¿no es cierto?

«Vamos a hacerlo», dije.

Volamos la puerta. Yo dirigí el camino, con el entrenamiento y los instintos tomando el control. Despejé la puerta principal, me hice a un lado y comencé a dirigir el tráfico. El ritmo era rápido, automático. Cuando las cosas comenzaron y empecé a moverme en la casa, algo en mi interior tomó el mando. Ya no me preocupaban las bajas. No pensaba en otra cosa excepto en la puerta, la casa, la habitación, y todo eso era más que suficiente.

AL ENTRAR A UNA CASA, NUNCA SABÍAS CON QUÉ TE IBAS A encontrar. Incluso si despejabas las habitaciones en el primer piso sin ningún problema, no podías dar por asegurado el resto de la casa. Al subir al segundo piso, podrías comenzar a tener un sentimiento de que las habitaciones estaban vacías o que no ibas a tener ningún problema allí, pero ese era un sentimiento peligroso. Nunca sabes realmente lo que hay en alguna parte. Cada habitación tenía que quedar despejada, e incluso entonces, tenías que estar en guardia. Muchas veces después de asegurar una casa, recibíamos disparos y granadas desde el exterior.

Mientras que muchas de las casas eran pequeñas y estrechas, también nos abrimos camino por una zona acomodada de la ciudad a medida que la batalla progresaba. Allí las calles estaban asfaltadas, y los edificios parecían palacios en miniatura desde fuera. Pero una vez pasada la fachada y al mirar en las habitaciones, la mayoría estaban en un estado lamentable. Cualquier iraquí que tuviera ese dinero había huido o le habían matado.

DURANTE NUESTROS DESCANSOS, YO SACABA FUERA A LOS MARINES y hacía algunos ejercicios con ellos. Mientras otras unidades estaban almorzando, yo les estaba enseñando todo lo que había aprendido sobre despejar una habitación.

«Miren, ¡no quiero perder ningún hombre!», les gritaba. No estaba dispuesto a tener ninguna discusión. Les hacía correr, pateando sus traseros mientras se suponía que estuvieran descansando. Pero eso sucede con los Marines; les doblegas y ellos regresan a buscar más.

ENTRAMOS EN UNA CASA QUE TENÍA UNA HABITACIÓN CENTRAL grande. Habíamos agarrado a los habitantes totalmente por sorpresa.

Pero yo también me llevé una sorpresa; cuando entré, vi a un grupo de hombres de pie allí con ropa de camuflaje del desierto, del antiguo tipo color marrón con manchas oscuras de Tormenta del Desierto, la Primera Guerra del Golfo. Todos ellos llevaban equipamiento. Todos eran caucásicos, incluidos uno o dos con cabello rubio, obviamente ni iraquíes ni árabes.

¿Pero qué diablos?

Nos miramos los unos a los otros. Algo se movió en mi cerebro, y yo moví el gatillo del M-16, acribillándolos a todos.

Medio segundo más de vacilación, y yo habría sido el que estaría desangrándose en el piso. Resultaron ser chechenos, musulmanes aparentemente reclutados para una guerra santa contra Occidente. (Encontramos sus pasaportes después de examinar la casa.)

VIEJO

No tengo idea de cuántas manzanas, por no hablar de cuántas casas, desarmamos. Los Marines seguían un plan cuidadosamente trazado; teníamos que estar en cierto punto para cada almuerzo, y después llegar a otro objetivo a la caída de la noche. Todo el cuerpo de invasión se movía por la ciudad con un orden coreografiado, asegurándose de que no hubiera agujeros o puntos débiles que los insurgentes pudieran usar para ponerse detrás de nosotros y atacar.

De vez en cuando nos encontrábamos con un edificio que seguía estando ocupado por familias, pero en su mayor parte, las únicas personas que veíamos eran insurgentes.

Hacíamos un examen completo de cada casa. En esta casa en particular, escuchamos débiles quejidos cuando bajamos al sótano. Allí había dos hombres colgando de cadenas en la pared. Uno estaba muerto; el otro apenas vivía. Ambos habían sido severamente torturados con descargas eléctricas y Dios sabe qué más. Los dos eran iraquíes, aparentemente retrasados mentales; los insurgentes habían querido asegurarse de que no hablarían con nosotros, pero decidieron divertirse un poco con ellos antes.

El segundo hombre murió mientras nuestro médico del ejército se ocupaba de él.

Había un cartel negro en el piso, del tipo al que los fanáticos les gusta mostrar en sus vídeos cuando decapitan a occidentales. Allí había miembros amputados, y más sangre de la que uno pueda imaginar.

Era un lugar con un olor nauseabundo.

DESPUÉS DE UN PAR DE DÍAS, UNO DE LOS FRANCOTIRADORES DE los Marines decidió bajar conmigo, y los dos comenzamos a guiar los ataques directos.

Tomábamos una casa por el lado derecho de la calle, después cruzábamos al izquierdo y tomábamos la casa al otro lado. Detrás y delante, detrás y delante. Todo eso nos llevaba mucho tiempo. Teníamos que rodear las puertas, llegar a las puertas, volar las puertas, entrar rápidamente. La escoria que estaba dentro tenía mucho tiempo para prepararse; sin mencionar el hecho de que incluso con lo que yo había aportado, nos estábamos quedando sin explosivos.

Un vehículo armado de los Marines trabajaba con nosotros, moviéndose por el centro de la calle a medida que avanzábamos. Tenía solo un arma del calibre .50, pero su verdadera ventaja era su tamaño. Ningún muro iraquí podía aguantar cuando se abalanzaba contra él.

Yo me acerqué al comandante.

«Mire, esto es lo que quiero que hagan», le dije. «Nos estamos quedando sin explosivos. Atraviesen el muro delante de la casa y lancen unas cinco ráfagas del .50 por la puerta frontal. Entonces váyanse y nosotros lo tomaremos desde ahí».

Así que comenzamos a hacerlo de esa manera, ahorrando explosivos y moviéndonos con mucha más rapidez.

Pateando las escaleras arriba y abajo, corriendo hasta el tejado, bajando de nuevo, entrando en la siguiente casa: llegamos a estar tomando de cincuenta a cien casas por día.

Los Marines tenían constitución robusta, pero yo perdí más de nueve kilos en esas seis o siete semanas que estuve en Faluya. La mayoría fue por el sudor en tierra. Era un trabajo agotador.

Los Marines eran todos ellos mucho más jóvenes que yo; prácticamente adolescentes algunos de ellos. Supongo que yo seguía teniendo un poco cara de niño, porque cuando llegábamos a charlar, y por una razón u otra les decía mi edad, ellos me miraban sorprendidos y decían: «¿De verdad tienes *esa* edad?».

Yo tenía treinta años. Un viejo en Faluya.

TAN SOLO UN DÍA MÁS

CUANDO EL ASALTO DE LOS MARINES SE ACERCÓ AL EXTREMO sureste de la ciudad, la acción en tierra en nuestra sección comenzó a extinguirse. Yo regresé a los tejados y comencé a hacer otra vez trabajo de apoyo, pensando que agarraría más objetivos desde allí. La marea de la batalla había cambiado. Estados Unidos había arrancado en su mayor parte el control de la ciudad a los malos, y ahora era solo cuestión de tiempo que la resistencia se desmoronara. Pero al estar en medio de la acción, yo no podía decirlo con seguridad.

Sabiendo que nosotros considerábamos sagrados los cementerios, los insurgentes normalmente los utilizaban para ocultar alijos de armas y explosivos. En cierto momento, estábamos escondidos vigilando los límites cercados de un gran cementerio que estaba en medio de la ciudad. De apenas una longitud de tres campos de fútbol y una anchura de dos campos de fútbol, era una ciudad de cemento de los muertos, llena de lápidas y mausoleos. Nos establecimos en un tejado cercano a una torre de oración y una mezquita que daba al cementerio.

El tejado donde estábamos era bastante elaborado. Estaba cercado con una pared de ladrillo con rejillas de hierro insertadas, lo cual nos daba excelentes posiciones de disparo; yo estaba completamente agachado y situado en mi fusil avistando por un agujero en el patrón, estudiando los caminos entre las piedras que había a unos cientos de metros. Había mucho polvo y arenilla en el aire, y llevaba puestos mis lentes de protección. También había aprendido en Faluya a mantener bien apretado mi casco, con precaución por los fragmentos de astilla y de cemento que volaban desde la albañilería destrozada durante un tiroteo.

Divisé algunas figuras que se movían por el cementerio. Enfoqué a una de ellas y disparé.

Segundos después, estábamos participando de lleno en un tiroteo. Los insurgentes no dejaban de salir de detrás de las piedras; no sé si había un túnel o de dónde salían. Saltaba munición desde la 60 cercana.

Yo estudiaba mis disparos mientras los Marines que estaban a mi alrededor descargaban fuego. Todo lo que ellos hacían se quedaba en un segundo plano mientras yo situaba cuidadosamente mi mira en un objetivo, apuntaba a la masa central del cuerpo, y entonces apretaba con mucha suavidad. Cuando la bala saltaba del cañón, era casi una sorpresa.

Mi objetivo caía. Yo buscaba otro. Y otro. Y así seguía.

Hasta que, finalmente, ya no había más. Me levanté y me moví unos metros hasta un punto donde la pared me ocultaba por completo del cementerio. Allí me quité el casco y me apoyé contra la pared. El tejado estaba lleno de proyectiles vacíos; cientos, si no miles.

Alguien compartió una gran botella de plástico de agua. Uno de los Marines apartó un poco su mochila y la utilizó como almohada, durmiendo un poco. Otro bajó al piso inferior, a la tienda que estaba en el primer piso del edificio. Era un estanco; regresó con un cartón de cigarrillos con sabor. Encendió unos cuantos, y un aroma a cereza se mezcló con el pesado olor que siempre estaba sobre Irak, un olor a aguas residuales, sudor y muerte.

Tan solo un día más en Faluya.

Las calles estaban cubiertas de astillas y diversos escombros. La ciudad, que nunca fue exactamente un escaparate, era un desastre. Botellas de agua aplastadas estaban en medio de la carretera cerca de montones de madera y metales retorcidos. Nosotros trabajábamos en uno de los bloques de edificios de tres pisos donde el primer piso estaba lleno de tiendas. Cada uno de sus toldos estaba cubierto de una gruesa capa de polvo y arenilla, convirtiendo los brillantes colores de la tela en un difuso color marrón. Escudos de metal bloqueaban la mayoría de las entradas; estaban marcados con pedazos de metralla. Algunos tenían folletos que mostraban a insurgentes buscados por el gobierno legítimo.

Tengo algunas fotografías de ese tiempo. Incluso en las escenas más comunes y menos dramáticas, los efectos de la guerra son obvios. De vez en cuando, hay una señal de la vida normal antes de la guerra, algo que no tiene nada que ver con ella: un juguete, por ejemplo.

Guerra y paz no parecen encajar bien.

EL MEJOR TIRO DE FRANCOTIRADOR JAMÁS DISPARADO

La Fuerza Aérea, los Marines y la Armada realizaban misiones de apoyo por encima de nuestras cabezas. Teníamos la confianza suficiente en ellos como para poder requerir intervenciones justamente desde la manzana.

Uno de nuestros muchachos de comunicaciones que trabajaba en una calle más adelante que nosotros estaba con una unidad que se situó bajo fuego pesado desde un edificio inundado de insurgentes. Él agarró la radio y llamó a los Marines, pidiendo permiso para requerir una intervención.

En cuanto fue aprobado, se puso en comunicación con un piloto y le dio la situación y los detalles.

«¡Peligro cerca!», advirtió por radio. «Pónganse a cubierto».

Nosotros nos ocultamos dentro del edificio. No tengo idea del tamaño de la bomba que soltó, pero la explosión hizo que las paredes temblasen. Mi compañero después informó que había derribado a treinta insurgentes, indicación del número de personas que intentaban matarnos y de lo importante que era el apoyo por aire.

Tengo que decir que todos los pilotos que teníamos por encima de nosotros eran bastante precisos. En muchas situaciones, pedíamos bombas y misiles que golpeasen a unos cientos de metros de distancia. Eso está un carajo bastante cerca cuando hablamos de cuatrocientos o más kilos de destrucción. Pero no tuvimos ningún incidente, y yo también tenía bastante confianza en que ellos podían manejar esa tarea.

UN DÍA, UN GRUPO DE MARINES QUE ESTABA CERCA DE NOSOTROS comenzó a recibir disparos desde un minarete en una mezquita a unas cuantas manzanas de distancia. Podíamos ver desde dónde estaba disparando el tirador, pero no podíamos alcanzarlo con un disparo. Él tenía una posición perfecta, capaz de controlar una buena parte de la ciudad por debajo de él.

Mientras que, normalmente, cualquier cosa relacionada con una mezquita habría estado fuera de los límites, la presencia del francotirador la convirtió en un blanco legítimo. Requerimos un ataque por aire sobre la torre, que tenía una cúpula alta y acristalada arriba, con dos conjuntos de pasarelas a su alrededor que la hacían parecer un poco como una torre de control aéreo. El tejado estaba hecho de paneles de cristal, culminado por un mástil.

Nos agachamos cuando llegó el avión. La bomba voló por el cielo, golpeó la parte superior del minarete, y atravesó directamente uno de los grandes paneles arriba. Después continuó bajando hasta un patio, allí explotó en clave baja: explotando sin mucho impacto visible.

«Mierda», dije yo. «Ha fallado. Vamos; agarremos a ese hijo de perra nosotros mismos».

Fuimos corriendo unas cuantas manzanas y entramos en la torre, subiendo por lo que nos parecía un tramo interminable de escaleras. En cualquier momento, esperábamos que la seguridad del francotirador o él mismo aparecieran por encima y comenzaran a dispararnos.

Nadie lo hizo. Cuando llegamos arriba, vimos por qué. El francotirador, que estaba él solo en el edificio, había sido decapitado por la bomba cuando atravesó la ventana.

Pero eso no fue lo único que hizo la bomba. Por casualidad, el patio donde cayó estaba lleno de insurgentes; encontramos sus cuerpos y sus armas poco tiempo después.

Creo que fue el mejor disparo de francotirador que he visto jamás.

REDISTRIBUCIÓN

Después de haber estado trabajando con la Compañía Kilo durante unas dos semanas, los comandantes llamaron a todos los francotiradores SEAL a regresar para poder redistribuirnos donde fuéramos necesarios.

«¿Qué diablos estás haciendo ahí fuera?», preguntó uno de los primeros SEAL que encontré. «Estamos oyendo la mierda de que estás en tierra».

«Sí, ahí estoy. Nadie está saliendo a la calle».

«¿Y qué diablos estás haciendo?», dijo él, apartándome a un lado. «Sabes que si nuestro oficial al mando se entera de que estás haciendo eso, estarás fuera de aquí».

Él tenía razón, pero yo me encogí de hombros. Sabía en mi corazón lo que tenía que hacer. También tenía bastante confianza en el oficial que era mi comandante inmediato.

Él era un buen tirador y su intención era hacer el trabajo que había que hacer.

Por no mencionar el hecho de que yo estaba tan lejos de tener contacto con mi comandante que habría pasado mucho tiempo para que él se enterara, y más aun para que hubiera dado la orden para sacarme de allí.

Un grupo de otros muchachos se acercó y comenzaron a estar de acuerdo conmigo: en la calle era donde necesitábamos estar. Yo no tengo idea de qué terminaron haciendo ellos; sin duda, para que conste, todos ellos se quedaron en los tejados, disparando desde ahí.

«Bueno, coño, en lugar de usar ese M-16 de los Marines», dijo uno de los muchachos de East Coast, «traje conmigo mi M-4. Puedes tomarlo prestado si quieres».

«¿De verdad?».

Lo tomé y terminé consiguiendo un montón de muertes con él. El M-16 y el M-4 son dos buenas armas; los Marines prefieren el último modelo del M-16 por diversas razones que tienen que ver con el modo en que ellos normalmente luchan. Desde luego, mi preferencia en el combate de cerca era el M-4 de cañón corto, y me alegró tomar prestada el arma de mi amigo durante el resto de mi tiempo en Faluya.

Me asignaron trabajar con la Compañía Lima, que estaba operando a unas manzanas de distancia de Kilo. Lima estaba ayudando a rellenar agujeros: derribando grupos de insurgentes que se habían colado o que habían sido pasados por alto. Ellos estaban viendo mucha acción.

Aquella noche fui y hablé con el liderazgo de la compañía en una casa que ellos habían tomado anteriormente ese mismo día. El comandante Marine ya había oído lo que yo había estado haciendo con Kilo, y después de hablar un rato, me preguntó qué quería hacer.

«Me gustaría estar en la calle con todos ustedes».

«Bien».

La Compañía Lima demostró ser otro grupo estupendo de muchachos.

NO SE LO DIGAS A MI MAMÁ

Unos días después, estábamos despejando un bloque cuando oí disparos en una calle cercana. Les dije a los Marines con quienes estaba que se quedaran allí, y entonces fui corriendo a ver si podía ayudar.

Encontré a otro grupo de Marines, que habían comenzado a recorrer un callejón y se habían encontrado con fuego pesado. Ya se habían retirado y se habían puesto a cubierto cuando yo llegué allí.

Uno de los muchachos no lo había logrado. Estaba tumbado de espaldas a unos metros de distancia, gritando de dolor.

Yo comencé a disparar y corrí para agarrarlo y retirarlo de allí. Cuando llegué hasta él, vi que estaba en bastante mal estado, con disparos en las tripas. Me agaché y puse mis brazos por debajo de los suyos, y entonces comencé a arrastrarlo hacia atrás.

De algún modo me las arreglé para tropezar mientras caminaba. Me caí de espaldas, con él encima de mí. En ese punto, estaba tan cansado y jadeante que me quedé así unos minutos, quieto en la línea de fuego mientras volaban las balas.

El muchacho tendría unos dieciocho años. Estaba realmente malherido. Podía decir que iba a morir.

«Por favor, no le digas a mi mamá que morí sufriendo», musitó.

Yo pensé: *Mierda, muchacho, ni siquiera sé quién eres. No le voy a decir nada a tu mamá.*

«Muy bien, muy bien», le dije. «No te preocupes. No te preocupes. Todo el mundo hará que suene estupendo. Realmente estupendo».

Él murió en ese momento. Ni siquiera vivió lo suficiente para oír mis mentiras sobre que todo iba a salir bien.

Llegó un grupo de Marines. Lo quitaron de encima de mí y lo metieron en la parte trasera de un Hummer.

Requerimos un ataque con bomba y derribamos las posiciones de donde habían provenido los disparos, al otro lado del callejón.

Yo regresé a mi manzana y continué la lucha.

ACCIÓN DE GRACIAS

Pensé en las bajas que había visto, y en el hecho de que yo podía ser el siguiente al que sacaran. Pero no iba a abandonar. No iba a dejar de entrar en casas o dejar de apoyarles desde los tejados. No podía decepcionar a esos jóvenes Marines con los que estaba.

Me decía a mí mismo: *Soy un SEAL. Se supone que debo ser más duro y mejor. No voy a darles la espalda.*

No es que yo pensara que era más duro o mejor que ellos. Era que sabía que ese es el modo en que la gente nos veía. Y no quería decepcionar a esas personas. No quería fallar ante sus ojos, o ante los míos.

Esa es la línea de pensamiento que nos ha sido inculcado: *Somos lo mejor de lo mejor. Somos invencibles.*

No sé si yo soy el mejor de lo mejor, pero sí sabía que si abandonaba, no lo sería.

Y ciertamente me sentía invencible. Tenía que serlo: había pasado por todo tipo de mierda sin que me mataran... hasta ese momento.

Acción de Gracias pasó mientras estábamos en medio de la batalla.

Recuerdo que me dieron mi cena de Acción de Gracias. Detuvieron el asalto durante un rato, quizá media hora, y nos llevaron comida al tejado donde nos habíamos establecido.

Pavo, puré de patatas, relleno, y verduras para diez; todo en una caja grande.

Junto. No en cajas separadas, no en compartimentos. Todo en un solo montón.

Tampoco había platos, ni tenedores, ni cuchillos, ni cucharas.

Metimos nuestras manos y comimos con los dedos. Eso fue Acción de Gracias.

Comparado con las comidas preparadas que comíamos, fue maravilloso.

ATACAR LA CIÉNAGA

ME QUEDÉ CON LIMA APENAS UNA SEMANA, Y DESPUÉS REGRESÉ a Kilo. Fue terrible escuchar quiénes habían sido golpeados y a quiénes habían perdido en el tiempo en que yo estuve fuera.

CON EL ASALTO CASI TERMINADO, NOS DIERON UNA NUEVA tarea: establecer un cordón para asegurarnos de que ningún insurgente fuese capaz de volver a entrar. Nuestro sector estaba limitado por el Éufrates, en el lado occidental de la ciudad. Desde ese momento en adelante, yo volví a ser un francotirador. Y al imaginar que mis disparos ahora serían principalmente desde mayores distancias, regresé a la .300 Win Mag.

Nos establecimos en una casa de dos pisos que miraba al río a unos cientos de metros desde el puente Blackwater. Había una zona pantanosa inmediatamente después de cruzar el río, llena por completo de malas hierbas y de todo. Estaba cerca de un hospital que los insurgentes habían convertido en su cuartel general antes de nuestro asalto, e incluso ahora la zona parecía ser un imán para esos salvajes.

Cada noche teníamos a alguien intentando entrar desde allí. Cada noche yo hacía mis disparos, derribando a uno o dos, o a veces más.

El nuevo ejército iraquí tenía un campamento cerca. A esos idiotas se les metió en la cabeza enviar algunos disparos hacia nosotros también. Cada día. Sosteníamos un panel VF por encima de nuestra posición, un indicador mostrando que éramos amigables, y los disparos seguían llegando. Llamamos por radio a sus mandos. Los disparos seguían llegando. Volvimos a llamar e insultamos a sus mandos. Los disparos seguían llegando. Lo intentamos todo para hacer que se detuvieran, casi requiriendo un ataque con bomba.

EL REGRESO DE RUNAWAY

RUNAWAY VOLVIÓ A REUNIRSE CONMIGO OTRA VEZ EN KILO. Yo ya me había calmado para entonces, y más o menos lo mantenía civilizado, aunque mis sentimientos hacia él no habían cambiado.

Supongo que tampoco lo habían hecho los de Runaway. Era patético.

Él estaba en el tejado con nosotros una noche cuando comenzamos a recibir disparos de insurgentes en algún lugar.

Yo me oculté debajo del perímetro de pared de un metro. Cuando el tiroteo amainó, miré por encima del tejado para ver de dónde habían venido los tiros. Sin embargo, estaba demasiado oscuro.

Dispararon más tiros. Todo el mundo volvió a ocultarse. Yo me agaché solo un poco, esperando ver un resplandor en la oscuridad cuando llegara el siguiente disparo. No pude ver nada.

«Vamos», dije. «No son precisos. ¿Desde dónde están disparando?».

Ninguna respuesta de Runaway.

«Runaway, busca el fogonazo», dije.

No escuché ninguna respuesta. Siguieron dos o tres disparos más, sin que yo fuese capaz de saber de dónde habían venido. Finalmente, me giré para preguntar si él había visto algo.

Runaway no estaba por ningún sitio. Se había ido al piso inferior; por lo que sé, lo único que le detuvo fue la puerta bloqueada donde los Marines estaban estableciendo la seguridad.

«Podían haberme matado allí», me dijo cuando le encontré otra vez.

Lo dejé en el piso inferior, diciéndole que enviase a uno de los Marines que estaba en la seguridad en su lugar. Al menos sabía que ese muchacho no saldría corriendo.

RUNAWAY FINALMENTE FUE TRASLADADO A OTRO LUGAR DONDE no entraría en combate. Había perdido su valor. Él mismo debería haber salido de allí. Eso habría sido vergonzoso, pero ¿cuánto más malo podría haber sido? Él tenía que pasar tiempo convenciendo a todo el mundo de que en realidad no era ningún cobarde, cuando la evidencia estaba ahí para que todo el mundo la viera.

Siendo el gran guerrero que era, Runaway declaró a los Marines que los SEAL y los francotiradores estaban siendo desperdiciados en grupos de apoyo.

«Los SEAL no deberían estar ahí. Esta no es una misión de operaciones especiales», les dijo. Pero el problema no eran solamente los SEAL, como aclaró poco después. «Esos iraquíes van a reagruparse e invadirnos».

Su predicción resultó estar un poco descaminada. Pero vaya, tiene un brillante futuro como planificador militar.

LA CIÉNAGA

NUESTRO PROBLEMA REAL ESTABA CON LOS INSURGENTES QUE utilizaban la ciénaga que cruzaba el río como cobertura. La orilla del río estaba inundada de incontables pequeñas isletas con árboles y arbustos. Aquí y allá un viejo cimiento o un montón de escombros y rocas sobresalían entre los arbustos.

Había insurgentes que salían desde la vegetación, hacían sus disparos y poco después volvían a esconderse entre los arbustos donde no se les podía ver. La vegetación era tan espesa que podían acercarse bastante no solo hasta el río sino también hasta nosotros, con frecuencia dentro de unos noventa metros sin que los viésemos. Incluso los iraquíes podían golpear algo desde esa distancia.

Para hacer las cosas incluso más complicadas, una manada de búfalos de agua vivía en la ciénaga, y de vez en cuando salían galopando. Oías algo o veías moverse la hierba y no sabías si era un insurgente o un animal.

Intentamos ser creativos, pidiendo un golpe explosivo de napalm en la ciénaga para quemar la vegetación.

Esa idea fue vetada.

A medida que se sucedían las noches, me di cuenta de que el número de insurgentes iba aumentando. Se volvió claro que yo estaba siendo examinado. A la larga, los insurgentes podrían ser capaces de conseguir suficientes hombres de modo que yo no pudiera matarlos a todos.

No es que yo no me hubiese divertido al intentarlo.

Los Marines llevaron un FAC (controlador aéreo avanzado) para requerir apoyo contra los insurgentes. El compañero al que enviaron fue un aviador Marine, un piloto, que trabajaba en rotación en tierra. Intentó algunas veces incorporar ataques aéreos, pero las peticiones fueron siempre denegadas en las cadenas de mando más altas.

En ese momento, me dijeron que había habido tanta devastación en la ciudad que no querían ningún daño colateral más. No veo cómo hacer volar un puñado de malas hierbas y fango habría hecho que Faluya se viese mucho peor de lo que ya estaba, pero entonces yo soy solamente un SEAL, y obviamente no entiendo este tipo de problemas complicados.

De todos modos, el piloto mismo era un buen tipo. No actuaba como un creído o petulante; uno no sabría que era un oficial. A todos nos caía bien y le respetábamos. Y tan solo para mostrar que no había malos sentimientos, de vez en cuando le dejábamos ponerse al fusil y echar un vistazo. Él nunca disparó ningún tiro.

Además del FAC, los Marines enviaron un escuadrón de armas pesadas, más francotiradores y entonces operadores de mortero. Ellos llevaron algunos proyectiles de fósforo blanco, e intentaron lanzarlos en un intento de quemar los arbustos. Desgraciadamente, los proyectiles solo incendiaron pequeñas zonas de la ciénaga; ardían un poco, y después se debilitaban y se extinguían porque estaba todo muy mojado.

Nuestro siguiente intento fue lanzar granadas termitas. Una granada termita es un artilugio incendiario que arde a cuatrocientos grados Fahrenheit (doscientos grados Celsius) y puede atravesar un centímetro de acero en unos segundos. Bajamos hasta el río y las lanzamos.

Eso tampoco funcionó, así que comenzamos a fabricar nuestros propios artilugios caseros. Entre los francotiradores de los Marines y los operadores de mortero, había bastante cantidad de ideas creativas centradas en esa ciénaga. De todos los planes, uno de mis favoritos personales implicaba el uso creativo de las cargas con forma de disco de «queso» que normalmente llevaban los operadores de mortero. (El disco se utiliza para impulsar balas de mortero. La distancia puede ser ajustada variando la cantidad de discos utilizados para lanzar el proyectil.) Poníamos algunos discos en un tubo, añadíamos un puñado de cuerda de detonación, un poco de gasolina y añadíamos un detonador de tiempo. Entonces arrojábamos el artilugio al otro lado del río y veíamos lo que sucedía.

Logramos tener algunas llamaradas grandes, pero nada de lo que intentamos funcionó realmente bien.

Ojalá hubiéramos tenido un lanzallamas...

La ciénaga siguió siendo un «ambiente rico en objetivos», lleno de insurgentes. Yo mismo debí haber abatido a dieciocho o diecinueve esa semana; el resto de los muchachos llevó el total hasta la cifra de los treinta o más.

El río parecía tener una fascinación especial para los malos. Mientras nosotros intentábamos diversas maneras de quemar la ciénaga, ellos estaban intentando todo tipo de cosas para cruzarla.

La más extraña implicaba pelotas de playa.

PELOTAS DE PLAYA Y DISPAROS A LARGA DISTANCIA

YO ESTABA OBSERVANDO DESDE EL TEJADO UNA TARDE CUANDO un grupo de unos dieciséis insurgentes totalmente armados salieron al descubierto. Llevaban chalecos antibalas y estaban muy bien equipados. (Más adelante descubrimos que eran tunecinos, aparentemente reclutados por uno de los grupos militares para luchar contra estadounidenses en Irak.)

Eso no era inusual en absoluto, a excepción del hecho de que también llevaban cuatro pelotas de playa muy grandes y coloridas.

Yo no podía creer realmente lo que estaba viendo; ellos se dividieron en grupos y entraron en el agua, cuatro hombres por pelota de playa. Entonces, utilizando las pelotas de playa para mantenerse a flote, comenzaron a cruzar remando con los brazos.

Mi tarea era no permitir que eso sucediera, pero no necesariamente significaba que tuviera que dispararle a cada uno de ellos. Maldición, tenía que conservar municiones para futuros tiroteos.

Le disparé a la primera pelota de playa. Los cuatro hombres comenzaron a agitar brazos y piernas para alcanzar las otras tres pelotas.

Colapso.

Le disparé a la pelota de playa número dos.

Era en cierto modo divertido.

Diablos; era *muy* divertido. Los insurgentes estaban luchando entre ellos mismos, su ingenioso plan para matar estadounidenses ahora se había vuelto contra ellos.

«Tienen que ver esto», les dije a los Marines mientras disparaba a la pelota de playa número tres.

Ellos se acercaron hasta el lado del tejado y observaron mientras los insurgentes luchaban entre ellos mismos para agarrarse a la última pelota de playa. Los que no pudieron agarrarse se hundieron enseguida y se ahogaron.

Yo los vi pelearse un rato más, y entonces le disparé a la última pelota. Los Marines sacaron al resto de los insurgentes de su miseria.

AQUELLOS FUERON MIS DISPAROS MÁS EXTRAÑOS. LOS MÁS LARGOS llegaron más o menos al mismo tiempo.

Un día, un grupo de tres insurgentes apareció en la orilla río arriba, en un rango de un kilómetro y medio. Unos cuantos habían intentado eso antes, quedándose allí, pues sabían que no les dispararíamos porque estaban muy alejados. Nuestras RDE nos permitían dispararles, pero la distancia era tan grande que en realidad no tenía sentido intentar un disparo. Aparentemente al darse cuenta de que estaban seguros, comenzaron a burlarse de nosotros como si fueran un grupo de delincuentes juveniles.

El FAC se acercó y comenzó a reírse mientras yo los miraba por el telescopio.

«Chris, nunca vas a alcanzarlos».

Bueno, yo no dije que iba a intentarlo, pero sus palabras hicieron que pareciera casi un reto. Algunos de los otros Marines se acercaron y me dijeron más o menos lo mismo.

Siempre que alguien me dice que no puedo hacer algo, eso me hace pensar que puedo hacerlo. Pero kilómetro y medio estaba tan lejos que mi telescopio ni siquiera marcaba la solución de disparo. Por lo tanto, realicé un poco de cálculo mental y ajusté mi objetivo con la ayuda de un árbol que había detrás de uno de los sonrientes idiotas insurgentes que se estaban burlando de nosotros.

Hice el disparo.

La luna, la tierra y las estrellas se alinearon. Dios sopló la bala, y disparé a ese idiota en las tripas.

Sus dos compañeros salieron pitando de allí.

«¡Atrápalos, atrápalos!», gritaban los Marines. «¡Dispárales!».

Supongo que en ese punto ellos pensaban que yo podía acertarle a cualquier cosa bajo el sol. Pero lo cierto es que había tenido mucha suerte al acertarle al que estaba apuntando; no había manera de que fuese a disparar a personas que iban corriendo.

Esa resultó ser una de mis muertes confirmadas a más distancia en Irak.

PERCEPCIONES ERRÓNEAS

La gente piensa que los francotiradores intentan tiros a tan larga distancia todo el tiempo. Aunque sí hacemos disparos a mayor distancia que la mayoría de los hombres en el campo de batalla, probablemente son mucho más cercanos de lo que la mayoría de las personas creen.

Yo nunca me enredé en medir la distancia a la que estaba disparando. Esa distancia en realidad dependía de la situación. En las ciudades, donde se produjeron la mayoría de mis muertes, ibas a disparar solamente en un rango de doscientos a cuatrocientos metros, de todos modos. Ahí es donde están tus objetivos, y por eso es ahí donde están tus disparos.

En el campo es una historia distinta. Normalmente los disparos allí estaban entre los setecientos metros y un kilómetro. Es ahí donde las armas de largo alcance como la .338 eran prácticas.

Alguien me preguntó una vez si yo tenía una distancia favorita. Mi respuesta fue fácil: cuanto más cerca mejor.

Como mencioné antes, otra percepción equivocada que tiene la gente sobre los francotiradores es que siempre apuntamos a la cabeza. Personalmente, yo casi nunca apunto a la cabeza, a menos que esté absolutamente seguro de que voy a acertar el tiro. Y eso es raro en el campo de batalla.

Prefiero apuntar a la masa central: disparar al centro del cuerpo. Tengo mucho espacio con el que contar. Independientemente de dónde le golpee, caerá.

DE REGRESO A BAGDAD

DESPUÉS DE UNA SEMANA EN EL RÍO, ME SACARON DE ALLÍ, intercambiando lugares con otro francotirador SEAL que había resultado herido poco antes en la operación y estaba preparado para regresar a la acción. Yo ya había tenido mi parte de muertes como francotirador; era momento de dejar que otro lo intentara.

El mando volvió a enviarme a Camp Faluya durante unos días. Fue uno de los pocos descansos en la guerra que en realidad me alegró tener. Después del ritmo de la batalla en la ciudad, sin duda estaba preparado para unas breves vacaciones. Las comidas calientes y las duchas resultaron estupendas.

Después de relajarme durante algunos días, me ordenaron regresar a Bagdad para trabajar otra vez con la GROM.

Íbamos de camino a Bagdad cuando nuestro Hummer fue alcanzado por una mina casera enterrada. El explosivo improvisado explotó justo debajo de nosotros; todos los que iban en los vehículos tuvieron un ataque de pánico, excepto un muchacho que había estado en Faluya desde el comienzo del asalto y yo. Nos miramos el uno al otro, guiñamos un ojo, después cerramos nuestros ojos y volvimos a dormir. Comparado con el mes de explosiones y la mierda que acabábamos de pasar, aquello no era nada.

MIENTRAS YO ESTABA EN IRAK, MI PELOTÓN FUE ENVIADO A LAS Filipinas en una misión a fin de entrenar al ejército local para luchar contra terroristas radicales. No era exactamente la tarea más emocionante. Finalmente, con esa misión completada, fueron enviados a Bagdad.

Yo fui con algunos otros SEAL al aeropuerto para saludarles.

Y esperaba una gran bienvenida; finalmente mi familia estaba llegando.

Ellos se bajaron del avión diciéndome palabrotas y groserías.

«Hola, cabrón».

Y cosas mucho peores que eso. Como todo lo demás que hacen, los SEAL destacan en ser malhablados.

Celos, tu nombre es SEAL.

Yo me había preguntado por qué no había escuchado nada de ellos durante los últimos meses. De hecho, me preguntaba por qué estaban celosos; por lo que sabía, no habían oído nada sobre lo que yo había estado haciendo.

Llegué a enterarme de que mi jefe les había estado dando informes después de la acción sobre mi trabajo como francotirador en Faluya. Ellos habían estado sentados por allí dándole la mano a los filipinos y aborreciendo la vida, mientras que yo había estado en toda la diversión.

Se sobrepusieron a todo eso. Finalmente incluso me pidieron que hiciera una pequeña presentación sobre lo que yo había hecho, completa, con indicadores y otras cosas. Una oportunidad más de utilizar PowerPoint.

DIVERSIÓN CON LOS GRANDES

Ahora que habían regresado, me sumé a ellos y comenzamos a realizar algunas AD. Inteligencia encontraba a alguien que fabricaba bombas caseras o quizá un patrocinador, nos daba la información, y nosotros entrábamos y le agarrábamos. Le golpeábamos muy temprano en la mañana: volábamos su puerta, entrábamos al interior y le agarrábamos antes siquiera de que tuviera oportunidad de salir de la cama.

Eso continuó durante un mes. Para entonces, las acciones directas eran como una vieja rutina; eran muchísimo menos peligrosas en Bagdad que en Faluya.

Estábamos viviendo cerca del aeropuerto internacional de Bagdad, y trabajábamos desde allí. Un día, mi jefe llegó y me mostró una sonrisa de jefe.

«Tienes que divertirte un poco, Chris», me dijo. «Necesitas hacer un trabajo de PSD».

Él estaba utilizando el sarcasmo de los SEAL. PSD significa «detalle de seguridad personal»: tarea de guardaespaldas. El pelotón había sido asignado a proporcionar seguridad para oficiales iraquíes de alto rango. Los insurgentes habían comenzado a secuestrarlos, intentando afectar al gobierno. Era una tarea bastante desagradecida. Hasta entonces yo había podido evitarla, pero parecía que me había quedado sin mi estela de humo de ninja. Me fui y llegué al otro lado de la ciudad y a la Zona Verde. (La Zona Verde era una parte de Bagdad central que fue creada como una zona de seguridad para los aliados y el nuevo gobierno iraquí. Estaba físicamente separada del resto de la ciudad por muros de cemento y alambre de espinos. Había solo unos cuantos lugares para entrar y salir, y estaban bajo un estricto control. Las embajadas de Estados Unidos y otros aliados estaban situadas allí, al igual que los edificios de gobierno iraquíes.)

Duré allí una semana entera.

Los oficiales iraquíes, así llamados, se destacaban por no decirles a sus escoltas cuáles eran sus calendarios ni darles detalles de quién iba a viajar con ellos. Dado el nivel de seguridad en la Zona Verde, ese era un problema importante.

Yo actuaba como «avanzadilla». Eso significaba que iba por delante de un convoy oficial, asegurándome de que la ruta era segura, y luego estaba en el punto de seguridad e identificaba a los convoyes cuando los vehículos lo atravesaban. De esa manera los vehículos iraquíes podían moverse rápidamente por los controles sin convertirse en objetivos.

Un día, yo era la avanzadilla para un convoy que incluía al vicepresidente iraquí. Ya había comprobado la ruta y llegué a un control de Marines fuera del aeropuerto.

Bagdad International estaba al otro lado de la ciudad desde la Zona Verde. Aunque los terrenos en sí eran seguros, la zona que lo rodeaba y la carretera que conducía hasta la puerta aún soportaban disparos ocasionales. Era un objetivo principal del terrorismo, ya que los insurgentes podían imaginar fácilmente que cualquiera que entrara o saliera estaba relacionado de alguna manera con los estadounidenses o con el nuevo gobierno iraquí.

Yo estaba en comunicación por radio con uno de mis muchachos en el convoy. Él me dio los detalles de quién iba en el grupo, cuántos vehículos teníamos, y cosas parecidas. También me dijo que tenía delante un Hummer del ejército y otro a sus espaldas: indicadores sencillos que yo podía transmitir a los guardias.

El convoy llegó rápidamente, con el Hummer delante. Contamos los vehículos y, vaya, allí estaba el último Hummer en la parte trasera.

Todo bien.

De repente, aparecieron otros dos vehículos tras ellos en rápida persecución.

Los Marines me miraron.

«Esos dos no son míos», les dije.

«¿Qué quieres que hagamos?».

«Saquen su Hummer y lancen ese .50 sobre ellos», grité, sacando mi M-4.

Salté a la carretera, con mi arma preparada, esperando captar su atención.

Ellos no se detuvieron.

Detrás de mí, el Hummer se había apartado, y el tirador estaba asegurado y cargado. Aún sin estar seguro de si se trataba de un secuestro o de algunos vehículos perdidos, hice un disparo de advertencia.

Los autos giraron y siguieron por el camino contrario.

¿Secuestro frustrado? ¿Terroristas suicidas que habían perdido su valor?

No. Supimos que eran dos amigos del vicepresidente. Él había olvidado decirnos que ellos estarían.

A él no le agradó mucho eso; y a mis mandos tampoco les agradó. Me despidieron de mi tarea como guardaespaldas, lo cual no habría sido del todo malo excepto porque entonces tuve que pasar la siguiente semana sentado en la Zona Verde sin hacer nada.

El liderazgo de mi pelotón intentó hacerme regresar para algunas acciones directas; pero el superior había decidido hacérmela pagar un poco, y me mantuvo mordiéndome las uñas. Esa es la peor tortura para un SEAL: estar fuera de la acción.

Afortunadamente, no me tuvieron allí demasiado tiempo.

CALLE HAIFA

En diciembre de 2005, Irak se preparaba para elecciones nacionales, las primeras desde la caída de Saddam; y las primeras libres y justas que el país había realizado nunca. La insurgencia estaba haciendo todo lo posible para detenerlas. Oficiales elegidos estaban siendo secuestrados en la derecha y en la izquierda. Otros eran ejecutados en las calles.

Eso sí que es una campaña negativa.

La calle Haifa en Bagdad era un lugar particularmente peligroso. Después que tres oficiales electos fuesen asesinados allí, el ejército creó un plan para proteger a los oficiales en la zona.

La estrategia requería que francotiradores hicieran tareas de apoyo.

Yo era un francotirador. Y estaba disponible. Ni siquiera tuve que levantar mi mano.

Me sumé a una unidad del ejército de la Guardia Nacional de Arkansas, un buen grupo de buenos tipos, todos ellos guerreros.

LAS PERSONAS QUE ESTÁN ACOSTUMBRADAS A LA SEPARACIÓN tradicional entre las diferentes ramas del ejército pueden pensar que es inusual que un SEAL esté trabajando con la Armada, o incluso con los Marines. Pero los cuerpos estaban con frecuencia bien integrados durante mi tiempo en Irak.

Cualquier unidad podía hacer una PF (Petición de Fuerzas). Esa petición se cumplía entonces con cualquier servicio que estuviera disponible. Por lo tanto, si una unidad necesitaba francotiradores, como sucedió en este caso, cualquier rama que tuviera francotiradores disponibles los enviaba.

Siempre hay idas y venidas entre marineros, soldados y Marines. Pero yo vi mucho respeto entre las diferentes ramas, al menos durante la lucha. Sin duda, la mayoría de los Marines y soldados con quienes luché me parecieron de primer orden. Están las excepciones, pero también hay excepciones en la Marina.

EL PRIMER DÍA QUE ME PRESENTÉ PARA MI NUEVA TAREA PENSÉ que necesitaría un intérprete. A algunas personas les gusta molestarme por mi acento texano, pero estos palurdos: qué mierda. La información importante llegaba de los veteranos alistados y los oficiales, que hablaban inglés regular. Pero los soldados y los novatos salidos directamente de los lugares rústicos podrían haber estado hablado chino, en cuanto a mí.

Comenzamos a trabajar en la calle Haifa, cerca de donde habían sido asesinados los tres oficiales electos. La Guardia Nacional aseguró un edificio de apartamentos para usarlo como escondite. Entonces yo entré, escogí un apartamento y me establecí allí.

La calle Haifa no era exactamente Hollywood Bulevar, aunque era el lugar donde estar si eras un malo. La calle tenía unos tres kilómetros, desde la Puerta de los Asesinos hasta el final de la Zona Verde y hasta el noroeste. Fue el escenario de numerosos tiroteos y batallas con pistolas, todo tipo de ataques con bombas caseras, secuestros, asesinatos;

todo lo que se ocurra sucedía en Haifa. Soldados estadounidenses le pusieron el nombre de Bulevar Corazón Púrpura.

Los edificios que utilizábamos para vigilancias de apoyo tenían una altura de quince o dieciséis pisos, y tenían una vista dominante de la carretera. Nos movíamos por allí hasta donde podíamos, cambiando de ubicaciones para desequilibrar a los insurgentes. Había un incontable número de escondrijos en los estrechos edificios que estaban más allá de la carretera inmediata, arriba y abajo de la calle. Los malos no tenían que viajar mucho para ponerse a trabajar.

Los insurgentes aquí eran una verdadera mezcla; algunos eran muyahidines, anteriormente baath o tipos del ejército iraquí. Otros eran leales a al-Qaeda en Irak o Sadr, o algún otro de los locos que había allí. Al principio vestían de negro o a veces con esos fajines verdes, pero cuando se dieron cuenta de que eso los destacaba, recurrieron a vestir ropa normal de civiles, como todos los demás. Querían mezclarse con los civiles para que fuera más difícil para nosotros saber quiénes eran. Eran unos cobardes, que no solo se escondían detrás de mujeres y niños, sino que también probablemente esperaban que matásemos a las mujeres y los niños, ya que en sus mentes eso ayudaba a su causa haciendo que nosotros nos viéramos mal.

Una tarde, yo observaba a un adolescente que estaba esperando el autobús en los bajos de donde yo estaba. Cuando el autobús llegó y se detuvo, un grupo de adolescentes mayores y jóvenes adultos se bajó. De repente, el muchacho al que yo observaba se dio vuelta y comenzó a caminar con mucha rapidez en dirección contraria.

El grupo le alcanzó rápidamente. Uno de ellos sacó una pistola y puso su brazo alrededor del cuello del chico.

En cuanto hizo eso, yo comencé a disparar. El muchacho al que yo protegía se fue corriendo. Abatí a dos o tres de sus secuestradores en potencia; los otros se alejaron.

Los hijos de los oficiales electos eran un blanco favorito. Los insurgentes utilizaban las familias para presionar a los oficiales a que se retiraran. O simplemente mataban a los familiares como advertencia a otros para que no ayudasen al gobierno a realizar las elecciones o para que no votaran.

LASCIVO Y SURREAL

UNA TARDE, TOMAMOS LO QUE PENSÁBAMOS QUE ERA UN apartamento abandonado, ya que estaba vacío cuando llegamos. Yo iba rotando con otro francotirador, y mientras estaba fuera de servicio, fui a echar un vistazo para ver si había algo que pudiera utilizar para hacer que el escondite fuera más cómodo.

En un cajón abierto de una cómoda vi ropa interior sexy. Medias, camisones: ropa muy sugerente.

Aunque no de mi talla.

Siempre había una mezcla extraña y casi surrealista de cosas dentro de los edificios, objetos que parecían estar fuera de lugar bajo las mejores circunstancias. Como los neumáticos que encontramos en el tejado en Faluya, o la cabra que encontramos en el cuarto de baño de un apartamento en la calle Haifa.

Yo veía algo, y después me pasaba el resto del día preguntándome cuál sería la historia. Después de un tiempo, lo extraño llegaba a parecer natural.

No tan sorprendentes eran las antenas parabólicas de televisión y satélite. Estaban por todas partes. Incluso en el desierto. Muchas veces llegábamos a un pequeño asentamiento nómada con tiendas como casas y nada más excepto un par de animales y terreno abierto a su alrededor. Y aun así, estaban repletos de antenas parabólicas.

LLAMADA A CASA

UNA NOCHE, YO FORMABA PARTE DE UN GRUPO DE APOYO Y LAS cosas estaban tranquilas. Las noches normalmente eran lentas en Bagdad. Los insurgentes por lo general no atacaban entonces, porque sabían que teníamos la ventaja con nuestra tecnología, incluido nuestro equipo de visión nocturna y sensores infrarrojos. Por lo tanto, pensé en tomar un minuto y llamar a mi esposa en casa, solo para decirle que pensaba en ella.

Tomé nuestro teléfono por satélite y marqué el número de casa. La mayoría de las veces, cuando hablaba con Taya, le decía que estaba de regreso en la base, aunque en realidad estuviera en un grupo de apoyo o en el campo en algún lugar. No quería que ella se preocupara.

Esa noche, por alguna razón, le dije lo que estaba haciendo.

«¿Es correcto hablar?», me preguntó.

«Oh sí, todo está bien», le dije. «No sucede nada».

Bueno, quizá había pronunciado otras dos o tres frases con mi boca cuando alguien comenzó a dispararle al edificio desde la calle.

«¿Qué es eso?», preguntó ella.

«Ah, nada», dije yo con aire despreocupado.

Desde luego, el tiroteo se fue haciendo más fuerte mientras las palabras salían de mi boca.

«¿Chris?».

«Bueno, creo que voy a tener que irme ahora», le dije.

«¿Estás bien?».

«Sí, sí. Todo va bien». Mentí. «No pasa nada. Hablaremos más tarde».

Justo entonces, un explosivo casero golpeó la pared exterior que estaba cerca de mí. Parte del edificio me golpeó en la cara, produciéndome un par de hermosas marcas y tatuajes temporales por cortesía de la insurgencia.

Dejé el teléfono y comencé a devolver los disparos. Divisé a los tipos en la calle y derribé uno o dos; los francotiradores que estaban conmigo derribaron a unos cuantos más antes de que el resto saliera pitando de allí.

Cuando terminó la lucha, agarré el teléfono. Se habían gastado las baterías, así que no pude volver a llamar.

Las cosas estuvieron ocupadas durante unos cuantos días, y no fue hasta que pasaron dos o tres días que pude finalmente tener la oportunidad de llamar a Taya y ver cómo estaba.

Ella comenzó a llorar en cuanto respondió al teléfono.

Resulta que en realidad yo no había puesto fin a la llamada antes de dejar el teléfono, y ella había oído todo el tiroteo, completo con disparos y palabrotas, antes de que las baterías finalmente se agotaran. Lo cual, desde luego, sucedió de repente, añadiéndose a la ansiedad.

Yo intenté calmarla, pero dudo de que lo que le dije aquietara su mente.

Ella siempre era un buen apoyo, y siempre insistía en que no tenía que ocultarle cosas. Afirmaba que su imaginación era mucho peor que cualquier cosa que realmente pudiera sucederme.

No estoy seguro de eso.

HICE ALGUNAS OTRAS LLAMADAS A CASA EN LOS DESCANSOS EN las batallas durante mis despliegues. El ritmo general de la acción era tan intenso y continuo que no había muchas alternativas. Esperar hasta regresar a nuestro campamento podría significar esperar durante una semana o más. Y aunque yo también llamaba entonces, si podía, no siempre era posible.

Y yo me acostumbré a las batallas. Recibir disparos era sencillamente parte del trabajo. ¿Lanzagranadas de mano? Tan solo otro día en la oficina.

Mi papá tiene una historia sobre oír mi voz un día en el trabajo cuando yo no había tenido oportunidad de llamar durante un tiempo. Él respondió al teléfono y se sorprendió al oír mi voz.

Quedó incluso más sorprendido cuando yo hablaba susurrando.

«Chris, ¿por qué hablas tan bajito?», me preguntó.

«Estoy en una operación, papá. No quiero que sepan dónde estoy».

«Ah», respondió él, un poco sacudido.

Dudo de que yo estuviera lo bastante cerca para que el enemigo pudiera oír algo, pero mi padre jura que unos segundos después, se oyeron disparos.

«Tengo que irme», dije yo, antes de que él tuviera oportunidad de saber qué era ese sonido. «Volveré a llamar».

Según mi padre, yo llamé dos días después para disculparme por haber colgado tan abruptamente. Cuando él me preguntó si había oído el comienzo de un tiroteo, yo cambié de tema.

CONSTRUIR MI REPUTACIÓN

Aún me dolían las rodillas por haber estado inmovilizado bajo los escombros en Faluya. Intenté conseguir inyecciones de cortisona, pero no pude. No quería presionar demasiado: tenía miedo a que me retiraran debido a mi lesión.

De vez en cuando tomaba Motrin y me ponía hielo; eso era prácticamente todo. En la batalla, desde luego, estaba bien; cuando la adrenalina está al máximo, no sientes nada.

Incluso con el dolor, me encantaba lo que estaba haciendo. Quizá la guerra no sea realmente divertida, pero sin duda a mí me gustaba. Encajaba conmigo.

A esas alturas, ya tenía reputación como francotirador. Tenía muchas muertes confirmadas. Era una cifra bastante buena para un periodo de tiempo tan corto; o para cualquier periodo, en realidad.

A excepción de los muchachos del Equipo, la gente en realidad no conocía mi nombre ni mi rostro. Pero había rumores por ahí, y mi estancia aquí añadía a mi reputación, tal como era.

Parecía que en cualquier lugar donde yo me establecía, conseguía un objetivo. Eso comenzó a enojar a algunos de los otros francotiradores, que podían pasarse turnos enteros e incluso días sin ver a *nadie*, y mucho menos a un insurgente.

Un día, Smurf, un compañero SEAL, comenzó a seguirme cuando yo entré en un apartamento.

«¿Dónde te vas a situar?», me preguntó.

Yo miré por allí y encontré un lugar que pensé que parecía bueno.

«Justo aquí», le dije.

«Bien. Pues sal pitando de aquí. Yo voy a ocupar este lugar».

«Bueno, pues ocúpalo tú», le dije. Y me fui a encontrar otro lugar; y poco después derribé un objetivo desde allí.

Durante un tiempo no parecía importar lo que yo hiciera, pues sucedían cosas delante de mí. Yo no inventaba los incidentes; tenía testigos para todos mis disparos. Quizá yo viera un poco más allá, o quizá anticipara los problemas mejor que otras personas. O lo más probable era que sencillamente tenía suerte.

Suponiendo que ser un objetivo para personas que quieren matarte pueda ser considerado suerte.

Una vez estábamos en una casa en la calle Haifa, donde teníamos tantos francotiradores que el único lugar posible desde donde disparar era una diminuta ventana arriba de un inodoro. Yo tuve que estar de pie todo el tiempo.

Aun así conseguí dos muertes.

Yo era un cabrón con suerte.

UN DÍA, LA INTELIGENCIA NOS INFORMÓ QUE LOS INSURGENTES estaban utilizando un cementerio en el extremo de una ciudad cercana a Camp Independence en el aeropuerto para esconder armas y lanzar ataques. La única manera de poder tener visión del lugar era subirme a una grúa muy, muy alta. Una vez arriba, entonces tenía que salir a una plataforma muy fina.

No sé a qué altura llegué. No quiero saberlo. Las alturas no son mis cosas favoritas; solo pensarlo hace que se me revuelva el estómago.

La grúa sí me proporcionaba una buena vista del cementerio, que estaba a unos setecientos metros de distancia.

Nunca hice un disparo desde allí. Nunca vi nada aparte de gente que lloraba y funerales. Pero valió la pena intentarlo.

Además de buscar a personas con explosivos caseros, teníamos que estar alerta a las bombas mismas. Estaban por todas partes; en ocasiones, incluso en los edificios de apartamentos. Un equipo escapó por poco una tarde, pues los explosivos detonaron justamente después que ellos hubieran bajado y salido del edificio.

La Guardia estaba usando Bradley para moverse. El Bradley se parece un poco a un tanque, ya que tiene una torreta y una ametralladora arriba, pero en realidad es un vehículo de transporte de personal y vigilancia, dependiendo de su configuración.

Creo que tiene espacio para seis personas en el interior. Nosotros intentábamos meter a ocho o diez. Hacía calor, estaba húmedo y se sentía claustrofóbico. A menos que estuvieras sentado al lado de la rampa, no podías ver nada. En cierto modo te aguantabas y esperabas a llegar dondequiera que te llevaran.

Un día, los Bradley nos recogieron después de una operación. Acabábamos de salir de Haifa por una de las calles laterales cuando, de repente, *bum*. Habíamos sido alcanzados por un masivo explosivo casero. La parte trasera del vehículo se levantó y volvió a caer. El interior se llenó de humo.

Yo podía ver al muchacho que tenía enfrente mover su boca, pero no oía ni una sola palabra: la explosión me había dejado sin audición.

Lo siguiente que supe es que el Bradley comenzó a moverse otra vez. Era un vehículo fuerte. De regreso en la base, el comandante en cierto modo le quitó importancia.

«Ni siquiera le sacó los raíles», dijo. Casi parecía decepcionado.

Es un cliché, pero es cierto: formas estrechas amistades en la guerra. Y entonces, de modo repentino, las circunstancias cambian. Yo hice una buena amistad con dos muchachos en la unidad de la Guardia, realmente buenos amigos; confiaba en ellos con toda mi vida.

Hoy no podría decirte sus nombres si mi vida dependiera de ello. Y ni siquiera estoy seguro de que pueda describirlos de una manera que te mostrase por qué eran especiales.

Los muchachos de Arkansas y yo parecíamos llevarnos muy bien cuando estábamos juntos, quizá porque todos éramos simplemente muchachos de campo.

Bueno, ellos eran unos palurdos. Tienes al cuello rojo normal como yo, y después tienes al palurdo, que es un animal significativamente diferente.

ADELANTE

Las elecciones llegaron y pasaron.

Los medios de comunicación en Estados Unidos dieron mucho bombo a las elecciones del gobierno iraquí, pero no significó mucho para mí. Ni siquiera estaba fuera ese día; lo vi por televisión.

Yo nunca creí realmente que los iraquíes convirtieran el país en una democracia que funcionase de verdad, pero pensé en cierto momento que había una oportunidad. No sé si creo eso ahora. Es un lugar bastante corrupto.

Pero yo no arriesgué mi vida para llevar la democracia a Irak. Arriesgué mi vida por mis compañeros, para proteger a mis amigos y mis compatriotas. Fui a la guerra por *mi* país, no por Irak. Mi país me envió allí para que la mierda no regresara otra vez a nuestras costas.

Ni una sola vez luché por los iraquíes. Ellos no me importaban ni un carajo.

Poco tiempo después de las elecciones, me enviaron de regreso a mi pelotón de los SEAL. Nuestro tiempo en Irak se iba terminando, y yo comenzaba a mirar con emoción el regreso a casa.

Estar en el campamento en Bagdad significaba que tenía mi propio pequeño cuarto. Mi equipo personal llenaba cuatro o cinco cajas de crucero, dos cajas Stanley con ruedas, y varias mochilas (las cajas de crucero son los equivalentes modernos de las taquillas; son resistentes al agua y apenas miden un metro de longitud). En el despliegue, tenemos mucho equipaje.

También tenía un televisor. Todas las últimas películas estaban en DVD pirateados que se vendían en las calles de Bagdad por cinco dólares. Yo compré una serie de películas de James Bond, algunas de Clint Eastwood, John Wayne; me encanta John Wayne. Me encantan especialmente sus películas de vaqueros, lo cual tiene sentido, supongo. *Río Bravo* puede que sea mi favorita.

Además de las películas, pasaba tiempo jugando a juegos de computadora: Command y Conquer llegaron a ser mis favoritos. Smurf tenía una PlayStation, y comenzamos a jugar Tiger Woods.

Yo le pateé el trasero.

AD, HELICÓPTEROS Y ALTURAS

CON BAGDAD CALMÁNDOSE, AL MENOS POR EL MOMENTO, LOS mandos decidieron que querían abrir una base SEAL en Habbaniyah.

Habbaniyah está a diecinueve kilómetros al este de Faluya, en la provincia de Anabar. No era tanto el semillero de la insurgencia que había sido Faluya, pero tampoco era San Diego. Esta es la zona donde antes de la Primera Guerra del Golfo, Saddam construyó plantas químicas dedicadas a fabricar armas de destrucción masiva, como gas nervioso y otros agentes químicos. No había muchos que apoyaran a Estados Unidos allí.

Sin embargo, había una base de la Armada de Estados Unidos, dirigida por el famoso Regimiento 506: la Banda de hermanos. Acababan de regresar de Corea y, para ser educado, no tenían un carajo de idea de lo que se trataba Irak. Supongo que todo el mundo tiene que aprender por el camino difícil.

Habbaniyah resultó ser un verdadero dolor en el trasero. Nos habían dado un edificio abandonado, pero ni se acercaba a ser adecuado para lo que necesitábamos. Tuvimos que construir un TOC (mando de operaciones tácticas) para albergar todas las computadoras y el equipo de comunicaciones que ayudaban a apoyarnos durante nuestras misiones.

Nuestra moral se hundió. No estábamos haciendo nada útil por la guerra; trabajábamos como carpinteros. Es una profesión honrosa, pero no es la nuestra.

Taya:

Fue en este despliegue cuando los médicos le hicieron análisis y, por alguna razón, pensaron que Chris tenía tuberculosis. Los médicos le dijeron que al final moriría por la enfermedad.

Recuerdo hablar con él justamente después de que le dieran la noticia. Él era fatalista al respecto. Ya había aceptado que iba a morir, y quería hacerlo allí, y no en casa por una enfermedad con la que no podía luchar con un arma o con sus puños.

«No importa», me dijo. «Moriré y tú encontrarás a otra persona. Las personas mueren aquí todo el tiempo, y sus esposas siguen adelante y encuentran a otra persona».

Yo intenté explicarle que él era insustituible para mí. Cuando eso no pareció inmutarle, intenté otro punto igualmente válido. «Pero tú tienes a nuestro hijo», le dije.

«¿Y qué? Encontrarás a otra persona y ese hombre le criará».

Creo que él veía la muerte con tanta frecuencia que comenzó a creer que las personas eran reemplazables.

Eso me partió el corazón. Él de verdad creía eso. Aún aborrezco pensar ello.

Él pensaba que morir en el campo de batalla era lo máximo. Yo intenté convencerle de lo contrario, pero no me creyó.

Le hicieron otra vez los análisis, y Chris estaba limpio. Pero su actitud en cuanto a la muerte permaneció.

Cuando el campamento quedó establecido, comenzamos a realizar acción directa. Nos daban el nombre y la ubicación de un posible insurgente, entrábamos en su casa en la noche, y entonces regresábamos y los depositábamos a él y cualquier otra evidencia que hubiéramos recopilado en el DIF: Instalación de Detención e Interrogatorio, una cárcel básicamente.

Hacíamos fotografías a lo largo del camino. No íbamos haciendo turismo; estábamos cubriendo nuestros traseros, y más importante, los de nuestros comandantes. Las fotografías demostraban que no le habíamos torturado.

La mayoría de esas operaciones eran rutina, sin muchos problemas y casi nunca ninguna resistencia. Sin embargo, una noche uno de nuestros muchachos entró en una casa donde un iraquí bastante corpulento decidió que no quería colaborar amablemente. Comenzó a forcejear.

Ahora bien, desde nuestra perspectiva, nuestro hermano SEAL se estaba quitando la mierda de encima. Según el SEAL en cuestión, él en realidad se resbaló y no tenía necesidad alguna de ayuda.

Supongo que se puede interpretar como se quiera. Todos entramos enseguida y agarramos al gordinflón antes de que pudiera causar mucho daño. Nuestro amigo aguantó burlas sobre su «caída» durante algún tiempo.

EN LA MAYORÍA DE ESAS MISIONES, TENÍAMOS FOTOGRAFÍAS DE la persona que debíamos capturar. En ese caso, el resto de la información tendía a ser bastante precisa. El tipo estaba casi siempre donde se suponía que estaría, y las cosas seguían bastante bien el bosquejo que habíamos trazado.

Pero algunos casos no resultaban tan sencillos. Comenzamos a darnos cuenta de que si no teníamos una fotografía, la información era cuestionable. Sabiendo que los estadounidenses capturarían a un sospechoso, las personas usaban tácticas para zanjar quejas o peleas. Hablaban con el ejército o con alguna otra autoridad, asegurando que alguna persona ayudaba a la insurgencia o había cometido algún otro delito.

Apestaba para la persona a la que arrestábamos, pero a mí no me resultaba claro todo aquello. Era tan solo un ejemplo más de lo jodido que estaba el país.

CRÍTICAS Y DUDAS

UN DÍA, EL EJÉRCITO PIDIÓ UN FRANCOTIRADOR DE APOYO PARA un convoy 506 que estaba llegando a la base.

Yo fui con un pequeño equipo y tomamos un edificio de tres o cuatro pisos. Me establecí en el último piso y comencé a examinar la zona. Poco después apareció el convoy por la carretera. Mientras yo observaba la zona, un hombre salió de un edificio cercano a la carretera y comenzó a maniobrar en la dirección que el convoy iba a tomar. Tenía un AK.

Yo le disparé. Él cayó.

El convoy continuó su paso. Un grupo de otros iraquíes salió y se reunió en torno al tipo al que yo le había disparado, pero nadie que yo pudiera ver hizo ningún movimiento amenazador hacia el convoy o parecía estar en una posición de atacar, así que no disparé.

Unos minutos después, oí por radio que el ejército enviaba una unidad para investigar por qué le disparé.

¿Cómo?

Yo ya le había dicho al mando del ejército por radio lo que había sucedido, pero regresé a la radio y lo repetí. Quedé sorprendido; ellos no me creían.

Un comandante de tanque salió e interrogó a la esposa del hombre muerto. Ella le dijo que su esposo iba de camino a la mezquita y llevaba un Corán.

Vaya. La historia era ridícula, pero el oficial, quien supongo que no había estado en Irak mucho tiempo, no me creyó. Los soldados comenzaron a buscar el rifle, pero a esas alturas habían estado tantas personas en la zona que hacía mucho tiempo que ya no estaba.

El comandante de tanque señaló mi posición. «¿Llegó desde allí?».

«Sí, sí», dijo la mujer, quien, por supuesto, no tenía ni idea de dónde había salido el disparo, ya que ella no había estado en ningún lugar cercano. «Sé que es del ejército, porque lleva un uniforme del ejército».

Ahora bien, yo estaba dos habitaciones más abajo, con una pantalla delante de mí, vistiendo una chaqueta gris sobre mi camiseta SEAL. Quizá ella había alucinado en su tristeza, o quizá dijo cualquier cosa que pensaba que me causaría a mí dolor.

Fuimos llamados a la base y todo el pelotón quedó fuera de servicio. Me dijeron que yo no estaba «operacionalmente disponible»; quedé confinado en la base hasta que el 506 investigase más profundamente el incidente.

El coronel quería interrogarme. Mi oficial me acompañó.

Todos estábamos enojados. Se habían seguido las RDE; yo tenía muchos testigos. Fueron los «investigadores» del ejército los que lo habían fastidiado.

Yo tuve problemas para contener mi lengua. En cierto momento, le dije al coronel del ejército: «Yo no disparo a personas con un Corán; me gustaría hacerlo, pero no lo hago». Supongo que estaba un poco caliente.

Bueno, después de tres días y solo Dios sabe cuánta cantidad de «investigación» más, él finalmente entendió que había sido una muerte justificada y desestimó el asunto. Pero cuando el regimiento pidió más grupos de apoyo, les dijimos que se fueran al carajo.

«Cada vez que dispare a alguien, ustedes van a intentar hacer que me ejecuten», dije yo. «De ninguna manera».

De todos modos, íbamos a regresar a casa en dos semanas. Aparte de unas cuantas acciones directas más, pasé la mayor parte de ese tiempo jugando videojuegos, viendo porno y haciendo ejercicio.

TERMINÉ ESE DESPLIEGUE CON UN ELEVADO NÚMERO DE MUERTES confirmadas. La mayoría se produjeron en Faluya.

Carlos Norman Hathcock II, el miembro más famoso de la profesión de francotirador, una verdadera leyenda y un hombre a quien admiro, sumó noventa y tres muertes confirmadas durante sus tres años de recorridos en la Guerra de Vietnam.

No estoy diciendo que yo estuviera a su altura (en mi mente, él era y siempre será el *mejor* francotirador de todos los tiempos), pero en meras cifras, al menos, yo estaba lo bastante cerca para que las personas comenzaran a pensar que yo había hecho un trabajo fantástico.

8

CONFLICTOS FAMILIARES

Taya:

Salimos a la pista a esperar el avión cuando llegase. Había algunas esposas e hijos. Yo salí con nuestro bebé y me sentía muy emocionada. Estaba en las nubes.

Recuerdo girarme hacia una de las mujeres con las que estaba y decir: «¿No es estupendo? ¿No es emocionante? No puedo aguantar».

Ella dijo: «Bueno...».

Pensé: Bien, quizá yo soy nueva en esto.

Más adelante, ella y su esposo, un SEAL en el pelotón de Chris, se divorciaron.

VÍNCULOS

HABÍA SALIDO DE ESTADOS UNIDOS UNOS SIETE MESES ANTES, solamente diez días después de que naciera mi hijo. Yo le amaba, pero como mencioné anteriormente, no habíamos tenido en realidad la oportunidad de crear vínculos. Los recién nacidos son tan solo un montón de necesidades: alimentarlos, limpiarlos, hacer que descansen. Ahora él tenía una personalidad. Estaba gateando. Era más una persona. Yo le había visto crecer en las fotografías que Taya me había enviado, pero esto era más intenso.

Él era mi hijo.

Nos tumbábamos en el piso en pijama y jugábamos juntos. Él gateaba sobre mí y yo le subía y le daba vueltas. Incluso las cosas más sencillas, como cuando él tocaba mi cara, eran una alegría.

Pero la transición de la guerra al hogar seguía siendo un shock. Un día estábamos luchando, y al siguiente habíamos cruzado el río hasta la base aérea de al-Taqaddum (conocida por nosotros como TQ) para regresar a Estados Unidos.

Guerra un día; paz al siguiente.

Cada vez que llegas a casa es extraño. Especialmente en California. Las cosas más sencillas pueden molestarte. Digamos el tráfico. Vas conduciendo por la carretera, todo está abarrotado, es una locura. Sigues pensando en explosivos caseros; ves basura y viras bruscamente. Conduces agresivamente hacia otros conductores, porque ese es el modo en que lo haces en Irak.

Yo me encerraba en casa durante una semana. Creo que fue entonces cuando Taya y yo comenzamos a tener problemas.

AL SER PADRES PRIMERIZOS, TENÍAMOS LOS DESACUERDOS QUE tiene todo el mundo respecto a los hijos. Cunas al lado de la cama, por ejemplo; Taya hacía que mi hijo durmiera junto a ella en una cuna al lado de la cama mientras yo no estaba. Cuando llegué a casa, quería que eso cambiara. Tuvimos bastantes desacuerdos al respecto. Yo pensaba que él debía estar en su propia cuna en su propio cuarto. Taya lo consideraba privarle a ella de la cercanía que tenía con él; pensaba que deberíamos hacer la transición gradualmente.

Yo no lo veía así en absoluto. Sentía que los niños debían dormir en sus propias camas y cuartos.

Sé que problemas como esos son comunes, pero había un estrés añadido. Ella le había estado criando totalmente sola durante meses, y yo me estaba interponiendo en sus rutinas y su manera de hacer las cosas. Ellos estaban increíblemente unidos, lo cual me parecía estupendo; pero yo también quería estar con ellos. No intentaba interponerme entre ellos, tan solo añadirme yo mismo de nuevo a la familia.

Resultó que nada de eso fue un gran problema para mi hijo; él dormía bien. Y aún sigue teniendo una relación muy especial con su mamá.

La vida en casa tenía sus momentos interesantes, aunque el drama era muy diferente. Nuestros vecinos y amigos cercanos respetaban totalmente mi necesidad de tener tiempo para descomprimir. Cuando ese tiempo terminaba, ellos organizaban una pequeña barbacoa de bienvenida.

Todos ellos habían sido estupendos mientras yo estaba fuera. Las personas al otro lado de la calle se organizaban para que alguien cortara nuestro césped, lo cual era muy importante para nosotros económicamente y ayudaba a Taya con la pesada carga que llevaba mientras yo no estaba. Parecía algo pequeño, pero era grande para mí.

Ahora que yo estaba en casa, desde luego, era mi tarea ocuparme de cosas como esa. Teníamos un patio trasero muy pequeño, y solo se necesitaban cinco minutos completos para cortar la hierba allí. Pero a un lado del patio había rosales trepadores que subían por los arbustos de flores azules que teníamos. Los arbustos tenían pequeñas flores azuladas durante todo el año.

La combinación se veía realmente bonita. Pero las rosas tenían espinas en los tallos que podían romper un chaleco blindado. Cada vez que yo segaba el césped y daba la vuelta a la esquina, esas espinas me pinchaban.

Un día, esas rosas sencillamente llegaron demasiado lejos, arañando mi costado, y decidí ocuparme de ellas de una vez por todas: levanté mi cortadora de césped, la sostuve a la altura del pecho, y los podé (las rosas y los arbustos).

«¡Cómo! ¿Estás bromeando?», gritó Taya. «¿Estás podando los arbustos con una segadora?».

Bueno, funcionó. Nunca más volvieron a molestarme.

Hice algunas cosas genuinamente bobas. Divertirme y hacer reír y sonreír a otras personas siempre ha sido algo que me ha gustado hacer. Un día, vi a nuestra vecina en el patio por la ventana de nuestra cocina, así que me subí a una silla y llamé por la ventana para captar su atención. Procedí a enseñarle el trasero. (Su esposo resultó ser piloto de la Armada, así que estoy seguro de que ella estaba familiarizada con tales cosas.)

Taya levantó las cejas. Creo que le resultó divertido, aunque ella no lo admitía.

«¿Quién hace esas cosas?», me dijo.

«Ella se rió, ¿no lo viste?», le dije.

«Tienes treinta años», me dijo ella. «¿Quién hace esas cosas?».

Hay una parte de mí a la que le encanta hacer bromas a la gente, para hacerles reír. No puedes hacer cosas normales y corrientes; quieres que disfruten del momento. Risas a carcajadas. Cuanto más extremo, mejor. El Día de los inocentes es un tiempo particularmente difícil para mi familia y amigos, aunque debido más a las inocentadas de Taya que a las mías. Supongo que a los dos nos gusta reírnos a carcajadas.

EN EL LADO OSCURO, YO ERA EXTREMADAMENTE IMPULSIVO. Siempre he tenido genio, incluso antes de ser SEAL, pero era más explosivo ahora. Si alguien se me interponía en la carretera, lo cual no es una ocasión muy rara en California, podía volverme loco. Podría intentar sacar a ese auto de la carretera, o incluso detenerlo y patearle el trasero.

Tenía que trabajar en conseguir calmarme.

Desde luego, tener reputación como SEAL tiene sus ventajas.

En la boda de mi cuñada, la predicadora y yo estuvimos hablando. En cierto momento, ella observó un bulto en mi chaqueta.

«¿Lleva pistola?».

«Sí», le dije, explicando que estaba en el ejército.

Ella puede que supiera o no que yo era un SEAL —yo no se lo dije, pero las noticias tienden a correr— pero cuando estaba preparada para dar comienzo a la ceremonia y no podía hacer que la gente se callara y se sentara en sus lugares, se acercó a mí, me dio una palmadita en la espalda y dijo: «¿Puede hacer que todos se sienten?».

«Sí, sí que puedo», le dije.

Apenas tuve que levantar la voz para conseguir que aquella pequeña ceremonia siguiera adelante.

Taya:

La gente habla del amor y la necesidad física cuando alguien regresa a casa después de una larga ausencia: «Quiero quitarte la ropa». Ese tipo de cosas.

Yo me sentía así en teoría, pero la realidad era siempre un poco distinta.

Yo necesitaba llegar a conocerle a él otra vez. Era extraño. Había mucha anticipación. Se les extraña mucho cuando están desplegados, y quieres que regresen a casa, pero entonces cuando regresan, las cosas no son perfectas. Y sientes como si debieran serlo. Dependiendo del despliegue y de lo que yo hubiera experimentado, también tenía emociones que iban desde la tristeza y la ansiedad hasta la ira.

Cuando él regresó después de este despliegue, me sentía casi tímida. Yo era una mamá primeriza y había estado haciendo las cosas sola durante meses. Ambos estábamos cambiando y creciendo en mundos totalmente separados. Él no tenía conocimiento de mí de primera mano, y yo no tenía conocimiento de él de primera mano.

También me sentía mal por Chris. Él se preguntaba qué iba mal. Había distancia entre nosotros que ninguno de los dos podía realmente solucionar, o ni siquiera hablar sobre ello.

DESCANSO Y ENTRADA

Tuvimos un largo descanso de la guerra, pero estábamos ocupados todo el tiempo, volviendo a entrenar y, en algunos casos, aprendiendo nuevas habilidades. Fui a una escuela dirigida por agentes del FBI y oficiales de la CIA y la NSA. Ellos me enseñaron a hacer cosas como abrir cerraduras con ganzúa y robar autos. Me encantaba. El hecho de que estuviera en Nueva Orleans tampoco hacía daño.

Aprendiendo cómo pasar desapercibido y estar infiltrado, cultivé el músico de jazz que llevaba en mi interior y me dejé perilla. Abrir cerraduras con ganzúa fue una revelación. Trabajábamos con varios tipos de cerraduras y candados, y al final de la clase no creo que hubiera una cerradura que pudiera mantenernos a distancia a mí o a ningún otro en nuestra clase. Robar autos era un poco más difícil, pero llegué a ser bastante bueno también en eso.

Nos entrenaron para llevar cámaras y aparatos de escucha sin que nos agarraran. Para demostrar que podíamos hacerlo, teníamos que introducir los artilugios en un club nocturno y regresar con evidencia (en vídeo) de que habíamos estado allí.

Los sacrificios que uno tiene que hacer por su país...

Robé un auto en la calle Bourbon como parte de mi examen final. (Tuve que volver a situarlo donde estaba cuando terminamos; por lo que sé, el dueño no se dio cuenta de nada.) Por desdicha, estas son capacidades perecederas; aún puedo abrir una cerradura, pero ahora me

tomará más tiempo hacerlo. Tendré que volver a agudizar-
las si alguna vez decido ser deshonesto.

ENTRE NUESTRAS ROTACIONES MÁS NORMALES ESTABA UNA CLASE
de recertificación para saltar en paracaídas.

Saltar de aviones, o debería decir: *aterrizar sano y salvo
después de saltar de aviones*, es una habilidad importante,
pero es peligrosa. Coño, he oído decir de las cifras del ejército en combate, que si consiguen que un setenta por ciento
de los hombres en una unidad aterricen lo bastante seguros
como para reunirse y pelear, lo están haciendo bien.

Piensa en eso. Mil hombres; trescientos no lo logran.
No es gran cosa para el ejército.

Muy bien.

Fui a Fort Benning para entrenarme con el ejército
cuando me convertí en SEAL. Supongo que debería haberme dado cuenta de lo que eso suponía el primer día de
escuela, cuando un soldado que iba delante de mí se negó
a saltar. Todos estábamos ahí esperando, y pensando,
mientras los instructores se ocupaban de él.

De por sí, le tengo miedo a las alturas, y eso no fortale-
ció mi confianza. Me preguntaba: *Maldición, ¿qué está
viendo él que yo no veo?*

Al ser un SEAL, yo tenía que dar la talla; o al menos no
parecer un débil. Cuando apartaron del camino al soldado, cerré mis ojos y me lancé.

Fue en uno de esos primeros saltos estáticos (saltos donde tiran de la cuerda automáticamente por ti, un procedimiento que se usa generalmente con los principiantes)
cuando yo cometí el error de mirar hacia arriba para comprobar mi paracaídas cuando salté del avión.

Ellos te dicen que no hagas eso. Yo me estaba preguntando por qué cuando el paracaídas se desplegó. Mi tremendo sentimiento de alivio por tener un paracaídas y
porque no iba a morir quedó mitigado por las quemaduras
por el roce de las cuerdas a ambos lados de mi cara.

La razón por la que te dicen que no mires hacia arriba es para que no te golpeen los tirantes cuando vuelan por los lados de tu cabeza al abrirse el paracaídas. Algunas cosas se aprenden por las malas.

Y después están los saltos nocturnos. No puedes ver el terreno que se aproxima. Sabes que tienes que rodar en las caídas de aterrizaje, pero ¿cuándo?

Me digo: la primera vez que sienta algo, voy a rodar.

La primera... vez... ¡¡la p-r-i-m-e-r-a...!!

Creo que me golpeé la cabeza cada vez que salté en la noche.

DIRÉ QUE PREFERÍA LA CAÍDA LIBRE AL SALTO ESTÁTICO. No estoy diciendo que la *disfrutara*, tan solo que me gustaba más. Algo parecido a escoger el pelotón de fusilamiento en lugar de ser ahorcado.

En la caída libre, descendía con mucha más lentitud y tenía mucho más control. Sé que hay todos esos vídeos de personas que hacen acrobacias y trucos, y se lo pasan en grande haciendo saltos HALO (elevada altitud, apertura baja). Ninguno es de mí. Yo observo mi altímetro de muñeca todo el tiempo. Esa cuerda recibe el tirón en el segundo mismo en que llego a la altitud correcta.

EN MI ÚLTIMO SALTO CON EL EJÉRCITO, OTRO SALTADOR PASÓ por debajo de mí mientras descendíamos. Cuando eso sucede, el paracaídas inferior puede «robar» el aire que tienes debajo. El resultado es... que caes con más rapidez de la que estabas cayendo.

Las consecuencias pueden ser bastante dramáticas, dependiendo de las circunstancias. En este caso, yo estaba a veinte metros del suelo. Terminé cayendo desde ahí, y golpeándome con un par de ramas de árboles y el suelo. Me fui con algunos golpes y contusiones y algunas costillas rotas.

Afortunadamente, fue el último salto de la escuela. Mis costillas y yo perseveramos, contentos de haber terminado.

DESDE LUEGO, A PESAR DE LO MALO QUE ES EL PARACAIDISMO, LE supera el saltar con cuerda desde un helicóptero. Saltar así puede parecer grandioso, pero un movimiento equivocado y puedes caer girando en México. O en Canadá. O quizá en China.

Sin embargo, de manera extraña, me gustan los helicópteros. Durante este entrenamiento, mi pelotón trabajó con MH-6 Little Birds. Son helicópteros de vigilancia y ataque muy pequeños y muy rápidos adaptados para el trabajo de operaciones especiales. Nuestras versiones tenían bancas en cada lado; tres SEAL podían sentarse en cada banca.

Me encantaban.

Cierto, estaba muerto de miedo cuando me subía a esos malditos aparatos, pero cuando el piloto despegaba y estábamos en el aire, yo quedaba enganchado. Era una tremenda subida de adrenalina; vas bajo y rápido. Es increíble. El impulso del avión te mantiene en el lugar; ni siquiera sientes que ningún viento te zarandea.

Y mierda, si caes, nunca sentirás nada.

LOS PILOTOS QUE DIRIGÍAN ESAS NAVES ESTÁN ENTRE LOS MEJORES del mundo. Eran todos ellos miembros del 160 SOAR: el ala aérea de Operaciones Especiales, escogidos individualmente para trabajar con personal de guerra especializado. Hay una diferencia, y es notable.

Cuando vas cayendo rápidamente desde una cuerda en un helicóptero con un piloto «común», puede que te encuentres en la altitud equivocada, demasiado elevado para que la cuerda alcance el suelo. En ese punto, es demasiado tarde para hacer nada excepto gruñir o quejarte cuando llegas a tierra. Muchos pilotos también tienen problemas para mantener la posición: quedarse quietos el tiempo suficiente para que uno llegue al punto correcto en tierra.

No sucede eso con los hombres del SOAR. El lugar correcto, la primera vez, todas las veces. Esa cuerda desciende, es donde pertenece.

MARCUS

El 4 de julio de 2005 era un hermoso día en California: clima perfecto, ni una nube en el cielo. Mi esposa y yo agarramos a nuestro hijo y condujimos hasta la casa de un amigo en las colinas fuera de la ciudad. Allí extendimos una manta y nos reunimos en la plataforma trasera de mi Yukon para ver el espectáculo de fuegos artificiales que realizaron en una reserva india en el valle. Era un lugar perfecto; podíamos ver cómo descendían hacia nosotros los cohetes, y el efecto era espectacular.

Siempre me ha encantado celebrar el cuatro de julio. Me encanta el simbolismo, el significado del día, y desde luego los fuegos artificiales y las barbacoas. Es sencillamente un tiempo maravilloso.

Pero ese día, mientras estaba sentado y veía las chispas rojas, blancas y azules, de repente cayó una tristeza sobre mí. Caí en un profundo agujero negro.

«Esto apesta», musité mientras explotaban los fuegos.

No estaba criticando el espectáculo. Acababa de darme cuenta de que podría no volver a ver nunca más a mi amigo Marcus Luttrell. Odiaba no poder hacer nada para ayudar a mi amigo, que se estaba enfrentando a solo Dios sabe qué tipo de problema.

Unos días antes nos habían llegado noticias de que él estaba desaparecido. Yo también había oído de un pajarito de los SEAL que los tres hombres que estaban con él habían muerto. Los talibanes les habían puesto una emboscada en Afganistán; rodeados por cientos de guerreros talibanes, lucharon ferozmente. Otros dieciséis hombres en un grupo de rescate fueron muertos cuando el Chinook en el que volaban fue derribado. (Puedes y deberías leer los detalles en el libro de Marcus, *Lone Survivor*.)

Hasta ese momento, perder a un amigo en combate parecía si no imposible, al menos distante e improbable.

Puede parecer extraño decirlo, dado todo lo que yo había pasado, pero en aquel momento nos sentíamos bastante seguros de nosotros mismos. Engreídos, quizá. Sencillamente llegas a un punto en que crees que eres un luchador tan superior que no puedes ser herido.

Nuestro pelotón había pasado por la guerra sin ninguna herida grave. En algunos aspectos, el entrenamiento parecía más peligroso.

Había habido accidentes en el entrenamiento. No mucho tiempo antes, estábamos haciendo desarmes de barcos cuando uno de los miembros de nuestro pelotón se cayó mientras subía por un lado. Aterrizó sobre otros dos hombres que estaban en la lancha. Los tres tuvieron que ir al hospital; uno de los hombres sobre los que aterrizó se rompió el cuello.

No nos enfocamos en los peligros. Sin embargo, las familias son otra historia. Ellos son siempre muy conscientes de los peligros. Las esposas y novias con frecuencia hacen turnos para sentarse en el hospital con los familiares de personas que resultan heridas. Inevitablemente, entienden que podrían estar sentadas allí por su propio esposo o novio.

YO SEGUÍ CONTRARIADO POR MARCUS DURANTE EL RESTO DE LA noche, en mi propio agujero negro privado. Me quedé ahí durante algunos días.

El trabajo, desde luego, continuaba. Un día, mi jefe asomó su cabeza por la habitación y me indicó que le viera fuera.

«Oye, han encontrado a Marcus», dijo en cuanto estuvimos a solas.

«Estupendo».

«Está hecho una mierda».

«¿Y qué? Él va a recuperarse». Cualquiera que conociera a Marcus sabía que eso era cierto. A ese hombre no pueden mantenerlo abajo.

«Sí, tienes razón», dijo mi jefe. «Pero está bastante destrozado, abatido. Será difícil».

Era difícil, pero Marcus estuvo a la altura. De hecho, a pesar de los problemas de salud que le seguían acosando, volvió a ser desplegado no mucho después de salir del hospital.

EXPERTO, SUPUESTAMENTE

DEBIDO A LO QUE HABÍA HECHO EN FALUYA, ME SACARON UNAS cuantas veces para hablar con jefes sobre cómo creía yo que los francotiradores debieran ser desplegados. Ahora yo era un Experto en la Materia: un SME en términos militares.

Odiaba eso.

A algunas personas podría resultarles halagador estar hablando con un puñado de oficiales de alto rango, pero yo tan solo quería hacer mi trabajo. Era una tortura sentarme en la sala, intentando explicar cómo era la guerra.

Ellos me hacían preguntas como: «¿Qué tipo de equipo deberíamos tener?». No es irrazonable, supongo, pero lo único que yo podía pensar era: *Dios, ustedes son todos bastante estúpidos. Estas son cosas básicas que deberían saber desde hace mucho tiempo.*

Yo les decía lo que pensaba, cómo deberíamos entrenar a los francotiradores, cómo deberíamos utilizarlos. Sugerí más entrenamiento en grupos de apoyo urbanos y cómo crear escondites en los edificios, cosas que yo había aprendido más o menos sobre la marcha. Les daba ideas sobre enviar francotiradores a una zona antes del asalto, para que ellos pudieran proporcionar información a los equipos de asalto antes de que llegaran. Hacía sugerencias sobre cómo hacer que los francotiradores fueran más activos y agresivos. Sugería que los francotiradores hicieran disparos por encima de las cabezas de un equipo de asalto durante el entrenamiento, para que los equipos pudieran acostumbrarse a trabajar con ellos.

Hablaba a los altos mandos sobre temas de equipamiento: el tapapolvo del M-11, por ejemplo, y silenciadores que daban una sacudida al final del cañón, dañando la precisión del fusil.

Todo eso era muy obvio para mí, pero no para ellos.

Cuando me preguntaban mi opinión, yo la daba. Pero la mayoría de las veces ellos *realmente* no la querían. Querían que yo validara algunas decisiones que ellos ya habían tomado o alguna idea que ellos ya habían tenido. Yo les hablaba de alguna parte del equipamiento que pensaba que deberíamos tener; ellos respondían que ya habían comprado mil unidades de otra cosa. Yo les ofrecía una estrategia que había utilizado exitosamente en Faluya; ellos me citaban el capítulo y el versículo sobre por qué no funcionaría.

Taya:

Teníamos muchas confrontaciones cuando él estaba en casa. Su reclutamiento se acercaba, y yo no quería que él volviera a incorporarse.

Sentía que ya había cumplido con su obligación con el país, incluso más de lo que cualquiera pudiera pedir. Y sentía que nosotros le necesitábamos.

Siempre he creído que la responsabilidad es hacia Dios, la familia y el país, en ese orden. Él no estaba de acuerdo; ponía el país por delante de la familia.

Y aun así, él no era completamente obstinado. Siempre decía: «Si me dices que no vuelva a alistarme, no lo haré».

Pero yo no podía hacer eso. Le dije: «Yo no puedo decirte qué hacer. Me aborrecerás y tendrás resentimiento contra mí toda tu vida. Pero sí te diré esto: si te alistas de nuevo, entonces sabré exactamente en qué lugar estamos. Cambiará cosas. Yo no lo querré, pero sé en mi corazón que sucederá».

Cuando él de todos modos se alistó de nuevo, pensé: Muy bien. Ahora lo sé. Ser un SEAL es más importante para él que ser padre o esposo.

NUEVOS MUCHACHOS

Mɪᴇɴᴛʀᴀs ɴᴏs ᴇsᴛᴀ́ʙᴀᴍᴏs ᴇɴᴛʀᴇɴᴀɴᴅᴏ ᴘᴀʀᴀ ɴᴜᴇsᴛʀᴏ sɪɢᴜɪᴇɴᴛᴇ despliegue, el pelotón recibió a un grupo de muchachos nuevos. Algunos de ellos destacaban, Dauber y Tommy, por ejemplo, que eran ambos francotiradores y médicos militares. Pero creo que el nuevo muchacho que causó la mayor impresión en mí fue Ryan Job. Y la razón fue que él no parecía un SEAL; por el contrario, Ryan parecía un gran bulto.

Yo quedé pasmado de que permitieran a ese tipo sumarse al Equipo. Allí estábamos todos nosotros, musculosos, en estupenda forma. Y ahí estaba un hombre que era redondo y de rasgos delicados.

Me acerqué a Ryan y le dije a la cara: «¿Cuál es tu problema, jodido gordo? ¿Crees que eres un SEAL?».

Todos le hicimos pasar una mierda. Uno de mis oficiales, al que llamaremos LT, le conocía del BUD/S y le defendía, pero LT era él mismo nuevo, así que no tenía mucho peso. Al ser un tipo nuevo, de todos modos habríamos pateado el trasero de Ryan, pero su peso hacía que las cosas fueran mucho peores para él. Nosotros intentábamos activamente hacer que abandonara.

Pero Ryan no era alguien que abandona. No podías comparar su determinación con la de ninguna otra persona. Ese tipo comenzó a hacer ejercicio como un maníaco. Perdió peso y se puso en mejor forma.

Lo más importante es que cualquier cosa que le dijéramos que hiciera, él la hacía. Era un duro trabajador, muy sincero, y tan malditamente divertido que en cierto punto fue como si dijéramos: *Te queremos. Tú eres el hombre.* Porque a pesar de su aspecto físico, él *era* verdaderamente un SEAL. Y uno jodidamente bueno.

Y le pusimos a prueba, créeme. Encontrábamos al hombre más corpulento del pelotón y hacíamos que él le llevase en brazos. Él lo hacía. Hacíamos que realizara las tareas más duras en el entrenamiento; él las hacía sin quejarse. Y nos hacía reír a todos en el proceso. Tenía expresiones faciales estupendas. Podía estirar y levantar el labio superior, girar sus ojos y después retorcerse de cierta manera, y entonces nos desplomábamos.

Naturalmente, esa habilidad condujo a cierta cantidad de diversión; para nosotros, al menos.

Una vez le dijimos que fuera y pusiera esa cara delante de nuestro jefe.

«P-pero...», tartamudeó.

«Hazlo», le dije yo. «Ve y hazlo en su cara. Tú eres el nuevo. Hazlo».

Y lo hizo. Pensando que Ryan intentaba ser un estúpido, el jefe lo agarró por la garganta y lo lanzó al suelo.

Eso solamente nos alentó. Ryan tuvo que mostrar esa cara muchas veces. Cada vez que lo hacía, salía con el trasero pateado. Finalmente logramos que lo hiciera ante uno de nuestros oficiales: un tipo inmenso, sin duda alguien con quien uno no quiere tener problemas, aunque sea otro SEAL.

«Ve y hazlo delante de él», dijo uno de nosotros.

«Oh Dios, no», protestó él.

«Si no lo haces ahora mismo, vamos a ahogarte», le advertí yo.

«¿Pueden por favor ahogarme ahora mismo?».

«Ve y hazlo», dijimos todos.

Él fue y lo hizo delante del oficial, quien reaccionó como era de esperar. Al rato, Ryan trató de rendirse.

«No hay modo de rendirse», gruñó el oficial, continuando con su paliza.

Ryan sobrevivió, pero esa fue la última vez que le hicimos que pusiera la cara.

TODO EL MUNDO RECIBÍA NOVATADAS CUANDO SE SUMABA AL pelotón. Éramos unos pesados equitativos; los oficiales lo sufrían igual que los hombres alistados.

En aquel momento, los nuevos no recibían sus Tridentes —y por lo tanto no eran realmente un SEAL— hasta después de haber pasado una serie de pruebas con el equipo. Nosotros teníamos nuestro pequeño ritual que implicaba una parodia de boxeo contra todo su pelotón. Cada nuevo hombre tenía que aguantar tres rounds (cada vez que te derribaban, eso era un round), antes de ser formalmente identificado y bienvenido en la hermandad.

Yo era el oficial de seguridad de Ryan, asegurándome de que no quedase demasiado arruinado. Él tenía un guardia principal y todos llevaban guantes de boxeo puestos, pero la novatada puede volverse demasiado entusiasta, y el oficial de seguridad está ahí para asegurarse de que no se descontrole.

Ryan no estaba satisfecho con tres rounds. Quería más. Creo que pensaba que si luchaba el tiempo suficiente, les ganaría a todos.

No es que aguantara mucho más tiempo. Yo le había advertido que era su oficial de seguridad, y que en cualquier cosa que hiciera, no debía golpearme a mí. En la confusión de su cabeza al rebotar de un guante a otro en el pelotón, se giró y me golpeó.

Y yo hice lo que tenía que hacer.

MARC LEE

CON NUESTRO DESPLIEGUE ACERCÁNDOSE RÁPIDAMENTE, NUESTRO pelotón fue reforzado. El mando incorporó a un joven SEAL llamado Marc Lee de otra unidad para ayudar a redondear la nuestra. Encajó de inmediato.

Marc era un tipo atlético, en algunos aspectos exactamente el tipo de espécimen físico duro que uno espera que sea un SEAL. Antes de unirse a la Armada, había jugado al fútbol lo bastante bien como para ser probado con un equipo profesional, y bien pudo ser un profesional si una lesión de pierna no hubiera cortado su carrera.

Pero había mucho más en Marc que tan solo la destreza física. Había estudiado para el ministerio, y aunque lo dejó debido a lo que consideró hipocresía entre los estudiantes en el seminario, seguía siendo muy religioso. Más adelante durante nuestro despliegue, dirigía un pequeño grupo en oración antes de cada operación. Como era de esperar, tenía mucho conocimiento de la Biblia y la religión en general. Él no te forzaba a nada, pero si necesitabas o querías hablar sobre la fe o sobre Dios, él siempre estaba dispuesto.

No es que él fuera un santo, o ni siquiera estuviera por encima de hacer el indio, que es parte de ser un SEAL.

Poco después de sumarse a nosotros, fuimos a una misión de entrenamiento en Nevada. Al final del día, un grupo de nosotros nos apilamos en una camioneta de cuatro puertas y nos dirigimos a la base para irnos a la cama. Marc estaba en la parte trasera conmigo y un SEAL, al que llamaremos Bob. Por alguna razón, Bob y yo comenzamos a hablar sobre ser asfixiado.

Con el entusiasmo de un tipo nuevo, y quizá ingenuidad, Marc dijo: «A mí nunca me han asfixiado».

«¿Perdona?», dije yo, inclinándome para verlo bien. Ser asfixiado es una ocupación SEAL obligada.

Marc me miró. Yo le miré.

«¡Dale!», dijo él.

Cuando Bob se inclinó, yo me agaché y asfixié a Marc. Con mi tarea completada, me incorporé.

«Hijo de puta», dijo Bob estirándose. «Yo quería hacerlo».

«Creía que te estabas inclinando para dejarme a mí hacerlo», le dije.

«Carajo no. Solo estaba situando mi reloj más adelante para que no se rompiera».

«Muy bien», dije yo. «Él se despertará, y entonces tú lo haces».

Y él lo hizo. Creo que la mitad del pelotón tuvo su oportunidad con él antes de que terminara la noche. Marc se lo tomó bien. Desde luego, como era el nuevo, no tenía otra opción.

MANDOS

ME ENCANTABA NUESTRO NUEVO OFICIAL AL MANDO. ÉL ERA sobresaliente, agresivo, y no se interponía. No solo conocía a cada uno por su nombre y su cara, también conocía a nuestras esposas y novias. Lo tomaba de modo personal cuando perdía a personas, y aun así era capaz de seguir siendo agresivo al mismo tiempo. Nunca nos retrasaba en el entrenamiento, y de hecho, aprobaba entrenamiento extra para los francotiradores.

Mi principal jefe al mando, a quien llamaré Primo, era otro comandante de primera línea. No le importaban un carajo los ascensos, verse bien o cubrir su trasero: él quería misiones exitosas y hacer el trabajo. Y era un tejano (como puedes ver, soy un poco parcial), lo cual significaba que era un cabrón.

Sus informes siempre comenzaban del mismo modo: «¿Qué están haciendo ustedes, hijos de puta?», gritaba. «¿Van a salir ahí y patear algún trasero?».

Primo quería por encima de todo entrar en batalla. Sabía lo que los SEAL han de hacer, y quería que nosotros lo hiciéramos.

También era un buen tipo fuera del campo de batalla.

Siempre hay tipos del equipo que se meten en problemas durante el tiempo de descanso y el entrenamiento. Las peleas en bares son un gran problema. Recuerdo que nos apartaba a un lado cuando se sumó al equipo.

«Escuchen, sé que van a meterse en problemas», nos decía. «Pues esto es lo que hacen. Golpean rápido, golpean duro, y corren. Si no les agarran, no me importa. Porque cuando les agarran es cuando yo tengo que intervenir».

Yo me tomé a pecho ese consejo, aunque no siempre era posible seguirlo.

Quizá porque él era de Texas, o quizá porque él mismo tenía el alma de un matón, le caímos bien otro tejano, a quien llamaremos Pepper, y yo. Nos convertimos en sus muchachos de oro; él cubría nuestros traseros cuando nos metíamos en problemas. Hubo veces en que yo había increpado a un oficial o dos; y el jefe Primo se ocupaba de ello. Él mismo podría haberme machacado, pero siempre suavizaba el camino con el alto mando. En el otro lado de las cosas, él sabía que podía contar con Pepper y conmigo para realizar un trabajo si había que hacerlo.

TATUAJES

Mientras estaba en casa, me añadí un par de nuevos tatuajes a mi brazo. Uno era un Tridente. Ahora que me sentía como un verdadero SEAL, sentí que me lo había ganado. Quise que me lo hicieran en el interior de mi brazo donde no todo el mundo lo vería, pero yo sabía que estaba ahí. No quería ir por ahí presumiendo.

En la parte frontal de mi brazo me pusieron una cruz de los Cruzados. Quería que todo el mundo supiera que yo era cristiano. Hice que me la tatuaran en rojo, significando sangre. Aborrecía a los malditos salvajes con los que había luchado. Siempre lo haré. Ellos me han quitado mucho.

Incluso los tatuajes se convirtieron en una causa de estrés entre mi esposa y yo. A ella no le gustaban los tatuajes en general, y el modo en que yo me hice esos, estando fuera hasta tarde una noche cuando ella me esperaba en casa, y sorprendiéndole con ellos, añadió leña al fuego.

Taya lo veía como una señal más de que yo estaba cambiando, convirtiéndome en alguien a quien ella no conocía.

Yo no lo veía de ese modo en absoluto, aunque admito que sabía que a ella no le gustaría. Pero es mejor pedir perdón que permiso.

En realidad yo había querido que fueran del brazo completo, así que, en mi mente, fue una concesión.

PREPARÁNDOME PARA IRME

Mientras estaba en casa, Taya quedó embarazada de nuestro segundo hijo. De nuevo, fue mucha presión para mi esposa.

Mi padre le dijo a Taya que estaba seguro de que cuando yo viera a mi hijo y pasara tiempo con él, no querría volver a alistarme o regresar a la guerra.

Pero aunque hablamos mucho al respecto, al final no sentía que fuese tanto una cuestión sobre qué hacer. Yo era un SEAL. Estaba entrenado para la guerra. Estaba hecho para eso. Mi país estaba en guerra y me necesitaba.

Y yo lo extrañaba. Extrañaba la emoción y el entusiasmo. Me encantaba matar a los malos.

«Si mueres, eso arruinará todas nuestras vidas», me dijo Taya. «Me enfurece que no solo arriesgues de buena gana tu propia vida, sino que también arriesgues las nuestras».

Por el momento, estuvimos de acuerdo en estar en desacuerdo.

Cuando se acercaba el momento del despliegue, nuestra relación se volvió más distante. Taya me presionaba emocionalmente, como si se estuviera poniendo una armadura para los meses siguientes. Puede que yo hubiera hecho lo mismo.

«No es intencionado», me dijo ella, en uno de los raros momentos en que ambos podíamos entender lo que estaba sucediendo y hablábamos de ello.

Nos seguíamos amando. Puede sonar extraño: estábamos cerca y no cerca, necesitándonos el uno al otro y a la vez necesitando distancia entre nosotros. Necesitando hacer otras cosas. Al menos en mi caso.

Yo esperaba mi partida. Estaba emocionado por volver a hacer mi trabajo.

DAR A LUZ

Unos días antes de que tuviéramos programado el despliegue, visité al médico para consultarle acerca de que me extirparan un quiste en el cuello. En su sala de chequeos, él durmió la zona alrededor con anestesia local, y después me pinchó en el cuello para succionar y sacar el material.

Creo. En realidad no lo sé, porque en cuanto me clavó la aguja, me desmayé con una convulsión. Cuando me desperté, estaba tumbado en la mesa de chequeos, con mis pies donde debería haber estado mi cabeza.

No tuve otros efectos secundarios, ni de la convulsión o la operación. Nadie realmente podía saber por qué había reaccionado como lo hice. Por lo que respecta a cualquiera, yo estaba bien.

Pero había un problema: una convulsión es motivo para ser médicamente licenciado de la Armada. Afortunadamente, había en la sala un médico del ejército con quien yo había servido. Él persuadió al médico para que no incluyera la convulsión en su informe, o que escribiera lo que sucedió de una manera que no afectara mi despliegue o mi carrera (no estoy seguro de cuál de las dos). Nunca volví a oír nada al respecto.

Sin embargo, lo que la convulsión *sí* hizo fue mantenerme lejos de Taya. Mientras yo estaba desmayado, a ella le estaban realizando un examen rutinario del embarazo. Faltaban unas tres semanas para que naciera nuestra hija y días antes de que yo tuviera que irme. El chequeo incluía una ecografía, y cuando el técnico apartó su mirada de la pantalla, mi esposa se dio cuenta de que algo iba mal.

«Tengo la corazonada de que usted va a tener este bebé enseguida», fue lo máximo que el técnico dijo antes de levantarse e ir a buscar al médico.

El bebé tenía el cordón umbilical alrededor de su cuello. También había una ruptura, y la cantidad de líquido amniótico, el líquido que alimenta y protege al bebé en desarrollo, era baja.

«Vamos a realizar una cesárea», dijo el médico. «No se preocupe. Tendremos a este bebé mañana. Usted estará bien».

Taya me había llamado varias veces. Cuando yo me recuperé, ella ya estaba en el hospital.

Pasamos juntos una noche nerviosa. A la mañana siguiente, los médicos le hicieron la cesárea. Mientras estaban trabajando, le dieron a algún tipo de arteria y salpicó sangre por todo el lugar. Yo estaba muerto de miedo por mi esposa. Sentí verdadero temor. Peor.

Quizá fuese un toque de lo que ella había pasado durante cada momento de mi despliegue. Fue una terrible desesperanza y desesperación.

Algo difícil de admitir, y mucho más que tragar.

Nuestra hija estaba bien. Yo la agarré y la sostuve. Había estado distante hacia ella como lo había estado hacia nuestro hijo antes de que naciera; ahora, al sostenerla, comencé a sentir verdadera calidez y amor.

Taya me miró de modo extraño cuando yo intenté entregarle al bebé.

«¿No quieres abrazarla?», le pregunté.

«No», me dijo.

Yo pensé: *Dios, ella está rechazando a nuestra hija. Tengo que irme y ella ni siquiera siente el vínculo.*

Unos momentos después, Taya se acercó y la sostuvo. *Gracias, Dios.*

Dos días después, yo fui desplegado.

9

LOS CASTIGADORES

«ESTOY AQUÍ PARA AGARRAR ESOS MORTEROS»

Uno pensaría que un ejército que planea una importante ofensiva tendría una manera de hacer llegar a sus guerreros a la zona de batalla.

Pensaría de modo equivocado.

Debido a la situación médica con el quiste y después el nacimiento de mi hija, terminé saliendo de Estados Unidos una semana después que el resto de mi pelotón. Para cuando aterricé en Bagdad en abril de 2006, mi pelotón había sido enviado al oeste, a la zona de Ramadi. Nadie en Bagdad parecía saber cómo llevarme hasta allí. Tenía que ser yo quien alcanzara a mis muchachos.

En cierto momento, oí a un oficial hablando sobre problemas que el ejército estaba teniendo con algunos operadores de mortero insurgentes en una base en el oeste. Por coincidencia, oímos sobre un vuelo que se dirigía a esa misma base; el Ranger y yo nos acercamos para intentar subirnos a ese helicóptero.

Un coronel nos detuvo cuando estábamos a punto de abordar.

«El helicóptero está completo», gritó al Ranger. «¿Por qué necesitan ir en él?».

«Bueno, señor, somos los francotiradores que venimos a ocuparnos de su problema con el mortero», le dije yo, tocando la funda de mi pistola.

«¡Oh, sí!», gritó el coronel a la tripulación. «Estos muchachos necesitan estar en el próximo vuelo. Que suban enseguida».

Saltamos a bordo, dando un golpe a dos de sus muchachos en el proceso.

CUANDO LLEGAMOS A LA BASE, YA ALGUIEN SE HABÍA OCUPADO de los morteros. Sin embargo, seguíamos teniendo un problema: no había vuelos que se dirigieran a Ramadi, y las posibilidades de un convoy eran menores que las probabilidades de ver nieve en Dallas en el mes de julio.

Pero tuve una idea. Conduje al Ranger al hospital de la base, y encontré a un médico militar. He trabajado con muchos como SEAL, y según mi experiencia, los médicos de la Armada siempre saben sortear los problemas.

Saqué de mi bolsillo una moneda insignia SEAL y la puse en mi mano, pasándosela cuando nos dimos un apretón de manos. (Las monedas insignia son fichas especiales que son creadas para honrar a miembros de una unidad por valor o por otros logros especiales. Una moneda insignia SEAL es especialmente valorada, tanto por su rareza como por su simbolismo. Darla a otra persona en la Armada es como darle un apretón de manos secreto.)

«Escuche», le dije al médico militar. «Necesito un importante favor. Soy un SEAL, un francotirador. Mi unidad está en Ramadi. Tengo que llegar allí, y él viene conmigo». Señalé al Ranger.

«Muy bien», dijo el médico, casi con un susurro de voz. «Vengan a mi oficina».

Entramos en su oficina. Él sacó un sello de goma, marcó nuestras manos, y después escribió algo cerca de la marca.

Era un código de selección.

El médico nos llevó en evacuación médica *hasta* Ramadi. Fuimos las primeras personas, y probablemente las únicas, que fueron evacuadas a una batalla en lugar de ser sacadas de ella.

Y yo pensé que solamente los SEAL podían ser *así* de creativos.

No tengo idea de por qué eso funcionó, pero lo hizo. Nadie en el helicóptero donde nos metieron cuestionó la dirección de nuestro vuelo, y menos la naturaleza de nuestras «heridas».

BASE SHARK

RAMADI ESTABA EN AL-ANBAR, LA MISMA PROVINCIA QUE FALUYA, a unos cincuenta kilómetros al oeste. Muchos de los insurgentes que habían huido de Faluya se decía que se habían escondido allí. Había mucha evidencia: ataques que aumentaron desde que Faluya había sido pacificada. En 2006, Ramadi era considerada la ciudad más peligrosa en Irak: un infierno de distinción.

Mi pelotón había sido enviado a Camp Ramadi, una base estadounidense junto al río Éufrates fuera de la ciudad. Nuestras instalaciones, llamadas Base Shark, habían sido establecidas por una anterior unidad de tarea, y estaban justamente fuera de los postes de alambre de Camp Ramadi.

Cuando finalmente llegué, mis muchachos habían sido enviados a trabajar al este de Ramadi. Organizar un transporte por la ciudad era imposible. Yo estaba enojado; pensaba que había llegado allí demasiado tarde para sumarme a la acción.

Buscando algo que hacer hasta que pudiera solucionar cómo unirme al resto del pelotón, le pregunté a mi jefe si podía sentarme en las torres de guardia. Los insurgentes habían estado probando los perímetros, acercándose tanto como se atrevían y rociando la base con sus AKs.

«Claro, adelante», me dijeron.

Yo salí y agarré mi fusil de francotirador. Casi en cuanto me puse en posición, vi a dos tipos bordeando el lugar en la distancia, buscando un punto desde donde disparar.

Esperé hasta que salieron de su escondite.

Bang.

Le di al primero. Su amigo se dio la vuelta y comenzó a correr.

Bang.

También lo derribé.

SIETE PISOS

Seguía esperando una oportunidad de unirme al resto de mi pelotón cuando la unidad de Marines en el extremo noreste de la ciudad hizo una petición de francotiradores para ayudarles con un grupo de apoyo desde un edificio de siete pisos cerca de su puesto.

Los mandos me pidieron que fuera con un equipo. Había solo otros dos francotiradores en la base. Uno se estaba recuperando de heridas y estaba sedado con morfina; el otro era un jefe que parecía renuente a ir.

Yo pedí al muchacho que estaba con morfina; conseguí al jefe.

Encontramos dos tiradores de 60, incluido Ryan Job, para proporcionar un poco de músculo, y un oficial dispuesto a ayudar a los Marines.

Siete Pisos era un edificio alto y maltrecho a unos ciento ochenta metros fuera del puesto de los Marines. Hecho de cemento color marrón y ubicado cerca de lo que había sido una importante carretera antes de la guerra, se parecía casi a un edificio de oficinas moderno, o lo habría sido si no fuera por las ventanas que faltaban y los inmensos agujeros donde había sido golpeado por cohetes y bombas. Era lo más alto que había por allí, y tenía una vista privilegiada de la ciudad.

Salimos al principio de la tarde con varios Marines y *jundis* locales por seguridad. Los *jundis* eran milicia o soldados iraquíes leales que estaban siendo entrenados; había varios grupos diferentes, cada uno con su propio nivel de experiencia y eficacia; o con mayor frecuencia, lo contrario de ambas cosas.

Mientras aún había luz, conseguimos hacer algunos disparos aquí y allá, todos sobre insurgentes aislados. La zona alrededor del edificio estaba bastante deteriorada, y una pared pintada de blanco con una bonita puerta de hierro separaba un terreno vacío cubierto de arena de otro.

Cayó la noche, y de repente estábamos en medio de una inundación de malos. Iban de camino a asaltar el puesto de los Marines, y resultó que nosotros estábamos en la ruta. Había montones de ellos.

Al principio no se dieron cuenta de que estábamos ahí, y fue temporada abierta. Entonces vi a tres hombres con bombas caseras que apuntaban hacia nosotros desde una manzana de distancia. Disparé a cada uno de ellos en sucesión, ahorrándonos el lío de tener que escondernos de sus granadas.

El tiroteo cambió rápidamente hacia nuestro camino. Los Marines nos llamaron por radio y nos dijeron que nos replegáramos otra vez con ellos.

Su puesto estaba a unos cientos de peligrosos metros de distancia. Mientras uno de los tiradores con el 60, mi oficial, y yo proporcionábamos fuego de cobertura, el resto de nuestro grupo bajó y se movió hacia la base de los Marines. Las cosas se pusieron tan calientes con tanta rapidez, que cuando ellos despejaron el lugar estábamos rodeados. Nos quedamos donde estábamos.

RYAN ENTENDIÓ NUESTRA DIFÍCIL SITUACIÓN EN CUANTO LLEGÓ al puesto de los Marines. El jefe y él comenzaron a discutir sobre si proporcionar cobertura para nosotros. El jefe afirmaba que su tarea era quedarse con los *jundis* iraquíes, que ya estaban acomodados dentro del campamento de los Marines. El jefe le ordenó quedarse; Ryan le dijo lo que podía hacer con esa orden.

Ryan subió corriendo hasta el tejado del edificio de los Marines, donde se sumó a los Marines intentando establecer fuego de apoyo para nosotros mientras luchábamos contra los insurgentes.

LOS MARINES ENVIARON UN PATRULLERO PARA SACARNOS. Mientras yo les observaba llegar desde el puesto, divisé a un insurgente que se movía detrás de ellos.

Hice un disparo. El patrullero de los Marines mordió el polvo. También lo hizo el iraquí, aunque él no se levantó.

«Hay un francotirador [insurgente] ahí fuera y es bueno», dijo su hombre en la radio. «Casi nos atrapa».

Yo me puse en mi radio.

«Soy yo, carajo. Mira a tus espaldas».

Ellos se giraron y vieron a un salvaje con un lanzador de cohetes tumbado muerto en el suelo.

«Dios, gracias», respondió el Marine.

«De nada».

Los iraquíes sí tenían francotiradores trabajando aquella noche. Yo derribé a dos de ellos; uno estaba en lo alto del minarete de una mezquita, y otro en un edificio cercano. Esta era una pelea bastante bien coordinada, una de las mejores organizadas con las que nos encontramos en la zona. Era inusual, porque tuvo lugar en la noche; los malos generalmente no intentaban tentar su suerte en la oscuridad.

Finalmente, salió el sol y los disparos disminuyeron. Los Marines sacaron varios vehículos armados para cubrirnos, y nosotros regresamos corriendo a su campamento.

Yo fui a ver a su comandante y le informé sobre lo que había sucedido. Apenas había logrado decir una frase entera cuando un fornido oficial Marine irrumpió en la oficina.

«¿Quién diablos fue el francotirador que estaba allí arriba en Siete Pisos?», gritó.

Me di vuelta y le dije que era yo, preparándome para ser amonestado por alguna ofensa desconocida.

«Quiero darle la mano, hijo», dijo él, quitándose su guante. «Usted me ha salvado la vida».

Él era el hombre al que yo había llamado carajo por radio anteriormente. Nunca he visto a un Marine más agradecido.

«LA LEYENDA»

Mis muchachos regresaron de sus aventuras en el este poco después. Me saludaron con su calidez usual.

«Ah, sabemos que está aquí la Leyenda», dijeron en cuanto me vieron. «De repente nos enteramos de que hay dos muertes en Camp Ramadi. Hay personas muriendo en el norte. Sabíamos que la Leyenda estaba aquí. Tú eres el único hijo de puta que ha matado a alguno ahí fuera».

Yo me reí.

El apodo «la Leyenda» había comenzado en Faluya, alrededor de la época del incidente con las pelotas de playa, o quizá cuando yo realicé ese disparo a tan larga distancia. Antes de eso, mi apodo había sido Tex.

Desde luego, no era tan solo «Leyenda». Había algo más que un poco de burla que iba junto con las palabras: LA LEYENDA. Uno de mis muchachos, Dauber creo que era, incluso le dio la vuelta y me llamaba EL MITO, situándome en mi lugar.

Todo ello era en tono amistoso, en una manera más de honor que una ceremonia uniformada con medalla.

Me caía realmente bien Dauber. Aunque él era uno de los nuevos, era francotirador, y bastante bueno. Sabía defenderse en un tiroteo, e intercambiar insultos. Yo hice muy buenas migas con él, y cuando llegó el momento de hacerle novatadas, yo no le golpeé... mucho.

Incluso si los muchachos bromeaban al respecto, Leyenda era uno de los mejores apodos que te podían poner. Hablemos de Dauber. Ese no es su verdadero nombre (en el presente, él está haciendo lo que llamamos «trabajo gubernamental»). El apodo provenía de un personaje en la serie de televisión *Coach*. Ahí, Dauber era el típico bruto. En la vida real, él es un tipo bastante inteligente, pero ese hecho no se tuvo en consideración para ponerle el mote.

Sin embargo, uno de los mejores motes era el de Ryan Job: Biggles.

Era un nombre grande y tonto para un muchacho grande y torpe. Dauber se apropió del mérito. Dice que la palabra era una combinación de «grande» y «risitas» que había sido inventada para uno de sus familiares.

Un día la mencionó, aplicándola a Ryan. Otra persona en el equipo la utilizó, y segundos después ahí se había quedado.

Biggles.

Ryan la aborrecía, naturalmente, lo cual sin duda ayudó a que permaneciese.

En el camino, otra persona encontró más adelante un pequeño hipopótamo color morado. Desde luego, tenía que ser para el muchacho que tenía cara de hipopótamo. Y Ryan se convirtió en Biggles, el hipopótamo del desierto.

Al ser Ryan como era, le dio la vuelta por completo. No era una broma *sobre* él; era *su* broma. Biggles el hipopótamo del desierto, el mejor tirador del 60 sobre el planeta.

Él llevaba ese pequeño hipopótamo a todas partes, incluso en la batalla. No se podía evitar querer a ese tipo.

LOS CASTIGADORES

Nuestro pelotón tenía su propio apodo, uno que iba más allá de Cadillac.

Nos denominábamos los Castigadores.

Para los que no estén tan familiarizados con el personaje, el Castigador debutó en una serie de cómics de Marvel en la década de 1970. Él es un verdadero machote que corrige los desastres, ejerciendo una justicia vigilante. Una película con el mismo título acaba de estrenarse; el Castigador llevaba una camisa con una estilizada calavera blanca.

Nuestro tipo de comunicaciones lo sugirió antes del despliegue. Todos pensábamos que lo que el Castigador hacía era bueno: corregía desastres, mataba a los malos, hacía que los delincuentes le tuvieran miedo.

De eso se trataba nuestro trabajo, así que adaptamos su símbolo, una calavera, y lo adoptamos como propio, con algunas modificaciones. La pintamos con spray en nuestros Hummer y chalecos antibalas, en nuestros cascos y todas nuestras armas. Y la pintamos en todo edificio y pared que podíamos. Queríamos que la gente supiera: *estamos aquí y queremos mandarles al carajo.*

Era nuestra versión de guerra psicológica.

¿Nos ven? Somos las personas que patean sus traseros. Téngannos miedo. Porque les mataremos, malditos.

Ustedes son malos. Nosotros somos más malos. Nosotros somos unos cabrones.

Nuestro pelotón hermano quería utilizar la plantilla que nosotros usábamos para marcar nuestro equipamiento, pero no les dejamos. Les dijimos que *nosotros* éramos los Castigadores. Ellos tenían que conseguir su propio símbolo.

FUIMOS UN POCO MÁS LIGEROS CON NUESTROS HUMMER. TAMBIÉN les pusimos nombres, a la mayoría, según los personajes de *G. I. Joe*, como Duke y Snake Eyes. Solo porque la guerra sea un infierno no significa que no se pueda tener un poco de diversión.

TENÍAMOS UN BUEN EQUIPO EN ESE DESPLIEGUE, COMENZANDO desde arriba. Oficiales decentes, y un jefe realmente excelente llamado Tony.

Tony se había entrenado como francotirador. No era solamente un cabrón; era un *viejo* cabrón, al menos para un SEAL; se rumoreaba que tenía cuarenta años de edad en ese despliegue.

Los SEAL normalmente no llegan hasta los cuarenta y permanecen en el campo. Estamos demasiado machacados. Pero Tony de algún modo se las arregló. Era un duro hijo de puta, y le habríamos seguido hasta el infierno y de regreso.

Yo era el hombre punta, los francotiradores por lo general lo son, cuando salíamos de patrulla. Tony estaba casi siempre justo a mis espaldas. En general, el jefe estará hacia la parte posterior de la formación, cubriendo los traseros de todos los demás, pero en este caso nuestro teniente razonó que tener dos francotiradores en la punta del pelotón era más eficaz.

UNA NOCHE POCO DESPUÉS QUE TODO EL PELOTÓN HUBIERA vuelto a reunirse, viajamos unos diecisiete kilómetros al este de Ramadi. La zona era verde y fértil; tanto que nos parecía como la jungla de Vietnam, comparado con el desierto en el que habíamos estado operando. Lo llamamos Viet Ram.

Una noche poco después que la unidad se reuniera, fuimos ubicados en una zona de patrulla y comenzamos a ir a pie hacia una supuesta fortaleza de insurgentes. Finalmente, llegamos a una inmensa cuneta con un puente que la cruzaba. La mayoría de las veces, esos puentes escondían trampas, y en este caso la inteligencia nos había indicado que era así. Por lo tanto, yo avancé y me quedé allí, encendiendo mi láser para buscar una cuerda de trampa.

Dirigí la luz a la parte superior del puente, pero no vi nada. Me agaché un poco más y lo intenté de nuevo. Nada aún. Miré por todas partes que se me ocurrieron, pero no encontré ningún cable de contacto, ninguna cuerda de trampa. Ninguna bomba casera, nada.

Pero como me habían dicho que el puente tenía trampas, yo estaba seguro de que *tenía* que haber algo allí.

Miré otra vez. Mi EDB (el experto en desactivación de bombas) estaba esperando detrás de mí. Lo único que yo tenía que hacer era encontrar una cuerda de trampa o la bomba misma, y él la desactivaría en segundos.

Pero yo no podía encontrar una mierda. Finalmente, le dije a Tony: «Vamos a cruzar».

No tengas la imagen equivocada: yo no estaba atacando ese puente. Tenía mi fusil en una mano y la otra situada de modo protector sobre las joyas de la familia.

Eso no me habría salvado la vida si explotaba una bomba, pero al menos estaría intacto para el funeral.

El puente tenía unos tres metros de longitud, pero debió haberme tomado una hora cruzar esa cosa. Cuando finalmente llegué al otro lado, estaba empapado de sudor. Me di la vuelta para dar el visto bueno a los demás muchachos. Pero no había nadie allí. Todos se habían escondido detrás de algunas rocas y arbustos, esperando a que yo volara en pedazos.

Incluso Tony, quien, como hombre punta, debería haber estado detrás de mí.

«¡Hijo de puta!», grité. «¿Dónde diablos estabas?».

«No hay motivo para que más de uno de nosotros vuele en pedazos», me dijo con la mayor naturalidad cuando cruzó.

INTÉRPRETES

FALUYA HABÍA SIDO TOMADA EN UN ASALTO SIN CUARTEL, CON un movimiento por la ciudad de manera muy organizada. Aunque había sido exitoso, el ataque también había causado muchos daños, los cuales supuestamente habían dañado el apoyo para el nuevo gobierno iraquí.

Se puede argumentar si eso es cierto o no, yo en verdad lo haría, pero el alto mando estadounidense no quería que sucediera lo mismo en Ramadi. Por lo tanto, mientras el ejército trabajaba en un plan para tomar Ramadi con la mínima destrucción, nosotros fuimos a pelear a la zona cercana.

Comenzamos con acción directa. Teníamos cuatro intérpretes, los llamábamos terps, que nos ayudaban a comunicarnos con los lugareños. Al menos uno y normalmente dos salían con nosotros.

Un terp que a todos nos caía bien era Moose. Él era un cabrón. Había estado trabajando desde la invasión en 2003. Era jordano, y el único de los terps a quien le dimos una pistola. Sabíamos que él pelearía; tenía tantas ganas de ser un estadounidense que habría muerto por ello. Cada vez que se enfrentaban con nosotros, él estaba ahí disparando.

No era un gran tirador, pero podía mantener agachadas las cabezas del enemigo. Lo más importante es que sabía cuándo podía disparar y cuándo no, lo cual no es tan fácil como podría parecer.

HABÍA UNA PEQUEÑA ALDEA FUERA DE LA BASE SHARK A LA QUE llamábamos Gay Tway. Estaba infestada de insurgentes. Abríamos las puertas, salíamos, y alcanzábamos nuestro objetivo. Había solo una casa a la que fuimos tres o cuatro veces. Después de la primera vez, ni siquiera se molestaron en volver a poner la puerta en su lugar.

Por qué seguían regresando a esa casa, no lo sé. Pero nosotros también seguíamos regresando; llegamos a conocer el lugar muy bien.

No nos tomó mucho tiempo antes de comenzar a establecer mucho contacto en Gay Tway y el pueblo de Viet Ram. Una unidad de la Guardia Nacional del Ejército cubría esa zona, y comenzamos a trabajar con ellos.

OBJETIVOS

ENTRE NUESTRAS PRIMERAS TAREAS ESTABA AYUDAR AL EJÉRCITO a reclamar la zona circundante de un hospital a lo largo del río en Viet Ram. El edificio de cemento de cuatro pisos había sido comenzado y después abandonado unos años antes. El ejército quería terminarlo para los iraquíes; el cuidado médico decente era una gran necesidad allí. Pero ellos no podían acercarse y realizar ningún trabajo, porque en cuanto lo hacían, comenzaban a dispararles. Por lo tanto, fuimos a trabajar.

Nuestro pelotón, dieciséis muchachos, formó equipo con unos veinte soldados para despejar la aldea cercana de insurgentes. Al entrar a la ciudad una mañana temprano, nos dividimos y comenzamos a tomar casas.

Yo iba en punta, llevando mi Mk-12, el primer hombre en cada edificio. Cuando la casa era asegurada, yo subía al tejado, cubría a los muchachos que estaban abajo, y buscaba insurgentes, que esperábamos que atacasen cuando supieran que estábamos allí. El grupo avanzaba hacia adelante, despejando la zona a medida que avanzábamos.

A diferencia de la ciudad, estas casas no estaban muy cerca unas de otras, de modo que el proceso tomaba más tiempo y era más extenso. Pero poco después, los terroristas se dieron cuenta de dónde estábamos nosotros y lo que pretendíamos, y organizaron un pequeño ataque desde una mezquita. Escondidos detrás de sus muros, comenzaron a inundar de disparos a un grupo de soldados en tierra.

Yo estaba arriba en uno de los tejados cuando comenzó el tiroteo. Momentos después, comenzamos a disparar todo lo que teníamos a los malos: M-4, M-60, fusiles de francotirador, granadas de 40 mm, cohetes antitanque, todo lo que teníamos. Incendiamos esa mezquita.

El impulso de la batalla cambió rápidamente en nuestro favor. Los soldados que estaban en tierra comenzaron a maniobrar para asaltar la mezquita, esperando agarrar a los insurgentes antes de que pudieran regresar a cualquier agujero por el que habían salido. Dirigimos nuestros disparos más arriba, moviendo nuestro objetivo por encima de sus cabezas para permitirles que entraran.

En algún momento en medio de la lucha, un cartucho caliente de otra arma, probablemente una ametralladora M-60 que estaba a mi lado, disparó enfrente de mi pierna y aterrizó en mi bota cerca de mi tobillo. Quemaba como el infierno, pero yo no podía hacer nada al respecto, pues había demasiados malos saliendo desde detrás de las paredes, intentando agarrar a mi gente.

Yo llevaba puestas botas de montaña sencillas en lugar de botas de combate. Ese era mi estilo normal; eran más ligeras y más cómodas, y normalmente más que suficientes para proteger mis pies. Desgraciadamente, no me había molestado en atarlas muy bien antes de la batalla, y había un espacio entre mis pantalones y la bota, donde resultó caer el cartucho después de salir disparado.

¿Qué me habían dicho los instructores en el BUD/S sobre no poder pedir «tiempo muerto» en la batalla?

Cuando las cosas se calmaron, me puse de pie y me quité el cartucho. Un buen pedazo de piel también se arrancó junto con él.

Aseguramos la mezquita, trabajamos en el resto de la aldea, y después lo dimos por concluido.

DIFERENTES MANERAS DE MATAR

Fuimos en patrullas con la unidad del ejército varias veces más, intentando reducir la resistencia en la zona. La idea era sencilla, si bien potencialmente arriesgada: nos hacíamos visibles, intentando atraer los disparos de los insurgentes. Cuando ellos se mostraban, podíamos dispararles y matarlos. Y normalmente lo hacíamos.

Forzados a salir de la aldea y la mezquita, los insurgentes se replegaron hacia el hospital. Les encantaban los edificios de hospitales, no solo porque eran grandes y por lo general bien construidos (y por lo tanto daban protección), sino porque también sabían que nosotros éramos renuentes a atacar hospitales, incluso después que hubieran sido tomados por terroristas.

Necesitamos algún tiempo, pero el mando del ejército finalmente decidió atacar el edificio.

«Bien», les dijimos todos cuando oímos el plan. «Vamos a hacerlo».

ESTABLECIMOS UN GRUPO DE APOYO EN UNA CASA A UNOS doscientos o trescientos metros del edificio del hospital, al otro lado de un campo. En cuanto los insurgentes nos vieron, comenzaron a dejarnos seguir adelante.

Uno de mis muchachos disparó un cohete Carl Gustav a la parte superior del edificio desde donde ellos estaban disparando. El Gustav hizo un gran agujero allí. Volaron cuerpos por todas partes.

El cohete ayudó a quitarles en parte las ganas de pelear, y a medida que la resistencia se debilitó, el ejército intervino y tomó el edificio. Cuando ellos llegaron al terreno, casi no hubo resistencia. Las pocas personas que no habíamos matado habían huido.

SIEMPRE ERA DIFÍCIL SABER CUÁNTOS INSURGENTES SE OPONÍAN a nosotros en una batalla como esa. Un pequeño grupo podía organizar una pelea bastante buena. Una decena de hombres luchando a cubierto podían retener el avance de una unidad durante bastante tiempo, dependiendo de las circunstancias. Sin embargo, cuando los insurgentes tenían que hacer frente a mucha fuerza, se podía contar con que la mitad de ellos se retirase por detrás o por cualquier lugar para huir.

DESDE MUCHO ANTES HABÍAMOS TENIDO EL CARL GUSTAV, PERO por lo que sé, esa fue la primera vez que en realidad matamos a alguien con él, y puede que haya sido la primera vez que lo hiciera una unidad SEAL. Fue sin duda la primera vez que lo utilizamos contra un edificio. Cuando se difundió la noticia, desde luego, todo el mundo quería utilizarlos.

Técnicamente, el Carl Gustav fue desarrollado para combatir blindados, pero como descubrimos, era bastante potente contra edificios. De hecho, fue perfecto en Ramadi; sencillamente hacía volar el cemento reforzado y sacaba a quienes estuvieran en el interior. La presión de la explosión barría el interior.

Teníamos diferentes casquillos para el arma. (Recuerda: en realidad se considera un fusil sin retroceso en lugar de un lanzador de cohete.) Muchas veces, los insurgentes se ocultaban detrás de diques y otras barreras, bien protegidos. En ese caso, se podía hacer un lanzamiento por aire para que explotase sobre ellos. El lanzamiento por aire era mucho peor que cualquier cosa que detonase en tierra.

El Gustav es relativamente fácil de utilizar. Tienes que llevar doble protección para los oídos y tener cuidado de dónde estás cuando se dispara, pero los resultados son fenomenales. Todos en el pelotón querían utilizarlo después de un tiempo; juro que hubo peleas por quién iba a lanzarlo.

CUANDO ESTÁS EN UNA PROFESIÓN EN LA QUE TU TRABAJO ES matar personas, comienzas a ser creativo al respecto. Piensas en conseguir el máximo poder de disparo que puedas en la batalla. Y comienzas a intentar pensar en maneras nuevas y creativas de eliminar a tu enemigo.

Teníamos tantos objetivos en Viet Ram que comenzamos a preguntarnos: ¿qué armas *no* hemos utilizado para matarlos?

¿No hay aún muertes por pistola? Tenemos que conseguir al menos una.

Utilizábamos diferentes armas por la experiencia, para aprender la capacidad del arma en combate. Pero a veces era un juego; cuando estás en un tiroteo cada día, comienzas a buscar un poco de variedad. A pesar de todo, había muchos insurgentes, y muchos tiroteos.

El Gustav resultó ser una de nuestras armas más eficaces cuando nos enfrentábamos contra insurgentes que disparaban desde edificios. Teníamos cohetes antitanque, que eran más ligeros y más fáciles de transportar. Pero muchos de ellos resultaron ser defectuosos. Y cuando lanzas un cohete, ya has terminado; no era un arma recargable. El Carl Gustav era siempre un gran golpe.

Otra arma que utilizábamos bastante era el lanzador de granadas de 40 mm. El lanzador viene en dos variedades, una que se incorpora debajo de tu fusil y otra que es un arma independiente. Nosotros teníamos las dos.

Nuestra granada estándar era una «frag»: una granada que explotaba y se difundía en una zona con metralla o fragmentos. Esta es un arma tradicional antipersona, probada y confiable.

Mientras estábamos en este despliegue, recibimos un nuevo tipo de proyectil que utilizaba un explosivo termobárico. Esos tenían mucha más «detonación»: una sola granada lanzada a un francotirador enemigo en una pequeña estructura podía echar abajo todo el edificio debido al exceso de presión creado por la explosión. Sin embargo, la mayoría de las veces estábamos disparando a un edificio más grande, pero la potencia destructiva seguía siendo intensa. Tenías una violenta explosión, un fuego, y después ningún enemigo más. Me encantaba.

Se lanzan granadas con lo que denominamos resistencia aerodinámica Kentucky: calculando la distancia, ajustando la elevación del lanzador, y disparando. Nos gustaba el M-79, la versión independiente que se utilizó por primera vez durante la Guerra de Vietnam, porque tenía mira, haciendo que fuera mucho más fácil apuntar y acertar en lo que quisieras. Pero de un modo u otro, rápidamente le agarrabas el ritmo a las cosas, porque utilizabas mucho el arma.

Teníamos contacto cada vez que salíamos.

Nos encantaba.

Taya:

Pasé un tiempo difícil con los niños después que Chris fuese desplegado. Mi mamá vino a ayudarme, pero fue sencillamente un tiempo difícil.

Supongo que no estaba preparada para tener otro bebé. Estaba furiosa con Chris, asustada por él, y nerviosa por criar a un bebé y un niño pequeño yo sola. Mi hijo tenía solo un año y medio; empezaba a descubrirlo todo, y la recién nacida resultó ser bastante dependiente.

Recuerdo estar sentada en el sofá y llorar con mi bata de baño puesta durante días. Le daba el pecho a ella e intentaba alimentarlo a él. Me sentaba allí y lloraba.

La cesárea no se curó bien. Había mujeres que me decían: «Después de mi cesárea, estaba limpiando el piso una semana después, y todo fue bien». Bien, seis semanas después de la mía aún tenía dolores, y no se curó realmente bien en absoluto. (Más adelante descubrí que normalmente es de la segunda cesárea de la que las mujeres se recuperan. Nadie me dijo esa parte.)

Me sentía débil. Estaba enojada conmigo misma por no estar bien. Sencillamente apestaba.

LAS DISTANCIAS AL ESTE DE RAMADI HICIERON QUE EL FUSIL .300 Win Mag fuese el que escogiera, y comencé a llevarlo regularmente en las patrullas. Después que el ejército tomase el hospital, siguieron recibiendo disparos y siendo atacados. No pasó mucho tiempo antes de que también comenzaran a recibir fuego de mortero. Así que salimos, peleando contra los insurgentes que les disparaban, y buscando a quienes manejaban los morteros.

Un día, nos establecimos en un edificio de dos pisos a corta distancia del hospital. El ejército probó a utilizar equipo especial para saber desde dónde eran disparados los morteros, y nosotros elegimos la casa porque estaba cerca de la zona que ellos identificaron. Pero por alguna razón, ese día los insurgentes decidieron mantenerse escondidos.

Quizá se estaban cansando de morir.

Yo decidí ver si podía hacerles salir. Siempre llevaba una bandera estadounidense en el interior de mi chaleco antibalas. La saqué y puse cuerda 550 (cuerda de nylon multiuso a veces llamada *cuerda de paracaídas*) por las arandelas. Até la cuerda al borde del tejado, y después la lancé hacia el lado para que cubriera el costado del edificio.

Minutos después, media docena de insurgentes salió con pistolas automáticas y comenzaron a dispararle a mi bandera.

Nosotros devolvimos los disparos. La mitad del enemigo cayó; la otra mitad se dio la vuelta y huyó.

Aún sigo teniendo la bandera. Ellos le dispararon a dos de las estrellas. Un intercambio justo por sus vidas, según mis cuentas.

CUANDO NOSOTROS SALÍAMOS, LOS INSURGENTES SE ALEJABAN cada vez más e intentaban situar más cobertura entre nosotros y ellos. Ocasionalmente, teníamos que requerir apoyo por aire para hacerles salir de detrás de muros o terraplenes en la distancia.

Debido al temor al daño colateral, el mando y los pilotos eran renuentes a utilizar bombas. En cambio, los aviones realizaban pasadas de ametrallamiento. También teníamos helicópteros de ataque, Cobras de los Marines y Hueys, que utilizaban ametralladoras y cohetes.

Un día, mientras estábamos en un grupo de apoyo, mi jefe y yo detectamos a un hombre que estaba situando un mortero en el baúl de un auto a unos setecientos metros de nosotros. Yo le disparé; otro hombre salió del edificio donde él había estado y mi jefe le disparó. Requerimos un ataque aéreo; un F/A-18 lanzó un misil sobre el auto.

Hubo masivas explosiones secundarias; ellos habían cargado el auto de explosivos antes de que nosotros los viéramos.

ENTRE LOS DURMIENTES

Una o dos noches después, me encontré caminando en la oscuridad por una aldea cercana, pasando por encima de cuerpos: no de personas muertas, sino de iraquíes que dormían. En el calor del desierto, las familias iraquíes con frecuencia dormían en el exterior.

Yo estaba de camino a establecer una posición para que pudiéramos apoyar una redada en el mercado donde uno de los insurgentes tenía una tienda. Nuestra inteligencia indicaba que de ahí habían salido las armas del auto que habíamos explotado.

Nos habían dejado a otros cuatro muchachos y a mí a unos seis kilómetros del resto del equipo, que estaba planeando organizar una redada en la mañana. Nuestra tarea era llegar al lugar por delante de ellos, examinar y vigilar la zona, y entonces protegerlos cuando ellos llegaran.

No era tan peligroso como se podría pensar caminar por zonas tomadas por insurgentes en la noche. Casi siempre estaban dormidos. Los iraquíes vieron llegar a nuestros convoyes durante el día, y entonces se fueron antes de que cayera la noche. Por lo tanto, los malos pensaban que estábamos todos de regreso en la base. No había guardias situados, ni centinelas, ni piquetes vigilando la zona.

Desde luego, tenías que tener cuidado con dónde pisabas; uno de los miembros de mi pelotón casi pisa a un iraquí durmiente mientras caminábamos hacia nuestra zona objetivo en la oscuridad. Afortunadamente, se dio cuenta en el último segundo, y pudimos seguir caminando sin despertar a nadie.

Encontramos el mercado y nos establecimos para vigilarlo. Era una pequeña fila de diminutas casuchas de un piso utilizadas como tiendas. No había ventanas; abres una puerta y vendes tus productos delante de la casa.

No mucho tiempo después de haber llegado a nuestro escondite, recibimos una llamada por radio diciéndonos que otra unidad estaba fuera en algún lugar en la zona.

Unos minutos después, divisamos a un grupo de personas sospechoso.

«Oye», dije yo por radio. «Veo a cuatro tipos llevando AKs y tirantes con equipo. Todos ellos muya. ¿Son nuestros hombres?».

Los tirantes con equipo son tirantes o un chaleco que se utilizan para sujetar equipo de combate. Los hombres que yo vi parecían muyahidines; con «todos ellos muya» me refería a que iban vestidos como lo hacían a menudo los insurgentes en el campo, llevando las ropas largas y holgadas y pañuelos. (En la ciudad, con frecuencia visten ropa de estilo occidental: los pantalones y las camisas eran grandes.)

Los cuatro hombres venían del río, que era de donde yo esperaba que vinieran nuestros muchachos.

«Espera, lo averiguaremos», dijo el hombre de comunicaciones al otro lado de la radio.

Yo los observaba. No iba a dispararles; de ninguna manera iba a arriesgarme a matar a un estadounidense.

La unidad se tomó su tiempo para responder a nuestro hombre, que, a su vez, tenía que contactar con los muchachos de mi pelotón. Yo observaba mientras los hombres seguían caminando.

«No son nuestros», llegó finalmente la llamada. «Cancelaron».

«Estupendo. Bien, dejo que cuatro hombres vayan en tu dirección».

(Estoy seguro de que si ellos hubieran estado ahí fuera, yo nunca les habría visto. *Ninjas*.)

Todo el mundo estaba enojado. Mis muchachos en el Hummer estaban sentados y listos, observando el desierto, esperando que aparecieran los muya. Yo regresé a mi propia vigilancia, observando la zona que ellos se suponía que atacarían.

Unos minutos después, lo que sí vi fue a los cuatro insurgentes que habían pasado anteriormente.

Yo derribé a uno; uno de los otros francotiradores derribó a otro antes de que pudieran ponerse a cubierto.

Entonces otros seis o siete insurgentes aparecieron detrás de ellos.

Ahora estábamos en medio de un tiroteo. Comenzamos a lanzar granadas. El resto del pelotón oyó los disparos e intervino. Pero los luchadores que nos habían pasado se habían fundido.

Perdido el elemento sorpresa, el pelotón siguió adelante con la redada en el mercado en la oscuridad. Encontraron alguna munición y AKs, pero nada importante en términos de un verdadero alijo de armas.

NUNCA DESCUBRIMOS QUÉ PRETENDÍAN LOS INSURGENTES QUE pasaron. Fue tan solo otro misterio de guerra.

LA ÉLITE DE LA ÉLITE

CREO QUE TODOS LOS SEAL RESPETAN MUCHO A NUESTROS hermanos en la unidad de élite antiterrorista de la que has leído tanto. Son un grupo de élite dentro de un grupo de élite.

No interactuamos mucho con ellos en Irak. La única otra vez que tuve mucho que ver con ellos llegó unas semanas después, tras entrar en Ramadi. Ellos habían oído que estábamos allí derribando a un inmenso número de salvajes, así que enviaron a uno de sus francotiradores para ver lo que estábamos haciendo. Supongo que querían descubrir qué estábamos haciendo que funcionaba.

Al mirar atrás, lamento no haber intentado unirme a ellos. En ese momento no utilizaban francotiradores tanto como los otros equipos. Los asaltantes realizaban la mayor parte del trabajo, y yo no quería ser un asaltante. Me encantaba lo que estaba haciendo. Yo quería ser francotirador. Estaba usando mi fusil, y matando enemigos. ¿Por qué abandonar eso, trasladarme a la Costa Este y convertirme en uno de los nuevos otra vez? Y eso sin siquiera considerar la escuela parecida al BUD/S que hay que pasar para demostrar que perteneces.

Tendría que pasar varios años como asaltante antes de recorrer el camino hasta llegar a ser francotirador de nuevo. ¿Por qué hacer eso cuando ya estaba disparando como francotirador, y me encantaba?

Pero ahora que he oído sobre sus operaciones y lo que han logrado, creo que debería haber seguido ese camino.

Esos hombres tienen la reputación de ser arrogantes y más que llenos de egoísmo. Eso es totalmente equivocado. Tuve la oportunidad de conocer a algunos de ellos después de la guerra cuando llegaron a unas instalaciones de entrenamiento que yo dirigía. Tenían totalmente los pies en la tierra, muy humildes en cuanto a sus logros. Yo deseaba sin duda poder regresar junto con ellos.

CIVILES Y SALVAJES

La ofensiva en Ramadi aún tenía que comenzar, oficialmente, pero ya estábamos teniendo mucha acción.

Un día, la inteligencia habló con respecto a insurgentes que plantaban bombas caseras a lo largo de cierta carretera. Nosotros fuimos allí y la pusimos bajo vigilancia. También entramos en las casas y vigilamos las emboscadas a convoyes y bases americanas.

Es cierto que puede ser difícil diferenciar a civiles e insurgentes en ciertas situaciones, pero aquí los malos nos lo ponían fácil. Los vehículos aeronáuticos no tripulados (drones) vigilaban una carretera, por ejemplo, y cuando veían a alguien plantando una bomba, no solo podían localizar la trampa, sino también seguir a los insurgentes de regreso a su casa. Eso nos daba una información excelente sobre dónde estaban los malos.

Los terroristas que iban a atacar a americanos se revelaban a sí mismos al moverse tácticamente contra convoyes que se acercaban o al acercarse a una base. Se ocultaban con sus AKs listos; era muy fácil divisarlos.

También aprendieron a divisarnos a nosotros. Si tomábamos una casa en una pequeña aldea, manteníamos a la familia dentro por seguridad. Las personas que vivían cerca sabían que si la familia no estaba fuera a las nueve de la mañana, había estadounidenses en el interior. Eso era una invitación abierta para que cualquier insurgente en la zona se acercara e intentara matarnos.

Se volvió tan predecible, que parecía que iba a suceder según un horario. Alrededor de las nueve de la mañana se producía un tiroteo; las cosas se calmaban un poco a mediodía. Entonces, alrededor de las tres o las cuatro había otro. Si las posibilidades no fueran vida o muerte, habría sido divertido.

Y en ese momento *era* divertido, de una manera un tanto perversa.

Uno no sabía desde qué dirección iban a atacar ellos, pero las tácticas eran casi siempre las mismas. Los insurgentes comenzaban con fuego automático, disparaban un poco aquí, otro poco allá. Luego los lanzagranadas, una ráfaga de disparos; finalmente, se dispersaban e intentaban alejarse.

UN DÍA ELIMINAMOS A UN GRUPO DE INSURGENTES A CORTA distancia desde el hospital. No nos dimos cuenta en ese momento, pero la inteligencia del ejército más adelante nos dijo que el mando insurgente había hecho una llamada telefónica a alguien, pidiendo más morteros, porque el equipo que había estado golpeando el hospital acababa de ser eliminado.

Sus sustitutos nunca aparecieron.

Qué lástima. También los habríamos matado a ellos.

Todo el mundo sabe ahora sobre los Depredadores, los vehículos aéreos no tripulados, o drones, que proporcionaron mucha información a las fuerzas estadounidenses durante la guerra. Pero lo que muchos no saben es que nosotros teníamos nuestros propios drones de mochila: aviones pequeños, lanzados manualmente y aproximadamente del tamaño de un avión teledirigido con los que los niños de todas las edades juegan en Estados Unidos.

Caben en una mochila. Yo nunca llegué a manejar uno, pero parecían buenos. La parte más delicada, al menos por lo que yo podía ver, era el lanzamiento. Había que lanzarlo con bastante fuerza para situarlo en el aire. El operador revolucionaba el motor, después lo lanzaba al aire; se necesitaba cierta cantidad de habilidad.

Debido a que volaban bajo y tenían motores que hacían relativamente mucho ruido, esos drones se podían oír desde tierra. Tenían un sonido distintivo, y los iraquíes pronto aprendieron que el sonido significaba que nosotros estábamos observando. Tomaban sus precauciones en cuanto los oían, lo cual arruinaba su propósito.

Las cosas se pusieron tan pesadas en algunos momentos que tuvimos que utilizar dos radios de banda diferentes, uno para comunicarnos con nuestro mando de operaciones tácticas (TOC) y otro para utilizarlo entre el pelotón. Había tanto tráfico de radio de un lado y de otro que las comunicaciones del TOC nos infestaban durante el contacto.

Cuando comenzamos a salir, nuestro oficial al mando le dijo a nuestro vigilante principal que le despertara cada vez que entráramos en un TEC, un acrónimo militar para «tropas en contacto», o combate. Entonces, estábamos entrando en tanto combate que él revisó la orden; solo debíamos notificarle si habíamos estado en un TEC durante una hora.

Después pasó a ser: solo notifíquenme si alguien resulta herido.

La base Shark fue un refugio durante ese tiempo, un pequeño oasis de descanso y recreación. No es que fuese muy bonita. Tenía piso de piedra y las ventanas estaban bloqueadas por sacos de arena. Al principio, nuestros catres prácticamente se tocaban, y el único toque hogareño eran las golpeadas taquillas. Pero no necesitábamos mucho. Salíamos por tres días, regresábamos por un día. Yo dormía, después quizá jugaba algún juego de vídeo durante el resto del día, hablaba por el teléfono con mi casa, utilizaba la computadora. Entonces llegaba el momento de prepararse y volver a salir.

Había que tener cuidado cuando hablabas por teléfono. La seguridad operativa, OpSeg, para utilizar otro término militar, era crítica. No podías decir nada a nadie que pudiera traicionar lo que estábamos haciendo, o lo que planeábamos hacer, o incluso concretamente lo que habíamos hecho.

Todas nuestras conversaciones desde la base eran grabadas. Había software que escuchaba buscando palabras clave; si surgían las suficientes, retiraban la conversación, y podías tener bastantes problemas. En cierto momento, alguien habló sobre una operación, y todos estuvimos desconectados durante una semana. Él quedó bastante humillado, y desde luego nosotros lo reprendimos. Él se sintió apropiadamente con remordimientos.

A veces, los malos nos lo ponían fácil.

Un día, salimos y nos establecimos en una aldea cerca de la carretera principal. Era una buena ubicación; fuimos capaces de eliminar a unos cuantos insurgentes cuando ellos intentaron atravesar la zona de camino a atacar el hospital.

De repente, una camioneta Bongo, un pequeño vehículo de trabajo con una parte trasera plana donde un negocio podría transportar equipamiento, salió rápidamente desde la carretera hacia nuestra casa. En lugar de equipo, la camioneta transportaba a cuatro pistoleros atrás, que comenzaron a dispararnos cuando la camioneta cruzó el patio, afortunadamente amplio.

Yo le disparé al conductor. El vehículo se desvió y se detuvo. El pasajero que iba delante saltó y se puso en el asiento del conductor. Uno de mis compañeros le disparó antes de que pudieran continuar. Les disparamos al resto de los insurgentes, matándolos a todos.

Un rato después, detecté un camión basculante que recorría la carretera principal. No pensé demasiado en ello, hasta que giró y se metió en el camino de la casa y comenzó a dirigirse directamente hacia nosotros.

Ya habíamos interrogado a los dueños de la casa, y sabíamos que nadie allí conducía un camión basculante. Y era bastante obvio por su velocidad que no estaba allí para recoger escombros.

Tony le disparó al conductor en la cabeza. El vehículo se desvió y chocó contra otro edificio cercano. Un helicóptero llegó poco tiempo después y voló el camión. Sonó un misil Hellfire, y el camión voló por los aires: iba lleno de explosivos.

FINALMENTE, UN PLAN

A PRIMEROS DE JUNIO, EL EJÉRCITO HABÍA TRAZADO UN PLAN para tomar Ramadi y recuperarla de los insurgentes. En Faluya, los Marines habían trabajado sistemáticamente por toda la ciudad, persiguiéndolos y después sacándolos de allí. Aquí, los insurgentes iban a venir a nosotros.

La ciudad misma estaba metida entre canales y terrenos pantanosos. Había acceso limitado por carretera. El Éufrates y el canal de Habbaniyah limitaban la ciudad al norte y al oeste; había un puente a cada lado cerca de la punta noroeste. Al sur y al este, un lago, pantanos y un canal de drenaje estacional ayudaban a formar una barrera natural hacia el campo.

Las fuerzas estadounidenses entrarían desde los perímetros de la ciudad, los Marines desde el norte, y el ejército desde los otros tres lados. Estableceríamos fortalezas en varias partes de la ciudad, demostrando que nosotros teníamos el control; y esencialmente retando al enemigo a atacar. Cuando ellos atacaban, nosotros regresábamos los disparos con todo lo que teníamos. Establecimos cada vez más y más fortalezas, extendiendo gradualmente el control por toda la ciudad.

El lugar era un desastre. No había ningún gobierno en funciones, y estaba más allá de la anarquía. Los extranjeros que entraban en la ciudad eran al instante objetivos para la muerte o el secuestro, incluso si iban en convoyes armados. Pero el lugar era un infierno peor para los iraquíes comunes. Informes han calculado que hubo más de veinte ataques insurgentes contra iraquíes cada día. La mejor manera de resultar muerto en la ciudad era sumarse a las fuerzas policiales. Mientras tanto, la corrupción estaba extendida.

El ejército analizó a los grupos terroristas en la ciudad y decidió que había tres categorías diferentes: fanáticos islamistas duros, relacionados con al-Qaeda y grupos similares; lugareños que eran un poco menos fanáticos aunque aun así querían matar estadounidenses; y pandilleros oportunistas que básicamente intentaban ganarse la vida con el caos.

El primer grupo tenía que ser eliminado porque ellos nunca tiraban la toalla; serían nuestro principal objetivo en la campaña. Sin embargo, los otros dos grupos podrían ser persuadidos a abandonar, a dejar de matar personas, o a trabajar con el liderazgo tribal local. Por lo tanto, parte del plan del ejército sería trabajar con los líderes tribales para llevar paz a la zona. Según todos los testigos, se habían cansado de los insurgentes y el caos que ellos habían producido, y querían sacarlos de allí.

La situación y el plan eran mucho más complicados de lo que yo puedo resumir aquí, pero para nosotros sobre el terreno, todo eso era irrelevante. No nos importaban en absoluto los matices. Lo que veíamos, lo que sabíamos, era que muchas personas querían matarnos. Y nosotros peleábamos.

LOS *JUNDIS*

Había un aspecto en que el plan general sí nos afectaba a nosotros, y no para mejor.

La ofensiva en Ramadi no iba a tratarse solamente de tropas americanas. Por el contrario, el nuevo ejército iraquí había de ocupar el frente y el centro en el esfuerzo por retomar la ciudad y hacer que fuese segura.

Los iraquíes estaban allí. Al frente, no. Al centro, de hecho, sí, pero no en el sentido que se pueda pensar.

Antes de que comenzara el asalto, nos ordenaron ayudar a situar un «frente iraquí en la guerra»: el término y los medios utilizados para hacer creer que los iraquíes realmente estaban tomando la iniciativa en cuanto a dar seguridad a su país. Nosotros entrenamos unidades iraquíes, y cuando era posible (aunque no necesariamente deseable), los llevábamos con nosotros en operaciones. Trabajábamos con tres grupos diferentes; los llamábamos a todos ellos los *jundis*, palabra árabe para soldados aunque, técnicamente, algunos eran policías. Sin importar con qué rama estuvieran ellos, eran patéticos.

Habíamos utilizado a un pequeño grupo de observadores durante nuestras operaciones al este de la ciudad. Cuando entramos en Ramadi, usamos SMP, que eran un tipo de policía especial. Y después teníamos un tercer grupo de soldados iraquíes que utilizábamos en aldeas fuera de la ciudad. Durante la mayoría de las operaciones, los situábamos en el medio de nuestras columnas: estadounidenses al frente, iraquíes en el centro, estadounidenses al final. Si estábamos en el interior de una casa, ellos se quedaban en el primer piso, realizando seguridad y hablando con la familia, si es que había una allí.

En cuanto a los luchadores, apestaban. Los iraquíes más brillantes, parecía ser, eran normalmente insurgentes, que peleaban contra nosotros. Supongo que la mayoría de nuestros *jundis* tenían sus corazones en el lugar correcto. Pero en cuanto a destreza en la lucha militar...

Digamos tan solo que eran incompetentes, si no claramente peligrosos.

Una vez, un compañero SEAL llamado Brad y yo nos estábamos preparando para entrar en una casa. Estábamos de pie en el exterior de la puerta principal, con uno de nuestros *jundis* directamente detrás de nosotros. De alguna manera, el arma del *jundi* se atascó y él, estúpidamente, quitó el seguro y apretó el gatillo, causando una ráfaga de disparos justamente a mi lado.

Yo pensé que provenían de la casa, y lo mismo pensó Brad. Comenzamos a disparar, acribillando la puerta con nuestras balas.

Entonces oí unos gritos a mis espaldas. Alguien estaba arrastrando a un iraquí cuya arma se había disparado; sí, los disparos habían salido de nosotros, y no de nadie que estuviera en el interior de la casa. Estoy seguro de que el *jundi* se estaba disculpando, pero yo no tenía ánimos para escuchar, ni entonces ni más adelante.

Brad dejó de disparar, y el SEAL que se había acercado a la puerta se retrasó. Yo seguía intentando descubrir qué diablos había pasado cuando la puerta de la casa se abrió de par en par.

Apareció un hombre anciano, con sus manos temblando.

«Entren, entren», dijo. «No hay nada aquí, nada aquí».

Dudo de que se diera cuenta de lo cerca que había estado de que eso fuese una realidad.

Además de ser particularmente ineptos, muchos *jundis* eran sencillamente perezosos. Les decías que hicieran algo y ellos respondían: «*Inshallah*».

Algunas personas traducen eso como «Dios mediante». Lo que realmente significa es: «No va a suceder».

La mayoría de los *jundis* querían estar en el ejército para recibir un salario regular, pero no querían pelear, y menos morir, por su país. Por su tribu, quizá. La tribu, su familia extensa, era ahí donde estaba su verdadera lealtad. Y para la mayoría de ellos, lo que estaba sucediendo en Ramadi no tenía nada que ver con eso.

Entiendo que gran parte del problema tiene que ver con la cultura desastrosa en Irak. Esas personas habían estado bajo una dictadura durante toda su vida. Irak como país no significaba nada para ellos, o al menos nada bueno. La mayoría estaban contentos de que les librasen de Saddam Hussein, muy contentos de ser personas libres, pero no entendían lo que eso realmente significaba: las otras cosas que conllevaba el ser libre.

El gobierno ya no iba a dirigir sus vidas, pero tampoco les iba a dar alimentos ni ninguna otra cosa. Era un shock. Y estaban tan retrasados en términos de educación y tecnología, que a los estadounidenses con frecuencia les parecía que estaban en la Edad de Piedra.

Se puede sentir lástima por ellos, pero al mismo tiempo uno no quiere que esos tipos intenten dirigir tu guerra en tu lugar.

Y darles las herramientas que necesitaban para progresar *no* era de lo que se trataba mi tarea. Mi tarea era matar, no enseñar.

Llegamos a grandes extremos para hacer que ellos tuvieran una buena fachada.

En cierto momento durante la campaña, el hijo de un oficial local fue secuestrado. Inteligencia nos dijo que estaba siendo retenido en una casa cercana a una universidad local. Entramos en la noche, derribando las puertas y tomando un edificio grande para usarlo para el grupo de apoyo. Mientras yo observaba desde el tejado del edificio, algunos de mis muchachos tomaron la casa, liberando al secuestrado sin encontrar ninguna resistencia.

Bueno, aquello fue muy importante localmente. Por lo tanto, cuando llegó el momento para la fotografía de la operación, llamamos a nuestros *jundis*. Ellos se llevaron el mérito del rescate, y nosotros nos quedamos en un segundo plano.

Profesionales silenciosos.

Ese tipo de cosas sucedían en todos los lugares. Estoy seguro de que hubo muchas historias de regreso en Estados Unidos acerca de todo el bien que los iraquíes estaban haciendo, y el modo en que nosotros los entrenábamos. Esas historias probablemente llenarán los libros de historia.

Pero son pura mierda. La realidad era bastante diferente.

Creo que toda la idea de ponerle una fachada iraquí a la guerra era basura. Si quieres ganar una guerra, entras y la ganas. *Entonces* puedes entrenar a las personas. Hacerlo en medio de una batalla es estúpido. Fue un milagro que las cosas no se estropeasen aun más de lo que lo hicieron.

COP IRON

EL FINO POLVO DE LAS CARRETERAS DE TIERRA SE MEZCLABA con el olor del río y la ciudad cuando entramos en la aldea. Estaba muy oscuro, en algún punto entre la noche y la mañana. Nuestro objetivo era un edificio de dos pisos en el centro de una pequeña aldea al lado sur de Ramadi, separado de la parte principal de la ciudad por unas vías ferroviarias.

Entramos en la casa rápidamente. Las personas que vivían allí quedaron asombradas, obviamente, y claramente recelosas. Sin embargo, no parecían demasiado antagonistas, a pesar de la hora que era. Mientras nuestros terps y *jundis* hablaban con ellos, yo subí hasta el tejado y tomé posiciones.

Era el 17 de junio, el comienzo de la acción en Ramadi. Acabábamos de tomar el centro de lo que llegaría a ser COP Iron, el primer paso de nuestra entrada en Ramadi. (COP significa Puesto de Observación de Mando, por sus siglas en inglés.)

Yo examinaba la aldea con atención. Nos habían informado de que esperásemos un infierno de lucha, y todo lo que habíamos pasado durante las últimas semanas en el este reforzaba esa idea. Yo sabía que Ramadi iba a ser mucho peor que el campo. Estaba tenso, pero preparado.

Con la casa y la zona cercana aseguradas, le indicamos al ejército que entrase. Al oír los tanques acercarse en la distancia, examinaba todo incluso con más cuidado por la mira del fusil. Los malos también podían oírlos. Estarían allí en cualquier momento.

El ejército llegó con lo que parecía un millón de tanques. Tomaron las casas cercanas, y entonces comenzaron a construir muros para formar un recinto alrededor de ellos.

No llegó ningún insurgente. Tomar la casa, tomar la aldea: fue un evento decepcionante.

Al mirar alrededor, me di cuenta de que la zona que habíamos tomado estaba de modo literal y figurado al otro lado de las vías de la ciudad principal. Nuestra zona era donde vivían las personas más pobres, mucho decir para Irak, que no era exactamente la Costa Dorada. Los dueños y los habitantes de las casuchas que nos rodeaban apenas podían ganarse la vida. No podía importarles menos la insurgencia. Menos les importábamos aun nosotros.

Cuando el ejército se estableció, nosotros salimos unos ciento ochenta metros para proteger a los equipos mientras trabajaban. Seguíamos esperando un infierno de tiroteos. Pero no hubo mucha acción en absoluto. El único momento interesante llegó en la mañana, cuando un niño con retraso mental fue agarrado vagando por allí y escribiendo en un cuaderno. Parecía un espía, pero enseguida nos dimos cuenta de que no estaba bien mentalmente, y les dejamos ir a él y a sus garabatos.

Todos estábamos sorprendidos por la calma. A mediodía, estábamos sentados allí jugando con nuestros pulgares. No diría que estábamos decepcionados, pero... se sentía como una desilusión después de lo que nos habían dicho.

¿Esta era la ciudad más peligrosa en Irak?

10

EL DEMONIO DE RAMADI

LA ENTRADA

Unas noches después, me subí a una barcaza poco profunda de los cuerpos de Marines conocida como SURC («pequeña unidad fluvial»), y me escabullí en la cubierta detrás de la borda armada. Los Marines que manejaban el 60 cerca de la proa seguían la vigilancia mientras la barca y una segunda junto con el resto de nuestro grupo se movían río arriba, dirigiéndose tranquilamente hacia nuestro punto de inserción.

Espías insurgentes se ocultaban cerca de los puentes y en varias ubicaciones en la ciudad. Si hubiéramos estado en tierra, ellos habrían seguido nuestro progreso. Pero en el agua, no éramos una amenaza inmediata, y no prestaban mucha atención.

Viajábamos pesadamente. Nuestra siguiente parada estaba cerca del centro de la ciudad. En lo profundo del territorio enemigo.

Nuestras barcas llegaron a la orilla, situándose en la ribera del canal. Yo me levanté y crucé las pequeñas puertas de la rampa, casi perdiendo el equilibrio cuando salí a tierra. Fui trotando por tierra seca, entonces me detuve y esperé a que el resto del pelotón se juntara alrededor de mí. Habíamos llevado a ocho iraquíes con nosotros en las barcas; contando nuestros intérpretes, teníamos una fuerza de un poco más de dos docenas.

Los Marines regresaron al agua y se fueron.

Situándome al frente, comencé a moverme por la calle hacia nuestro objetivo. Pequeñas casas se veían en la distancia; había callejones y carreteras más anchas, un laberinto de edificios, y las sombras de estructuras más grandes.

No había llegado muy lejos cuando el láser de mi fusil desapareció. Se había acabado la batería. Detuve nuestro avance.

«¿Qué diablos sucede?», preguntó mi teniente, acercándose con rapidez.

«Necesito cambiar mi batería muy rápido», le expliqué. Sin el láser, estaría apuntando a ciegas, no mucho mejor que no apuntar a nada.

«No, sácanos de aquí».

«Muy bien».

Así que comencé a caminar otra vez, llevándonos hasta una intersección cercana. Una figura apareció en la oscuridad más adelante, junto al borde de un canal de drenaje vacío. Yo capté la sombra de su arma, me quedé mirando por un momento mientras pensaba en los detalles: AK-47, con cargador extra unido al fusil.

Muya.

El enemigo. Él estaba de espaldas y observaba la calle en lugar de mirar el agua, pero estaba bien armado y preparado para una pelea.

Sin el láser, yo habría estado disparando a ciegas. Hice una indicación a mi teniente. Él se acercó rápidamente, justo detrás de mí, y... *boom*.

Él derribó al insurgente. También, casi me hace un agujero en el oído, al disparar a pocos centímetros de mi cabeza.

No había tiempo para maldecir. Salí corriendo a la vez que caía el iraquí, sin estar seguro de si estaba muerto o de si habría otros cerca. Todo el pelotón me siguió, dispersándose y «ocupando» las esquinas.

El tipo estaba muerto. Yo agarré su rifle. Corrimos por la calle hasta la casa que íbamos a tomar, pasando al lado de algunas casas más pequeñas de camino. Estábamos a unos cientos de metros del río, cerca de dos carreteras principales que controlarían ese rincón de la ciudad.

Como muchas casas iraquíes, nuestro objetivo tenía un muro alrededor de unos dos metros de altura. La puerta estaba cerrada, así que colgué mi M-4 sobre mi hombro, saqué mi pistola y subí por la pared, escalando con una mano libre.

Cuando llegué arriba, vi que había personas durmiendo en el patio. Me dejé caer dentro de su recinto, apuntándoles con mi pistola, esperando que uno de mis compañeros de pelotón llegase detrás de mí para abrir la puerta.

Esperé.

Y esperé. Y esperé.

«Vamos», susurré. «Ven aquí».

Nada.

«*¡Vamos!*».

Algunos de los iraquíes comenzaron a moverse.

Yo me dirigí hacia la puerta, sabiendo que estaba totalmente solo. Allí estaba yo, apuntando con una pistola a una docena de insurgentes, por lo que veía, y separado del resto de mis muchachos por un grueso muro y una puerta cerrada.

Encontré la puerta y me las ingenié para poder abrirla. El pelotón y nuestros *jundis* iraquíes entraron corriendo, rodeando a las personas que habían estado durmiendo en el patio. (Había habido una confusión fuera, y por alguna razón ellos no se habían dado cuenta de que yo estaba allí solo.)

Las personas que dormían en el patio resultaron ser tan solo una familia común. Algunos de mis muchachos les situaron sin disparar ningún tiro, rodeándoles y haciéndoles moverse hacia una zona segura. Mientras tanto, el resto de nosotros corrimos hacia los edificios, despejando cada habitación tan rápidamente como podíamos. Había un edificio principal, y también una cabaña más pequeña cerca. Mientras mis muchachos comprobaban si había armas y bombas, cualquier cosa sospechosa, yo me dirigí al tejado.

Una de las razones por las que escogimos el edificio era su altura; la estructura principal tenía tres pisos de altura, y por lo tanto yo tenía una buena vista de la zona circundante.

Nada se movía. Hasta ahí, muy bien.

«Edificio seguro», dijo por radio el muchacho de comunicaciones al ejército. «Entren».

Acabábamos de tomar la casa que llegaría a ser COP Falcon, y una vez más, lo habíamos hecho sin luchar.

OFICIAL/PLANEADOR DE TERCERA

Nuestro mando había ayudado a planear la operación COP Falcon, trabajando directamente con los comandantes del ejército. Cuando terminaron, acudieron al liderazgo del pelotón y pidieron nuestros comentarios. Yo me involucré en el proceso de planificación táctica más profundamente que nunca antes.

Tenía sentimientos mezclados. Por una parte, tenía experiencia y conocimiento para aportar algo útil. Por otra parte, eso me tenía haciendo el tipo de trabajo que no me gusta hacer. Parecía un poco «administrativo» o burocrático; trabajo de traje, para utilizar una metáfora civil del trabajo.

Como E6, yo era uno de los más veteranos en el pelotón. Normalmente se tiene a un oficial de tercera (E7), que es el tipo veterano alistado, y a un oficial de tercera al mando. Generalmente, el oficial al mando es un E6, y el único en el pelotón. En nuestro pelotón, teníamos dos. Yo era el E6 junior, lo cual fue estupendo; Jay, el otro E6, era el oficial de tercera al mando, así que me libré de muchas de las obligaciones administrativas que conlleva ese puesto. Por otro lado, tenía los beneficios del rango. Para mí, era parecido a la historia de Ricitos de Oro y los tres ositos: yo era demasiado veterano para hacer las tareas de mierda y demasiado novato para hacer las tareas políticas. Era perfecto.

No me gustaba nada estar sentado frente a una computadora y mapeando todas las cosas, y mucho menos hacer presentaciones en diapositivas de todo ello. Preferiría mucho más poder haber dicho: «Oigan, síganme; les mostraré lo que vamos a hacer sobre la marcha». Pero escribirlo todo era importante; si me sucedía algo, otra persona tendría que ser capaz de incorporarse y saber lo que estaba sucediendo.

Me quedé atascado con un trabajo administrativo que no tenía nada que ver con el planeamiento de la misión: evaluar a los E5. Verdaderamente lo aborrecía. (Jay organizó cierto tipo de viaje y me dejó a mí con eso; estoy seguro de que fue porque tampoco él quería hacerlo.) El lado bueno fue que me di cuenta de lo buena que era nuestra gente. No había absolutamente ningún mierda en ese pelotón; era un grupo realmente sobresaliente.

APARTE DE MI RANGO Y MI EXPERIENCIA, LOS MANDOS QUERÍAN que yo participase en la planificación, porque los francotiradores estaban tomando un papel más agresivo en la batalla. Nos habíamos convertido, en términos militares, en una fuerza multiplicadora, capaces de hacer mucho más de lo que se podría pensar, basándose únicamente en nuestros números.

La mayoría de las decisiones de planificación implicaban detalles como las mejores casas que tomar para el grupo de apoyo, la ruta que recorrer, cómo ser incorporados, lo que podíamos hacer después de que fuesen tomadas las casas iniciales, etc. Algunas de las decisiones podían ser muy sutiles. Cómo llegar hasta un escondite para francotirador, por ejemplo. La preferencia era llegar allí todo lo furtivamente posible. Eso podría sugerir entrar caminando, como habíamos hecho en algunas de las aldeas; pero uno no quiere atravesar estrechos callejones donde hay mucha basura: demasiado ruido, demasiadas oportunidades de que haya una bomba casera o una emboscada.

Hay una percepción errónea entre el público general en cuanto a que las tropas de operaciones especiales siempre entran en paracaídas o con cuerdas en una zona de peligro. Aunque ciertamente hacemos ambas cosas cuando es adecuado, no llegamos desde el aire a ninguna de las zonas en Ramadi. Los helicópteros sí tienen ciertas ventajas, siendo dos de ellas la velocidad y la capacidad de viajar relativamente largas distancias; pero también hacen ruido y atraen la atención en un ambiente urbano. Y son objetivos relativamente fáciles de derribar.

En este caso, entrar por el agua tenía mucho sentido, debido al modo en que Ramadi está trazada y dónde estaba ubicado el objetivo. Nos permitió llegar a un punto cercano a la zona objetivo sigilosamente, comparativamente con rapidez, y con menos posibilidad de contacto que las rutas por tierra. Pero esa decisión condujo a un problema inesperado: no teníamos ninguna barca.

NORMALMENTE, LOS SEAL TRABAJAN CON EQUIPOS ESPECIALES en barca, conocidos en ese momento y en el pasado como unidades especiales en barca (SBU). La misma misión, nombres diferentes. Ellos conducen las lanchas rápidas que insertan a los SEAL y después los recogen; nosotros fuimos rescatados por una de ellas cuando nos «perdimos» en la costa de California durante el entrenamiento.

Hubo un poco de fricción entre los SEAL y los SBU allá en casa, en los bares, cuando ocasionalmente se escuchaba a algunos de los miembros del SBU afirmando ser un

SEAL. Los muchachos del equipo pensaban, y a veces decían, que es como si un taxista afirmara ser una estrella de cine porque llevó a alguna hasta el estudio.

No importa. Hay algunos tipos malditamente buenos ahí. Lo último que necesitamos es estar peleándonos con las personas que nos apoyan.

Pero ese es un punto que funciona en ambos sentidos. Nuestro problema en Ramadi vino del hecho de que la unidad que se suponía que iba a trabajar con nosotros se negó a ayudar.

Nos dijeron que ellos eran demasiado importantes para trabajar con nosotros. De hecho, afirmaban estar en espera de una unidad que tenía una mayor prioridad, solo por si los necesitaban. Lo cual no sucedió.

Vaya, lo siento. Estoy bastante seguro de que su tarea era ayudar a cualquiera que lo necesitara, pero no importa. Examinamos la zona y encontramos una unidad de Marines que estaba equipada con barcas SURC: pequeñas barcas que podían llegar hasta la orilla. Iban armadas y equipadas con ametralladoras delante y detrás.

Los muchachos que las conducían eran unos cabrones estupendos. Hacían todo lo que se supone que un SBU debía hacer. Excepto que lo hicieron por nosotros.

Ellos conocían su misión. No fingían ser otras personas. Tan solo querían llevarnos allí, del modo más seguro posible. Y cuando terminamos nuestra misión, ellos regresaron a buscarnos, incluso si era una salida caliente. Esos Marines llegaron en un suspiro.

COP FALCON

EL EJÉRCITO ENTRÓ CON TANQUES, VEHÍCULOS ARMADOS Y camiones. Soldados apilaban sacos de arena y reforzaban puntos débiles en la casa. La casa donde estábamos se encontraba en una intersección en T de dos carreteras principales, a una de las cuales llamamos Sunset. El ejército quería ese punto debido a su ubicación estratégica; era un paso estrecho y una presencia bastante clara dentro de la ciudad.

Esos factores también hacían que fuera un objetivo principal.

Los tanques atrajeron la atención enseguida. Un par de insurgentes comenzaron a moverse hacia la casa cuando los tanques llegaron. Los malos iban armados con AKs, quizá pensando neciamente que podían asustar. Yo esperé hasta que estuvieron a unos ciento ochenta metros de los tanques para derribarlos. Fueron objetivos fáciles, derribados antes de que pudieran coordinar un ataque organizado.

PASARON UNAS HORAS. YO SEGUÍA ENCONTRANDO DISPAROS; LOS insurgentes iban examinando la zona, uno o dos cada vez, intentando ocultarse detrás de nosotros.

Nunca fue muy pesado, pero había una corriente continua de oportunidad. Más adelante los llamé «disparos bang».

El comandante del ejército calculó que abatimos a dos docenas de insurgentes en las primeras doce horas de la lucha. No sé cuán preciso es el cálculo, pero yo mismo sí derribé a algunos ese primer día, a cada uno con un disparo. No fueron disparos particularmente buenos; todos ellos estaban alrededor de los trescientos metros y menos. El .300 Win Mag es contundente en esa distancia.

Mientras aún estaba oscuro, el ejército tenía ahora suficientes defensas en Falcon para mantener su posición si eran atacados. Yo me bajé del tejado y con mis muchachos volví a moverme, corriendo hacia un apartamento destrozado que estaba a unos cientos de metros de distancia. El edificio, uno de los más altos por allí, tenía una buena vista no solo de Falcon, sino también del resto de la zona. Lo llamamos Cuatro Pisos; terminaría siendo un hogar lejos de casa durante gran parte de la batalla que siguió.

Entramos sin problema. Estaba vacío.

No vimos mucho durante el resto de la noche. Pero cuando salió el sol, también lo hicieron los malos.

Ellos tenían como objetivo COP Falcon, pero de modo inepto. Caminaban, conducían, iban en motocicletas, intentando acercarse lo suficiente para lanzar un ataque. Siempre era obvio lo que estaban haciendo: veías a un par de tipos en una motocicleta. El primero tenía un AK y el segundo tenía un lanzador de granadas.

Vamos...

Comenzamos a lograr muchos derribos. Cuatro Pisos era un estupendo lugar para francotiradores. Era el edificio más alto en la zona, y nadie podía acercarse lo suficiente para disparar sin quedar al descubierto. Era fácil matar a un atacante. Dauber dice que derribamos a veintitrés tipos en las primeras veinticuatro horas que estuvimos allí; en los días que siguieron, derribamos muchos más objetivos.

Desde luego, después del primer disparo fue una posición de lucha, y no un escondite de francotirador. Pero en cierta manera, no me importaba que me atacaran; los insurgentes tan solo hacían más fácil para mí matarlos.

NÚMEROS 100 Y 101

Si la acción en COP Iron había sido casi nula, la acción en COP Falcon fue exactamente lo contrario: intensa y espesa. El campamento del ejército era una clara amenaza para los insurgentes, y ellos querían que desapareciera.

Una riada de malos se acercaba a nosotros. Eso solo hacía que fuera más fácil para nosotros derrotarlos.

Muy poco tiempo después de que comenzara Ramadi, yo llegué a un importante hito para un francotirador: obtuve mis muertes confirmadas números 100 y 101 para ese despliegue. Uno de los muchachos me tomó una fotografía para la posteridad, sosteniendo el arma.

Durante este despliegue había un poco de competición entre algunos de los otros francotiradores y yo, para ver quién lograba el mayor número de muertes. No es que nos importasen mucho las cifras; eran más un producto de cuántos objetivos teníamos que disparar. Es tan solo cuestión de suerte; quieres tener los números más elevados, pero no hay mucho que puedas hacer al respecto.

Yo sí quería ser el mejor francotirador. Al principio había tres de nosotros que teníamos más muertes logradas; entonces, dos de nosotros comenzamos a destacarnos. Mi «competición» estaba en mi pelotón hermano, que trabajaba en el lado oriental de la ciudad. Sus totales se elevaron más que los míos en cierto momento, llevando la delantera.

Nuestro gran jefe resultó que estaba en nuestro lado de la ciudad, y él iba llevando el registro de cómo les iba a los pelotones. Como parte de eso, tenía los totales de los francotiradores. Él me pinchaba un poco cuando el otro francotirador se adelantaba.

«Él va a batir tu récord», se burlaba. «Es mejor que agarres más veces ese fusil».

Bueno, las cosas se igualaron con bastante rapidez; de repente, parecía que yo tenía frente a la mira de mi fusil a cada uno de los apestosos malos en la ciudad. Mis totales aumentaron, y no había modo de situarse a mi altura.

Cuestión de suerte.

Sɪ ᴇsᴛÁs ɪɴᴛᴇʀᴇsᴀᴅo, ʟᴀs ᴍᴜᴇʀᴛᴇs ᴄoɴꜰɪʀᴍᴀᴅᴀs ꜰᴜᴇʀoɴ solamente muertes que otra persona había presenciado, y casos en los que el enemigo podía ser confirmado como muerto. Por lo tanto, si yo disparaba a alguien en el estómago y él se las arreglaba para poder salir de allí hacia donde no podíamos verlo antes de que se desangrara, esa muerte no contaba.

TRABAJANDO CON EL EJÉRCITO

Coɴ ʟos ᴀᴛᴀQᴜᴇs ɪɴɪᴄɪᴀʟᴇs ꜰʀᴇɴÁɴᴅosᴇ ᴅᴇsᴘᴜÉs ᴅᴇ ᴜɴ ᴘᴀʀ ᴅᴇ días, volvimos patrullando a pie a COP Falcon desde nuestro Cuatro Pisos. Allí nos reunimos con el capitán del grupo, y le dijimos que queríamos tener la base fuera de Falcon en lugar de tener que recorrer todo el camino de regreso a Camp Ramadi cada pocos días.

Él nos dio la suite del cuñado. Éramos familia política del ejército.

También le dijimos que le ayudaríamos a despejar cualquier zona que él quisiera. Su tarea era despejar la ciudad alrededor de COP Falcon, y la nuestra era ayudarle.

«¿Cuál es el peor punto que tiene?», le preguntamos.

Él lo señaló.

«Ahí es donde vamos», dijimos.

Él meneó la cabeza y levantó las cejas.

«Ustedes están locos», dijo. «Pueden tener esa casa, pueden armarla como quieran, pueden ir donde quieran. Pero quiero que sepan: no voy a sacarles si ustedes entran ahí. Hay demasiadas bombas caseras, voy a perder un tanque. No puedo hacer eso».

COMO GRAN PARTE DEL EJÉRCITO, ESTOY SEGURO DE QUE EL capitán inicialmente nos miró con escepticismo. Todos suponían que nosotros pensábamos que éramos mejores que ellos, que teníamos egos desmedidos y que soltábamos por nuestra boca lo que queríamos sin poder respaldarlo. Cuando les demostramos que no pensábamos que éramos mejores que ellos, más experimentados sí, pero no creídos, si sabes a lo que me refiero, entonces normalmente eran amigables. Formamos fuertes relaciones de trabajo con las unidades, e incluso amistades que perduraron después de la guerra.

La unidad del capitán estaba realizando operaciones de acordonamiento y búsqueda, en las que tomaban toda una manzana y la examinaban. Comenzamos a trabajar con ellos. Realizábamos patrullas de presencia a la luz del día; la idea era hacer que los civiles vieran a las tropas regularmente, obteniendo más confianza en que iban a

ser protegidos, o al menos que estábamos ahí para que-
darnos. Situábamos a la mitad del pelotón en un grupo de
apoyo mientras el resto patrullaba.

Muchas de esas misiones de apoyo eran cerca de Cuatro
Pisos. Los muchachos abajo patrullaban y casi siempre
eran confrontados. Yo estaba arriba con otros francotiradores y derribábamos a cualquiera que intentara atacarlos.

O nos adentrábamos seiscientos, setecientos o novecien-
tos metros, entrando profundamente en territorio indio
para buscar y esperar a los malos. Establecíamos un puesto de apoyo por delante de uno de sus patrulleros. En
cuanto su gente aparecía, atraían a todo tipo de insurgentes hacia ellos; nosotros los derribábamos. Los malos se
giraban e intentaban dispararnos; nosotros los abatíamos.
Éramos protectores, cebo y verdugos.

Después de unos días, el capitán se acercó a nosotros y
dijo: «Ustedes son unos cabrones. No me importa donde
vayan, si me necesitan, iré a buscarlos. Yo conduciré el
tanque hasta la puerta».

Y desde ese momento en adelante, él tuvo nuestra fe y
nuestro respaldo.

UNA MAÑANA ESTABA VIGILANDO EN CUATRO PISOS CUANDO
uno de nuestros muchachos comenzó a hacer una patrulla
cerca. Mientras ellos se movían para cruzar la calle, divisé
a algunos insurgentes que llegaban por la calle J, que era
una de las principales carreteras en esa zona.

Derribé a un par de ellos. Mis muchachos se dispersaron. Sin saber lo que sucedía, alguien preguntó por radio
por qué diablos yo les estaba disparando.

«Estoy disparando por encima de sus cabezas», le dije.
«Mira a la calle».

Insurgentes comenzaron a llenar la zona y empezó un
inmenso tiroteo. Vi a un tipo con una granada; le tuve en
mi punto de mira, y apreté suavemente el gatillo.

Él cayó.

Unos minutos después, uno de sus amigos salió para agarrar el lanzador de cohetes.

Él cayó.

Esto siguió así durante un buen rato. En esa manzana, otro insurgente con un AK intentó un disparo contra mis muchachos. Yo le derribé; y después derribé al tipo que salió para agarrar su arma, y entonces al siguiente.

¡¿Entorno rico en objetivos?! Diablos, había montones de insurgentes inundando la carretera. Finalmente cedieron y desaparecieron. Nuestros muchachos siguieron patrullando. Los *jundis* vieron acción aquel día; dos de ellos murieron en un tiroteo.

Fue difícil seguir la cuenta de cuántas bajas conseguí aquel día, pero creo que el total fue el más alto que había alcanzado en un solo día.

SUPIMOS QUE ESTÁBAMOS A BUENAS CON EL CAPITÁN DEL EJÉRCITO cuando se acercó a nosotros un día y dijo: «Escuchen, tienen que hacer una cosa por mí. Antes de que me saquen de aquí, quiero disparar el arma de mi tanque principal una vez. ¿De acuerdo? Así que llámenme».

No pasó mucho tiempo cuando estábamos en un tiroteo y tuvimos a su unidad en la radio. Le llamamos, y él sacó su tanque e hizo su disparo.

Hubo muchas más cosas en los días siguientes. Cuando él se fue de Ramadi, lo había disparado treinta y siete veces.

ORACIONES Y CARTUCHERAS

ANTES DE CADA OPERACIÓN, UN GRUPO DEL PELOTÓN SE REUNÍA y hacía una oración. Marc Lee la dirigía, normalmente hablando desde el corazón en lugar de recitar una oración memorizada.

Yo no oraba cada vez que salíamos, pero daba gracias a Dios cada noche cuando regresaba.

Había otro ritual cuando regresábamos: cigarros puros. Unos pocos de nosotros nos reuníamos y los fumábamos al final de una operación. En Irak se pueden conseguir puros cubanos; nosotros fumábamos Romeo y Julieta N. 3. Los encendíamos para dar por finalizado el día.

En cierto modo, todos pensábamos que éramos invencibles. Por otra parte, también aceptábamos el hecho de que podíamos morir.

Yo no me enfocaba en la muerte, ni pasaba mucho tiempo pensando en ella. Era más como una idea, que acechaba en la distancia.

Fue durante este despliegue que inventé una pequeña cartuchera de muñeca, un pequeño lugar donde poner balas que me permitía recargar fácilmente sin tener que mover la ubicación de mi arma.

Tomé una banda que había sido diseñada para fijarla en una pistola y la recorté. Entonces puse alrededor una cuerda y la até a mi muñeca izquierda.

Generalmente, cuando disparaba tenía mi puño cerrado bajo el arma para ayudarme a apuntar. Eso situaba cerca la cartuchera. Yo podía disparar, y agarrar algunas balas de mi mano derecha, y seguía manteniendo mi vista en la mira en todo momento.

Como francotirador punta, intentaba ayudar a los nuevos, diciéndoles qué detalles buscar. Se podía decir si alguien era un insurgente no solo por el hecho de que fuera armado, sino también por el modo en que se movía. Comencé a darles consejos que yo había recibido al principio de Faluya, una batalla que a estas alturas parecía que había sucedido un millón de años atrás.

«Dauber, no tengas miedo a apretar el gatillo», le dije al francotirador más joven. «Si está dentro de las RDE, puedes derribarlo».

Un poco de vacilación era común para los nuevos. Quizá todos los estadounidenses son un poco vacilantes en ser el primero en disparar, incluso cuando está claro que estamos bajo ataque o lo estaremos en breve.

Nuestro enemigo parecía no tener tal problema. Con un poco de experiencia, nuestros muchachos tampoco lo tenían.

Pero nunca se podía saber cómo iba a comportarse un muchacho bajo el estrés del combate. Dauber lo hacía muy bien, realmente bien. Pero yo noté que, para algunos otros tiradores, la presión extra les hacía fallar disparos con los que normalmente no tenían problema alguno en el entrenamiento. Un muchacho en particular, un excelente muchacho y un buen SEAL, pasó por un periodo en que fallaba muchas veces.

Sencillamente no se podía saber cómo iba a reaccionar alguien.

RAMADI ESTABA INFESTADA DE INSURGENTES, PERO HABÍA UNA gran población civil. A veces iban por allí y se metían en tiroteos. Uno se preguntaba qué diablos estaban pensando.

Un día, estábamos en una casa en otra parte de la ciudad. Nos encontramos con un grupo de insurgentes, matamos a algunos, y estábamos esperando en medio de una disminución en la acción. Los malos probablemente estaban cerca, esperando otra oportunidad para atacar.

Los insurgentes normalmente situaban pequeñas piedras en medio de la carretera para advertir a otros de dónde estábamos. Los civiles normalmente veían las piedras y enseguida entendían lo que estaba sucediendo. Siempre se quedaban alejados. Podrían pasar horas antes de que viéramos otra vez a alguna persona; y desde luego, en ese momento, las personas a las que veíamos llevaban armas y estarían intentando matarnos.

Por alguna razón, llegó un auto a toda velocidad por encima de las piedras y las pisó, aceleró hacia nosotros y pasó al lado de todo tipo de hombres muertos en el camino.

Yo lancé una granada de fogueo, pero eso no hizo que el conductor se detuviera. Así que disparé a la parte frontal del auto. La bala atravesó el compartimento del motor. Él se detuvo y salió enseguida del auto, gritando a la vez que daba saltos.

Había dos mujeres con él en el auto. Debieron haber sido las personas más estúpidas en la ciudad, porque incluso con todo lo que había sucedido, no se dieron cuenta de que estábamos allí o del peligro que les rodeaba. Comenzaron a acercarse hacia nuestra casa. Yo lancé otra granada de fogueo y por fin comenzaron a moverse de nuevo en la dirección por donde habían llegado. Finalmente, parecieron observar algunos de los cuerpos que estaban dispersos por aquella zona y comenzaron a gritar.

Parece que se alejaron en buen estado, a excepción de la herida del pie. Pero fue un milagro que no hubieran resultado muertos.

EL RITMO ERA CALIENTE Y PESADO; NOS HACÍA QUERER MÁS. Lo deseábamos. Cuando los malos se ocultaban, nosotros intentábamos desafiarlos a que se mostraran para así poder derribarlos.

Uno de los muchachos tenía un pañuelo para la cabeza, y nosotros lo tomamos y le dimos una forma parecida a una cabeza de momia. Equipado con lentes y un casco, casi parecía un soldado... sin duda, a unos cientos de metros de distancia. Entonces lo atamos a un palo y lo situamos por encima del tejado, intentando atraer los disparos un día cuando la acción disminuyó. Hizo salir a un par de insurgentes y nosotros los derribamos.

LOS ESTÁBAMOS MASACRANDO.

Había veces en que éramos tan exitosos en una misión de apoyo que pensábamos que nuestros muchachos en la calle estaban comenzando a ir un poco despreocupados. Una vez los observé avanzando por el medio de la calle, en lugar de utilizar los lados y ocultarse en los pequeños lugares que proporcionaban cobertura, que estaban en los muros y las aperturas.

Yo llamé por radio.

«Oigan, todos tienen que ir de cubierta en cubierta», les dije, reprendiéndolos con suavidad.

«¿Por qué?», respondió uno de mis compañeros de pelotón. «Ustedes nos tienen cubiertos».

Puede que él estuviera bromeando, pero yo lo tomé en serio.

«Yo no puedo protegerles de algo que no veo», dije. «Si no veo un destello o movimiento, la primera vez que sé que él está ahí es cuando dispara. Puedo derribarle después que él les dispare, pero eso no va a ayudarles».

De regreso a la base Shark una noche, nos metimos en otro tiroteo, un asunto rápido de golpear y alejarse. En cierto momento, llegó una granada de fragmentación y explotó cerca de algunos de los muchachos.

Los insurgentes se alejaron corriendo, y nosotros nos recuperamos y seguimos adelante.

«Brad, ¿qué pasa con tu pierna?», preguntó alguien en el pelotón.

Él bajó su mirada. Estaba cubierta de sangre.

«Nada», dijo.

Resultó que un pedazo de metal se había metido en su rodilla. Puede que no le doliera, yo no sé hasta qué punto es cierto eso, ya que ningún SEAL ha admitido nunca sentir dolor desde el comienzo de la creación, pero cuando regresamos a la base Shark, estaba claro que la herida no era algo que él pudiera descartar. Se le había incrustado metralla en la rótula. Tenían que operarle.

Le evacuaron por aire, nuestra primera baja en Ramadi.

LOS INTENTOS CONSTANTES

Nuestro pelotón hermano estaba en el lado oriental de la ciudad, ayudando al ejército a situar allí puestos de observación de mando. Y al norte, los Marines estaban haciendo lo suyo, tomando zonas, y despejándolas de insurgentes.

Regresamos durante algunos días para trabajar con los Marines cuando ellos tomaron un hospital al norte de la ciudad en el río.

Los insurgentes estaban utilizando el hospital como un punto de reunión. Cuando los Marines entraron, un adolescente, supongo que de unos quince o dieciséis años, apareció en la calle y se situó con un AK-47 para dispararles.

Yo le derribé.

Un par de minutos después, una mujer iraquí llegó corriendo, le vio en el suelo, y se rasgó la ropa. Obviamente era su madre.

Yo veía a las familias de los insurgentes mostrar su dolor, rasgarse la ropa, incluso frotarse ellos mismos con la sangre de la persona. Y pensaba: *Si los querían, deberían haberlos mantenido alejados de la guerra. Deberían haber evitado que se unieran a la insurgencia. Les permiten intentar matarnos; ¿qué pensaban que les sucedería?*

Es cruel, tal vez, pero es difícil sentir compasión del dolor cuando es por alguien que acaba de intentar matarte.

Quizá ellos habrían sentido lo mismo con respecto a nosotros.

Las personas en nuestro país, personas que no han estado en la guerra, o al menos no en esa guerra, a veces no parecen entender cómo actuaban las tropas en Irak. Se sorprenden, o se asombran, al descubrir que con frecuencia bromeábamos sobre la muerte, sobre cosas que veíamos.

Quizá parezca cruel o inadecuado. Quizá lo sería, bajo circunstancias diferentes. Pero en el contexto de donde estábamos, tenía mucho sentido. Veíamos cosas terribles, y pasábamos por cosas terribles.

Parte de eso era dejar salir la presión, estoy seguro. Una manera de lidiar con ello. Si no puedes darle sentido a las cosas, comienzas a buscar alguna otra manera de manejarlas. Te ríes porque tienes que tener alguna emoción, tienes que expresarte de alguna manera.

Cada operación podía mezclar vida y muerte de maneras surrealistas.

En esa misma operación para tomar el hospital, aseguramos una casa para vigilar la zona antes de que entraran los Marines. Habíamos estado ocultos durante un tiempo cuando salió un tipo con una carretilla para plantar un explosivo improvisado en el patio donde nosotros estábamos. Uno de nuestros muchachos nuevos le disparó. Pero él no murió; cayó y rodó por el suelo, aún con vida.

Resultó que el hombre que le disparó era un médico del ejército.

«Tú le disparaste, tú le salvas», le dijimos. Así que él bajó corriendo e intentó reanimarlo.

Desgraciadamente, el iraquí murió. Y en el proceso, sus intestinos se soltaron. El médico y otro de los nuevos tuvieron que transportar el cuerpo con nosotros cuando nos fuimos.

Bien, finalmente llegaron a una valla en el recinto de los Marines, y no sabían qué hacer. Por último, tan solo le lanzaron por encima, y entonces treparon después. Fue como *Weekend at Bernie's*.

En el espacio de menos de una hora, le habíamos disparado a un tipo que quería aniquilarnos, intentamos salvarle la vida, y profanamos su cuerpo.

El campo de batalla es un lugar muy extraño.

Poco después que el hospital fuese asegurado, regresamos al río donde las barcas de los Marines nos habían dejado.

Cuando llegamos a la orilla, una ametralladora enemiga comenzó a iluminar la noche. Mordimos el polvo, quedándonos tumbados allí durante varios largos minutos, detenidos por un único tirador iraquí.

Gracias a Dios que él era un tirador terrible.

Siempre era un delicado equilibrio, vida y muerte, comedia y tragedia.

Taya:

Nunca puse el vídeo que Chris había grabado de él mismo leyendo el libro para nuestro hijo. Parte de ello era el hecho de que no quería ver a Chris emocionado. Ya era lo bastante emocional tal como era; verle emocionarse al leerle a nuestro hijo me habría desgarrado más de lo que ya estaba.

Y parte de ello era tan solo un sentimiento por mi parte, enojo hacia Chris, quizá: te fuiste, ya no estás.

Era difícil, pero tal vez fuese instinto de supervivencia.

Era lo mismo cuando se trataba de sus cartas sobre la muerte.

Mientras estuvo desplegado, escribió cartas para que las entregaran a los niños y a mí si él moría. Después del primer despliegue, le pedí que leyese lo que había escrito, y él me dijo que ya no lo tenía. Luego de eso, él nunca las ofreció y yo nunca le pedí verlas.

Quizá fuese tan solo porque estaba furiosa con él, pero yo pensaba para mí: No vamos a glorificar esto cuando hayas muerto. Si te sientes amoroso y adorable, es mejor que me lo dejes saber mientras estás vivo.

Tal vez eso no fuese justo, pero gran parte de la vida entonces no era justa, y así era como yo me sentía.

Muéstramelo ahora. Haz que sea real. No solo digas una mierda sensiblera cuando te hayas ido. De otro modo, es un montón de estupideces.

GUARDIANES Y DIABLOS

NOVENTA Y SEIS ESTADOUNIDENSES RESULTARON MUERTOS durante la batalla de Ramadi; otro número incontable resultó herido, y tuvieron que sacarlos del campo de batalla. Yo tuve la suerte de no ser uno de ellos, aunque hubo llamadas tan cercanas que comencé a pensar que tenía un ángel guardián.

Una vez estábamos en un edificio, y fuimos inundados por los insurgentes en el exterior. Yo estaba en el pasillo, y cuando el tiroteo disminuyó, entré en otra de las habitaciones para comprobar cómo estaban algunos de mis muchachos. Cuando entré, enseguida me eché para atrás, cayéndome a la vez que un disparo entraba por la ventana hacia mi cabeza.

La bala me pasó justo por encima mientras caía.

Por qué me caí así, cómo vi esa bala llegando hasta mí, no tengo idea. Fue como si alguien hubiera pausado el tiempo y me hubiera apartado.

¿Tenía yo un ángel guardián?

Ni idea.

«Mierda, Chris está muerto», dijo uno de mis muchachos mientras yo estaba tumbado de espaldas.

«Maldición», dijo el otro.

«No, no», grité yo, aún tumbado sobre el piso. «Estoy bien, estoy bien. Todo está bien».

Comprobé si tenía algún agujero decenas de veces, pero no había ninguno.

Todo bien.

LOS EXPLOSIVOS IMPROVISADOS ERAN MUCHO MÁS COMUNES EN Ramadi de lo que habían sido en Faluya. Los insurgentes habían aprendido mucho sobre prepararlos desde el comienzo de la guerra, y tendían a ser bastante potentes, lo suficientemente fuertes para levantar del suelo a un Bradley, tal como descubrí anteriormente en Bagdad.

Los muchachos de desactivación de explosivos que trabajaban con nosotros no eran SEAL, pero llegamos a confiar en ellos tanto como si lo fueran. Los manteníamos en la parte posterior cuando entrábamos a un edificio, y después los llamábamos a que pasaran adelante si veíamos algo sospechoso. En ese momento, su tarea era identificar la trampa; si era una bomba, y nosotros estábamos en una casa, habríamos salido pitando de allí rápidamente.

Eso nunca nos sucedió, pero hubo una vez en que estábamos en una casa y algunos insurgentes se las arreglaron para plantar un explosivo improvisado justamente en la puerta principal. Habían situado dos granadas de 105 mm, esperando a que nosotros saliéramos. Afortunadamente, nuestros muchachos de desactivación lo vieron antes de que nosotros saliéramos. Fuimos capaces de poder salir por una pared en un segundo piso y escapar cruzando un tejado bajo.

UN HOMBRE BUSCADO

Todos los estadounidenses eran hombres buscados en Ramadi, sobre todo los francotiradores. Se supone que los insurgentes pusieron recompensa a mi cabeza.

También me pusieron un nombre: al-Shaitan Ramadi: «el demonio de Ramadi».

Me hacía sentirme orgulloso.

El hecho era que yo simplemente era un hombre, y ellos me habían destacado por haberles causado mucho daño. Me querían desaparecido. Tuve que sentirme bien por eso.

Ellos sin duda sabían quién era yo, y claramente habían recibido información de algunos compañeros iraquíes que supuestamente eran leales a nosotros; ellos describieron la cruz roja que yo tenía en mi brazo.

El otro francotirador de mi pelotón hermano también tenía una recompensa sobre su cabeza. La suya terminó siendo más elevada; bueno, eso me hizo sentir un poco celoso.

Pero todo ello era bueno, porque cuando hicieron sus carteles y también hicieron uno de mí, utilizaron su fotografía en lugar de la mía. Yo estaba más que contento de permitir que cometieran ese error.

La recompensa iba subiendo a medida que la batalla proseguía.

Diablos, creo que llegó a ser tan alta que mi esposa puede que se hubiera visto tentada a entregarme.

PROGRESO

AYUDAMOS A SITUAR OTROS COP (PUESTOS DE OBSERVACIÓN DE mando), y mientras tanto nuestro pelotón hermano hacía lo mismo en la parte oriental de la ciudad. A medida que las semanas se convirtieron en meses, Ramadi comenzó a cambiar.

El lugar seguía siendo un infierno, muy peligroso; pero había señales de progreso. Los líderes tribales se expresaban más en cuanto a querer la paz, y hubo muchos más que comenzaron a trabajar juntos como un consejo unificado. El gobierno oficial aún no era funcional allí, y la policía iraquí y el ejército de ninguna manera estaban cerca de ser capaces de mantener el orden, naturalmente. Pero había grandes secciones de la ciudad bajo control relativo.

La «estrategia de las manchas» estaba funcionando. ¿Podrían esas manchas extenderse por toda la ciudad?

El progreso nunca estaba garantizado, e incluso cuando teníamos éxito durante un tiempo, no había garantía alguna de que las cosas no volvieran atrás. Tuvimos que regresar a la zona cercana al río en torno a COP Falcon varias veces, proporcionando apoyo mientras la zona era examinada en busca de alijos e insurgentes. Despejábamos una manzana, entonces había paz durante un rato, y después teníamos que comenzar de nuevo.

También trabajamos un poco más con los Marines, deteniéndonos e inspeccionando pequeños objetos, persiguiendo un supuesto alijo de armas, e incluso realizando algunas acciones directas para ellos. Algunas veces teníamos la tarea de comprobar y después hacer volar barcas abandonadas para asegurarnos de que no pudieran ser utilizadas como escondites.

Algo divertido: la unidad SBU que anteriormente nos había descartado se enteró de toda la acción que estábamos experimentando y se puso en contacto con nosotros, preguntando si ahora podían venir y trabajar con nosotros. Les dijimos que gracias, pero no, gracias; nos iba muy bien con los Marines.

LLEGAMOS A TENER CIERTO RITMO AL TRABAJAR CON EL EJÉRCITO mientras ellos seguían acordonando zonas y examinándolas en busca de armas y malos. Nosotros íbamos con ellos, tomábamos un edificio y subíamos al tejado para hacer tareas de apoyo. La mayoría de las veces éramos tres de nosotros: yo mismo y otro francotirador, junto con Ryan en el 60.

Mientras tanto, el ejército se movía al siguiente edificio. Con ese tomado, se abrían camino por la calle. Cuando llegaban a cierto punto donde no podíamos verlos para proporcionarles seguridad, nosotros bajábamos y nos situábamos en un nuevo punto. El proceso comenzaba de nuevo.

Fue en una de esas operaciones cuando Ryan recibió un disparo.

11

HOMBRE ABATIDO

«¿QUÉ DIABLOS?»

Un día muy caluroso de verano tomamos un pequeño edificio de apartamentos que tenía una buena vista de una de las principales carreteras este-oeste por el centro de Ramadi. Tenía cuatro pisos de altura, la escalera alineada con ventanas, el tejado abierto y con una buena vista de la zona. Era un día claro.

Ryan bromeaba conmigo mientras entramos. Me hacía desternillarme de risa; él siempre me hacía reír, me hacía relajarme. Sonriendo, le sitúe para vigilar la carretera. Nuestras tropas estaban trabajando en una calle lateral al otro lado del tejado, y yo supuse que si los insurgentes iban a lanzar una emboscada o intentar atacarnos, vendrían por esa carretera. Mientras tanto, observaba al equipo en tierra. El asalto comenzó con suavidad, con los soldados tomando primero una casa y después otra. Se movían rápidamente, sin ninguna dificultad.

De repente, volaron disparos por nuestra posición. Yo me agaché mientras una bala golpeaba el cemento cercano, lanzando pedazos por todas partes. Eso era algo que sucedía cada día en Ramadi, algo que sucedía no solo una vez al día sino varias veces.

Esperé un segundo para asegurarme de que los insurgentes hubieran terminado de disparar, y después me puse de pie.

«¿Están bien, muchachos?», grité, mirando a la calle hacia los soldados que estaban en tierra, asegurándome de que estaban bien.

«Sí», gritó el otro francotirador.

Ryan no respondió. Volví la mirada y le vi, aún en el piso.

«Vamos, levántate», le dije. «Han dejado de disparar. Vamos».

Él no se movió. Yo me acerqué.

«¿Qué diablos?», le grité. «Levántate. Levántate».

Entonces vi la sangre.

Me puse de rodillas y le miré. Había sangre por todo el lugar. Un lado de su cara había quedado destrozado. La bala le había dado.

Le habíamos machacado el hecho de que siempre hay que llevar el arma arriba y preparada; él la llevaba arriba y vigilaba cuando llegó la bala. Parece que primero dio en el fusil, y después rebotó en su cara.

Yo agarré la radio. «¡Hombre abatido!», grité. «¡Hombre abatido!».

Volví a agacharme y examiné sus heridas. No sabía qué hacer, dónde comenzar. Ryan parecía que había sido herido tan gravemente que iba a morir.

Su cuerpo temblaba. Yo pensé que era un espasmo de muerte.

Dos de los muchachos de nuestro pelotón, Dauber y Tommy, llegaron corriendo. Ambos eran médicos del ejército. Se situaron entre nosotros y comenzaron a tratarle.

Marc Lee llegó tras ellos. Agarró el 60 y comenzó a disparar en la dirección de donde habían provenido los tiros, haciendo que los insurgentes se replegasen para poder bajar a Ryan por las escaleras.

Yo le agarré y le sostuve sobre mi hombro, y entonces comencé a correr. Llegué a las escaleras y comencé a bajar rápidamente.

A mitad de camino, él comenzó a quejarse con fuerza. Del modo en que yo le sostenía, la sangre había llegado a su garganta y su cabeza; estaba teniendo problemas para respirar.

Le bajé, incluso más preocupado, sabiendo en mi corazón que él iba a morir, esperando que de alguna manera, de algún modo, yo pudiera hacer algo para que siguiera adelante, aunque no había esperanza.

Ryan comenzó a escupir sangre. Recuperó su respiración; estaba respirando, un milagro en sí mismo.

Yo me acerqué para agarrarle y levantarle otra vez.

«No», dijo él. «No, no, estoy bien. Puedo hacerlo. Voy caminando».

Puso uno de sus brazos sobre mí y fue caminando por sí mismo el resto del camino.

Mientras tanto, el ejército hizo llegar un vehículo, transportador de personal, hasta la puerta principal. Tommy entró con Ryan y se fueron.

Yo subí las escaleras corriendo, sintiendo como si me hubieran disparado y deseando haber sido yo, y no él, quien recibiera el disparo. Estaba seguro de que él iba a morir. Estaba seguro de que acababa de perder a un hermano. Un hermano grande, bobo, adorable y estupendo.

Biggles.

Nada de lo que había experimentado en Irak me había afectado nunca como eso.

LA REVANCHA

Nos derrumbamos de regreso en la base Shark.

En cuanto llegamos allí, me quité mi equipo y puse mi espalda contra la pared, y después lentamente me fui agachando hasta el suelo.

Comenzaron a correr lágrimas de mis ojos.

Pensaba que Ryan estaba muerto. En realidad, seguía con vida, aunque fuese a duras penas. Los médicos trabajaron como locos para salvarle. Ryan finalmente fue evacuado de Irak. Sus heridas eran graves; nunca más volvería a ver, no solo por el ojo que había recibido el disparo, sino tampoco por el otro. Fue un milagro que viviera.

Pero en ese momento en la base, yo estaba seguro de que estaba muerto. Lo sabía en mi estómago, en mi corazón, en cada parte de mí. Yo le había situado en el punto donde fue golpeado. Era culpa mía que hubiera recibido el disparo.

¿Cien muertes? ¿Doscientas? ¿Más? ¿Qué significaban si mi hermano estaba muerto?

¿Por qué no me había situado yo mismo allí? ¿Por qué no había estado yo en ese punto? Podría haber derribado al bastardo; podría haber salvado a mi muchacho.

Yo estaba en un agujero negro. Muy profundo.

Cuánto tiempo permanecí allí, con la cabeza agachada y lágrimas corriendo por mis mejillas, no tengo ni idea.

«Oye», dijo una voz por encima de mí, finalmente.

Levanté la mirada. Era Tony, mi jefe.

«¿Quieres ir a tomar revancha por eso?», me preguntó.

«¡Diablos que quiero!». Me puse de pie de un salto.

ALGUNOS DE LOS MUCHACHOS NO ESTABAN SEGUROS DE SI DEBÍAMOS ir o no. Hablamos sobre ello, y planeamos la misión.

Sin embargo, yo apenas tuve tiempo para eso. Solo quería sangre por mi muchacho.

MARC

LA INTELIGENCIA LOCALIZÓ A LOS MALOS EN UNA CASA QUE NO estaba muy lejos de donde Ryan había sido herido. Un par de Bradley nos llevaron hasta un campo cercano a la casa. Yo estaba en el segundo vehículo; algunos de los otros muchachos ya habían entrado en la casa cuando nosotros llegamos.

En cuanto bajó la rampa de nuestro Bradley, comenzaron a volar las balas. Yo salí corriendo para sumarme a los otros; y les encontré amontonados para subir las escaleras al segundo piso. Estábamos pegados unos a otros, mirando hacia abajo, esperando para poder subir.

Marc Lee iba al frente, por delante de nosotros sobre los peldaños. Se dio vuelta y miró por la ventana que había en la escalera. Mientras lo hacía, vio algo y abrió su boca para gritar una advertencia.

Nunca pronunció las palabras. En ese mismo segundo, una bala atravesó su boca abierta y salió por detrás de su cabeza. Cayó sobre los peldaños.

Habíamos caído en una trampa. Había un salvaje en el tejado de la casa vecina, mirando a la ventana desde allí.

El entrenamiento tomó el mando.

Yo logré subir los peldaños, pasando por encima del cuerpo de Marc. Envíe una ráfaga de balas por la ventana, llenando el tejado cercano. Lo mismo hicieron mis compañeros de equipo.

Uno de nosotros abatió al insurgente. No nos detuvimos para ver quién había sido. Subimos hasta el tejado, buscando a más de quienes nos habían puesto la emboscada.

Dauber, mientras tanto, se detuvo para examinar a Marc. Estaba gravemente herido; Dauber sabía que no había ninguna esperanza.

El capitán del tanque llegó y nos sacó. Ellos libraron combate durante todo el camino, conduciendo bajo un pesado ataque. Él trajo dos tanques y cuatro Bradley, e iban con el Winchester, disparando toda su munición. Fueron unas feroces ráfagas de plomo las que cubrieron nuestra retirada.

En el camino de regreso, yo miré por el espacio en la rampa trasera de mi Bradley. Lo único que pude ver fue humo negro y edificios derribados. Ellos nos habían engañado, y todo su barrio había pagado el precio.

POR ALGUNA RAZÓN, LA MAYORÍA DE NOSOTROS PENSÁBAMOS que Marc iba a vivir; y pensábamos que Ryan iba a morir. No fue hasta que regresamos al campamento cuando escuchamos que sus destinos fueron revertidos.

Al haber perdido a dos muchachos en el espacio de unas pocas horas, nuestros oficiales y Tony decidieron que era momento de que nos tomásemos un descanso. Regresamos a la base Shark y permanecimos en bajo nivel. (Permanecer en bajo nivel significa que estás fuera de la acción y no disponible para el combate. En algunos aspectos, es como un tiempo muerto oficial para evaluar o reevaluar lo que estás haciendo.)

Era agosto: caliente, sangriento y negro.

Taya:

Chris se derrumbó cuando me llamó con la noticia. Yo no había oído nada al respecto hasta que él llamó, y me tomó por sorpresa.

Me sentí agradecida de que no fuese él; sin embargo, increíblemente triste de que fuese cualquiera de ellos.

Intenté estar lo más callada posible mientras él hablaba. Tan solo quería escucharle. Muy pocas veces en su vida, si alguna, había visto a Chris con tanto dolor.

No había nada que yo pudiera hacer, aparte de decírselo a sus familiares por él.

Estuvimos sentados al teléfono mucho tiempo.

Unos días después, fui al funeral en el cementerio que mira a la bahía de San Diego.

Era muy triste, había muchos jóvenes, muchas familias jóvenes... era emotivo estar en otro funeral de un SEAL, pero este lo era incluso más.

Uno se siente muy mal, no puede imaginar su dolor. Oras por ellos y le das gracias a Dios porque tu esposo

se haya salvado. Le das gracias a Dios por no ser tú el
que está sentado en primera fila.

Las personas que han escuchado esta historia me dicen
que mis descripciones son más escasas, y mi voz más distante. Dicen que utilizo menos palabras para describir lo que
sucedió, doy menos detalles de lo que normalmente hago.
Yo no soy consciente de ello. El recuerdo de perder a mis
dos muchachos arde con fuerza y profundidad. Para mí, es
tan gráfico como lo que está sucediendo a mi alrededor en
este mismo momento. Para mí, es una herida tan profunda
y tan fresca como si esas balas entrasen a mi propia carne
en este mismo momento.

EN BAJO PERFIL

REALIZAMOS UN FUNERAL EN CAMP RAMADI POR MARC LEE.
Otros SEAL de cada parte de Irak llegaron para ello. Y
creo que toda la unidad del ejército con la que habíamos
estado trabajando estaba allí. Estaban muy preocupados
por nosotros; era increíble. Yo estaba muy conmovido.
Nos situaron en la primera fila. Nosotros éramos su
familia.
El equipo de Marc estaba allí, su casco y su Mk-48. El
comandante de nuestra unidad dio un breve pero potente
discurso; se le saltaban las lágrimas, y dudo que hubiera
un ojo seco entre la audiencia; o en todo el campamento,
de hecho.
Cuando el servicio terminó, cada unidad dejó un objeto
de aprecio: un emblema o moneda de la unidad, algo. El
capitán de la unidad del ejército dejó un pedazo de metal
de una de las balas que él había disparado al sacarnos de
allí.
Alguien en nuestro pelotón creó un vídeo en recuerdo
con algunas fotografías de él, y lo puso aquella noche mos-
trándolo sobre una sábana blanca que habíamos colgado

sobre una pared de ladrillo. Compartimos unos tragos, y mucha tristeza.

Cuatro de nuestros muchachos acompañaron su cuerpo hasta casa. Mientras tanto, ya que nosotros estábamos en perfil bajo y no hacíamos nada, intenté ir a ver a Ryan en Alemania, donde estaba siendo tratado. Tony o alguien más en los altos puestos organizó que yo pudiera tomar un vuelo, pero cuando todo estaba organizado, Ryan estaba siendo trasladado ya de regreso a Estados Unidos para recibir tratamiento.

Brad, que había sido evacuado anteriormente debido a la herida de metralla en su rodilla, se reunió con Ryan en Alemania y regresó a Estados Unidos con él. Fue una suerte de cierta manera, pues Ryan tuvo a uno de nosotros con él para ayudarle a manejar todo lo que tenía que afrontar.

TODOS PASAMOS MUCHO TIEMPO EN NUESTROS CUARTOS.

Ramadi había estado caliente y pesado, con un ritmo de operación que era bastante severo, peor incluso que Faluya. Habíamos pasado varios días, incluso una semana fuera, sin apenas un descanso entre medias. Algunos de nosotros estábamos comenzando a quemarnos un poco aun antes de que nuestros muchachos fuesen alcanzados.

Nos quedamos en nuestros cuartos, recuperando fluidos corporales, principalmente a solas.

Yo pasé mucho tiempo orando a Dios.

No soy el tipo de persona que hace un gran espectáculo de la religión. Creo, pero no necesariamente me arrodillo o canto con voz muy alta en la iglesia. Pero encuentro cierto consuelo en la fe, y lo encontré en aquellos días después que mis amigos hubieran sido baleados.

Desde que pasé por el BUD/S, llevaba una Biblia conmigo. No la había leído mucho, pero siempre estuvo conmigo. Ahora la abrí y leí algunos de los pasajes. Saltaba de aquí para allá, leía un poco, me saltaba algunas cosas más.

Con todo el infierno desatado alrededor de mí, me sentía mejor al saber que yo era parte de algo mayor.

Mis emociones se elevaron cuando oí que Ryan había sobrevivido. Pero mi reacción predominante era: ¿por qué no fui yo?

¿Por qué tuvo que sucederle eso a un muchacho nuevo?

Yo había visto mucha acción; había tenido mis logros. Había tenido mi guerra. Yo debería haber sido el que resultara herido. Yo debería haber sido quien quedara ciego.

Ryan nunca vería la expresión de las caras de su familia cuando regresara a casa. Nunca vería lo mucho más dulce que es todo cuando uno regresa; no vería lo mucho mejor que se ve Estados Unidos cuando has estado fuera durante un tiempo.

Uno olvida lo hermosa que es la vida si no tiene oportunidad de ver cosas como esas. Él nunca la tendría.

Y a pesar de lo que cualquiera me decía, yo me sentía responsable de eso.

REEMPLAZOS

Habíamos estado en esa guerra durante cuatro años, habíamos pasado incontables situaciones complicadas, y ningún SEAL había muerto. Parecía que la acción en Ramadi, y en todo Irak, estaba empezando a disminuir, y ahora habíamos sufrido un terrible golpe.

Pensábamos que cesaría nuestro trabajo, aunque a nuestro despliegue le quedaba todavía un par de meses. Todos conocíamos la política; mis dos primeros comandantes habían sido unos cobardes muy cautos, que avanzaron debido a eso. Por lo tanto, teníamos temor a que la guerra hubiera terminado para nosotros.

Además, nos habíamos quedado sin siete hombres, reducidos casi a la mitad. Marc estaba muerto. Brad y Ryan estaban fuera debido a sus heridas. Cuatro muchachos habían ido a casa para acompañar el cuerpo de Marc.

UNA SEMANA DESPUÉS DE PERDER A NUESTROS MUCHACHOS, EL oficial al mando se acercó para hablar con nosotros. Nos reunimos en el comedor en la base Shark y escuchamos mientras él hablaba. No fue un discurso largo.

«Es decisión de ustedes», dijo. «Si quieren tomarlo con calma ahora, lo entiendo. Pero si quieren salir, tienen mi bendición».

«Mierda, sí», dijimos todos. «Queremos salir».

Yo sin duda quería.

LA MITAD DE UN PELOTÓN SE SUMÓ A NOSOTROS DESDE UNA zona más tranquila para ayudarnos a salir. También teníamos algunos muchachos que se habían graduado del entrenamiento, pero aún no habían sido asignados a un pelotón. Muchachos realmente nuevos. La idea era darles un poco de exposición a la guerra, una pequeña probada del ambiente en el que se iban a meter antes de entrenarlos para el evento principal. Teníamos bastante cuidado con ellos; no les permitíamos salir en operaciones.

Al ser SEAL, les devoraba la impaciencia, pero pudimos retenerlos, tratándolos primero como bobos. *Oigan, pongan en fila los Hummer para que podamos irnos.* Era una cuestión de protección; después de lo que acabábamos de atravesar, no queríamos que resultaran heridos fuera en el campo.

Desde luego, teníamos que hacerles novatadas. A uno de los pobres muchachos le afeitamos la cabeza y las cejas, y después volvimos a pegarle el pelo en su cara con pegamento en spray.

Mientras estábamos en medio de aquello, otro de los nuevos entró en la habitación más exterior.

«No querrás entrar ahí», advirtió uno de nuestros oficiales.

El nuevo echó un vistazo y vio a su compañero siendo aporreado.

«Tengo que entrar».

«No querrás entrar ahí», repitió el oficial. «No va a terminar bien».

«Tengo que entrar. Es mi compañero».

«Tu funeral», dijo el oficial, o palabras con tal efecto.

El muchacho nuevo número dos entró en la habitación. Respetamos el hecho de que él llegaba para rescatar a su amigo, y le inundamos de afecto. Luego también le afeitamos a él, los atamos a los dos juntos y los pusimos en el rincón.

Solo durante unos minutos.

TAMBIÉN NOS METIMOS CON UN NUEVO OFICIAL. ÉL OBTUVO LO que todos obtenían, pero no se lo tomó demasiado bien.

No le gustaba la idea de ser maltratado por unos cuantos hombres sucios alistados.

EL RANGO ES UN CONCEPTO GRACIOSO EN LOS EQUIPOS. NO SE le falta el respeto exactamente, pero sin duda no es la plena medida del hombre.

En el BUD/S, oficiales y alistados son todos tratados por igual: como mierda. Cuando terminas todo el entrenamiento y te unes a los Equipos, eres uno de los nuevos. Repito, todos los nuevos son tratados igual: como mierda.

La mayoría de los oficiales se lo toma bastante bien, aunque obviamente hay excepciones. Lo cierto es que los Equipos son dirigidos por el alistado veterano. Un hombre que sea un jefe tiene de doce a dieciséis años de experiencia. Un oficial que se une a un pelotón tiene muchos menos, no solo en los SEAL, sino también en la Marina. La mayoría de las veces simplemente no conoce la mierda. Incluso un oficial a cargo podría tener solamente cuatro o cinco años de experiencia.

Esa es la manera en que funciona el sistema. Si tiene suerte, un oficial podría conseguir hasta tres pelotones; después de eso, es ascendido a comandante de unidad de tarea (o algo parecido) y ya no trabaja directamente en el campo. Incluso para llegar hasta ahí, gran parte de lo que haya hecho ha sido trabajo administrativo y cosas como supresión de conflictos (asegurarse de que una unidad no reciba disparos por parte de otra). Esas son tareas importantes, pero no es lo mismo que el combate práctico. Cuando se trata de patear puertas o establecer un escondite para un francotirador, la experiencia del oficial generalmente no es muy profunda.

Hay excepciones, desde luego. Yo trabajé con algunos oficiales estupendos y con buena experiencia, pero como regla general, el conocimiento que tiene un oficial del combate práctico ni siquiera se acerca a ser el mismo que el hombre que lleva muchos años de combate en su cinturón. Yo solía burlarme de LT diciéndole que cuando hiciéramos una acción directa, él se quedaría atrás, preparado para entrar, no con un fusil sino con su computadora táctica.

Las novatadas ayudan a recordarle a todo el mundo dónde reside la experiencia; y a quién es mejor que mires cuando la mierda está por todas partes. También muestra a las personas que han estado allí un poco de tiempo qué esperar de los nuevos muchachos. Comparar y contrastar: ¿a quién quieres tener a tus espaldas, al hombre que entró corriendo para salvar a su compañero o al oficial que se puso a llorar porque estaba siendo maltratado por algunos hombres sucios alistados?

Las novatadas humillan a todos los nuevos, recordándoles que aún no conocen la mierda. En el caso de un oficial, esa dosis de humildad puede hacer mucho.

Yo tuve buenos oficiales. Pero todos los estupendos eran humildes.

DE REGRESO A LA MEZCLA

VOLVIMOS A TRABAJAR LENTAMENTE, COMENZANDO CON CORTOS periodos de apoyo con el ejército. Nuestras misiones duraban una noche o dos en el país de los indios. Un tanque fue alcanzado por una bomba casera, y nosotros salimos y lo cubrimos hasta que pudiera ser recuperado. El trabajo era un poco más ligero, más fácil de lo que había sido. No nos alejamos tanto del COP, lo cual significaba que no teníamos que emplear tanto fuego.

Con nuestras cabezas de nuevo en el juego, nos comenzamos a extender. Entramos más profundamente en Ramadi. Nunca llegamos a ir a la casa donde Marc había recibido el disparo, pero estábamos de nuevo en esa zona.

Nuestra actitud era: vamos a salir ahí y vamos a atrapar a los tipos que hicieron eso. Vamos a hacerles pagar por lo que nos hicieron.

UN DÍA ESTÁBAMOS EN UNA CASA, Y DESPUÉS DE DERRIBAR A algunos insurgentes que habían intentado plantar explosivos caseros, nosotros mismos nos vimos bajo ataque. Quien estuviera disparándonos tenía algo más pesado que un AK, quizá un Dragunov (el fusil de francotirador fabricado en Rusia), porque las balas atravesaban las paredes de la casa.

Yo estaba arriba en el tejado, intentando detectar de dónde provenían los disparos. De repente, escuché el pesado ruido de helicópteros Apache que se aproximaban. Observamos mientras ellos volaban en círculo plácidamente durante un segundo, y después se inclinaron y descendieron en picado para realizar un ataque coordinado.

En nuestra dirección.

«¡Paneles VS!», alguien gritó.

Podría haber sido yo. Lo único que sé es que sacamos enseguida cada VS o panel de reconocimiento que teníamos, intentando mostrar a los pilotos que éramos amigos.

(Los paneles VS son pedazos de tela naranja brillante, que se cuelgan o se muestran por parte de las fuerzas amigas.) Afortunadamente, ellos se dieron cuenta y cancelaron el ataque en el último momento.

Nuestro hombre de comunicaciones había estado hablando con los helicópteros del ejército justamente antes del ataque, y les dio nuestra ubicación. Pero parece ser que sus mapas estaban catalogados de forma distinta a los nuestros, y cuando vieron hombres sobre el tejado con armas, sacaron las conclusiones equivocadas.

Trabajamos bastante con Apaches en Ramadi. La nave era valiosa, no solo por sus ametralladoras y cohetes, sino también por su capacidad de examinar la zona. No siempre está claro en una ciudad de dónde provienen los disparos; tener un par de ojos por encima de tu cabeza, y volver a hablar con las personas que tienen esos ojos, puede ayudarte a saber cosas.

(Los Apaches tenían diferentes RDE que nosotros. Especialmente entraban en juego cuando se disparaban misiles Hellfire, que solo podían utilizarse contra armas de manejo en equipo durante aquel tiempo. Eso era parte de la estrategia para limitar la cantidad de daños colaterales en la ciudad.)

LOS AC-130 DE LA FUERZA AÉREA TAMBIÉN AYUDABAN CON LA observación aérea de vez en cuando. Las grandes naves tenían un increíble poder de disparo, aunque, como sucedió, nunca los llamamos para utilizar sus obuses o cañones durante este despliegue. (Repito, ellos tenían restrictivas RDE.) En cambio, nos apoyábamos en sus sensores nocturnos, que les daban una buena imagen del campo de batalla aunque estuviese completamente oscuro.

Una noche, llegamos a una casa en una acción directa mientras una de las naves volaba en círculo por encima de nosotros como protección. Mientras entrábamos, ellos llamaron y nos dijeron que teníamos un par de «mequetrefes»: hombres que huían corriendo por detrás.

Salí de allí corriendo con algunos de mis muchachos y comenzamos a seguirlos en la dirección que la nave nos dio. Parecía que los insurgentes se habían ocultado en una casa cercana. Yo entré, y en el interior me recibió un joven de unos veintitantos años.

«Agáchate», le grité, indicándole con mi fusil.

Él me miró con la mirada perdida. Le hice gestos otra vez, ahora con más énfasis.

«¡Abajo! ¡Abajo!».

Él me miraba perplejo. Yo no podía acertar si estaba planeando atacarme o no, y sin duda no podía imaginar por qué no cumplía mis órdenes. Más vale precaver que lamentar; le di un golpe y le empujé al piso.

Su madre salió desde atrás, gritando algo. Ahora había un par de hombres dentro conmigo, incluyendo a mi terp. El intérprete finalmente consiguió calmar las cosas y comenzó a hacer preguntas. La madre finalmente explicó que el muchacho tenía deficiencia mental, y no entendía lo que yo había estado haciendo. Le dejamos que se pusiera de pie.

Mientras tanto, de pie y en silencio a un lado estaba un hombre que pensamos que era el padre. Pero cuando tranquilizamos a la mujer respecto a su hijo, la madre dejó claro que no sabía quién era aquel cabrón. Resultó que él acababa de entrar, solo fingiendo vivir allí. Así que teníamos a uno de nuestros mequetrefes, por cortesía de la Fuerza Aérea.

SUPONGO QUE NO DEBERÍA CONTAR ESTA HISTORIA SIN DELATARME.

La casa de la que huyeron los hombres era en realidad la tercera casa donde entramos esa noche. Yo había enviado a los muchachos a la primera. Todos estábamos en fila fuera, preparándonos para entrar, cuando nuestro oficial a cargo elevó su voz.

«Algo no parece correcto», dijo. «No lo siento bien».

Yo estiré mi cabeza hacia atrás y eché un vistazo.

«Mierda», admití. «Los he traído a la casa equivocada». Salimos de allí y fuimos a la siguiente.

¿Oí alguna vez el final de eso?

Pregunta retórica.

DOS POR UNO

Un día estábamos fuera en una operación cerca de Sunset y otra calle, que terminaba en una intersección en T. Dauber y yo estábamos arriba en un tejado, observando para ver qué planeaban los lugareños. Dauber acababa de alejarse del fusil para tomar un descanso. Cuando me acerqué a la mira, divisé a dos hombres que venían por la calle hacia mí en una motocicleta.

El hombre que iba detrás tenía una mochila. Mientras yo observaba, dejó caer la mochila en un bache.

No estaba dejando el correo; estaba dejando una bomba casera.

«Tienes que ver esto», le dije a Dauber, que agarró sus prismáticos.

Les dejé seguir unos ciento cuarenta metros antes de disparar mi .300 Win Mag. Dauber, observando con los prismáticos, dijo que era como una escena de la película *Tonto y Retonto*. La bala atravesó al primer hombre y después al segundo. La motocicleta se tambaleó, y después chocó con una pared.

Dos hombres con un solo disparo. El contribuyente le sacó un buen partido a su dinero esa vez.

El disparo terminó siendo controvertido. Debido a la bomba casera, el ejército envió algunas personas al escenario. Pero les tomó unas seis horas llegar allí. El tráfico estaba retenido, y era imposible para mí, o para cualquier otra persona, vigilar el bache durante todo el tiempo. Para complicar aún más las cosas, los Marines derribaron un camión basculante que se sospechaba que era una bomba casera móvil en la misma carretera. El tráfico estaba retenido por todo ese lugar, y naturalmente la bomba desapareció.

Por lo general, eso no habría sido un problema. Sin embargo, algunos días antes habíamos notado un patrón: motocicletas pasaban al lado de un COP (puesto de observación de mando) unos minutos antes y después de un ataque, obviamente examinando el lugar y después consiguiendo información sobre el ataque. Nosotros solicitamos que nos permitieran disparar a cualquiera que fuera en una motocicleta. La petición fue denegada.

Los abogados, o alguien en la cadena de mando, probablemente pensaron que yo les estaba haciendo caso omiso cuando se enteraron de mi disparo doble. El JAG (o abogacía general, que es como una versión militar de un fiscal general) se puso a investigar.

Afortunadamente, había muchos testigos de lo que sucedió; pero aun así tuve que responder todas sus preguntas.

Mientras tanto, los insurgentes seguían usando motocicletas y obteniendo información. Nosotros los observábamos de cerca, y destruíamos toda motocicleta estacionada con la que nos encontrábamos en casas y patios, pero eso era lo máximo que podíamos hacer.

Quizá los abogados esperaban que saludáramos y sonriéramos a las cámaras.

HABRÍA SIDO DIFÍCIL SALIR Y TAN SOLO DISPARAR ABIERTAMENTE a personas en Irak. Por una parte, siempre había muchos testigos alrededor. Por otra, cada vez que yo mataba a alguien en Ramadi tenía que escribir un informe sobre ello.

No es broma.

Era un informe, aparte de los informes después de la acción, relacionado solamente con los disparos que yo hacía y las muertes que registraba. La información tenía que ser muy específica.

Yo llevaba conmigo un pequeño cuaderno, y anotaba el día, la hora, los detalles sobre la persona, lo que estaba haciendo, la bala que utilicé, cuántos disparos hice, cuán alejado estaba el objetivo, y quién fue testigo del disparo. Todo eso iba en el informe, junto con cualquier otra circunstancia especial.

Los altos mandos afirmaban que era para protegerme en caso de que hubiera alguna vez una investigación por una muerte injustificada, pero lo que yo creo que estaban haciendo en realidad era cubrir los traseros de personas que estaban mucho más arriba en la cadena de mando.

Llevábamos un cálculo corriente de cuántos insurgentes derribábamos, incluso durante los peores tiroteos. Uno de nuestros oficiales tenía siempre la tarea de obtener sus propios detalles sobre el disparo; él, a su vez, lo relataba por radio. Hubo muchas veces en que yo seguía derribando insurgentes y dando detalles a LT o a otro oficial al mismo tiempo. Llegó a ser algo tan fastidioso que una vez cuando el oficial llegó para preguntar sobre los detalles de mi disparo, yo le dije que era un niño que me estaba saludando. Fue tan solo una broma retorcida que hice. Era mi modo de decir: «¡No jodas más!».

La burocracia de la guerra.

No estoy seguro de cuán generalizados estaban los informes del tirador. Para mí, el proceso comenzó durante mi segundo despliegue cuando estaba trabajando en la calle Haifa. En ese caso, otra persona los escribía por mí.

Estoy seguro de que todo era CTT: cubre tu trasero o, en este caso, cubre el trasero del jefe.

Estábamos masacrando al enemigo. En Ramadi, con nuestro total de muertes llegando a ser astronómico, los informes se volvieron obligatorios y elaborados. Supongo que el oficial al mando o alguien en su plantilla vio las cifras y dijo que los abogados tal vez podrían cuestionar lo que estaba sucediendo, y debíamos protegernos a nosotros mismos.

Una manera estupenda de librar una guerra: estar preparado para defenderte por ganar.

Qué manera de joder. Yo bromeaba diciendo que no valía la pena dispararle a alguien. (Por otro lado, ese es un modo en que sé exactamente a cuántas personas maté «oficialmente».)

CONCIENCIA LIMPIA

A VECES PARECÍA COMO SI DIOS LOS ESTUVIERA RETENIENDO hasta que yo me situaba en el fusil.

«Oye, despierta».

Yo abrí mis ojos y miré desde mi ubicación en el piso.

«Vamos a rotar», dijo Jay, mi oficial al mando. Él había estado en el fusil durante unas cuatro horas mientras yo dormía una siesta.

«Muy bien».

Me levanté del piso y me moví hacia el fusil.

«¿Qué? ¿Qué ha estado sucediendo?», pregunté. Siempre que alguien se ponía al fusil, la persona que se retiraba le informaba rápidamente, describiendo quién había estado en el barrio, etc.

«Nada», dijo Jay. «No he visto a nadie».

«¿Nada?».

«Nada».

Intercambiamos posiciones. Jay se bajó la gorra para dormir una siesta.

Yo puse el ojo cerca de la mira, examinando. No habían pasado ni diez segundos cuando un insurgente salió y se puso en el centro de la mira, con su AK. Le observé moverse tácticamente hacia una posición estadounidense durante unos segundos, confirmando que estaba dentro de las RDE.

Entonces le disparé.

«Te odio malditamente», susurró Jay desde el piso allí cerca. No se molestó en mover su gorra y menos en ponerse de pie.

Nunca tuve dudas acerca de las personas a las que disparaba. Mis muchachos se burlaban: *Sí, conozco a Chris. Tiene un cañón recortado al final de su mira. Todo aquel al que ve está en las RDE.*

Pero lo cierto era que mis objetivos eran siempre obvios, y yo, desde luego, tenía muchos testigos cada vez que disparaba.

Tal como eran las cosas, no podías arriesgarte a cometer un error. Serías crucificado si no obedecías estrictamente las RDE.

En Faluya hubo un incidente que implicaba a Marines que despejaban una casa. Una unidad había entrado en una casa, pasando por encima de algunos cuerpos mientras se movían para despejar las habitaciones. Por desgracia, uno de los bastardos que estaba en el piso no estaba muerto. Cuando los Marines estaban en la casa, él fue rodando y tiró de la anilla de una granada. Explotó, matando o hiriendo a algunos de los Marines.

Desde entonces, los Marines comenzaron a poner una bala en cualquiera que vieran cuando entraban en una casa. En cierto momento, un reportero con una cámara grabó eso; el vídeo se hizo público y los Marines se metieron en problemas. Las acusaciones fueron desestimadas o nunca realmente se presentaron, ya que la investigación inicial explicó las circunstancias. Aun así, la posibilidad de que hubiera acusaciones era algo de lo que siempre éramos conscientes.

Lo peor que podías hacer por esa guerra era tener a todas esas personas de los medios de comunicación metidas en las unidades. La mayoría de los estadounidenses no pueden asimilar la realidad de la guerra, y los informes que ellos enviaban no nos ayudaban en absoluto.

El liderazgo quería tener el respaldo del público para la guerra. Pero realmente, ¿a quién le importa?

Del modo en que yo lo veo, si nos envían a hacer un trabajo, que nos dejen hacerlo. Por eso tienen almirantes y generales; dejen que ellos nos supervisen, y no algún congresista culón que se sienta en una silla de cuero fumando un puro en Washington DC en una oficina con aire acondicionado, que me esté diciendo cuándo y dónde puedo y no puedo dispararle a alguien.

¿Cómo iban a saberlo? Ellos nunca han estado en una situación de combate.

Y una vez que deciden enviarnos, que me dejen hacer mi trabajo. La guerra es la guerra.

Dime: ¿quieres que conquistemos a nuestro enemigo? ¿Que lo aniquilemos? ¿O vamos allí para servirles té y galletas?

Que les digan a los militares el resultado final que quieren, y lo obtendrán. Pero no intenten decirnos cómo hacerlo. Todas esas reglas acerca de cuándo y bajo qué circunstancias un combatiente enemigo podía ser derribado no solo hacía que nuestras tareas fuesen más difíciles, sino que también ponían en peligro nuestras vidas.

Las RDE se volvieron tan enrevesadas y malditas porque los políticos estaban interfiriendo en el proceso. Las reglas son trazadas por abogados que intentan proteger de los políticos a almirantes y generales; no son escritas por personas que se preocupan por los hombres que están en el terreno recibiendo disparos.

POR ALGUNA RAZÓN, MUCHAS PERSONAS EN NUESTRO PAÍS, no todas las personas, no aceptaban que estuviéramos en la guerra. No aceptaban que la guerra significa muerte, muerte violenta la mayoría de las veces. Muchas personas, y no solo los políticos, querían imponer ridículas fantasías sobre nosotros, sujetándonos a ciertas normas de conducta que ningún ser humano podría mantener.

No estoy diciendo que debieran cometerse crímenes de guerra. *Estoy* diciendo que los guerreros necesitan que les dejen sueltos para librar la guerra sin tener sus manos atadas a la espalda.

Según las RDE, que yo seguía en Irak, si alguien entrara en mi casa, disparara a mi esposa, a mis hijos, y después tirase su pistola, se suponía que yo NO debía dispararle. Había de llevarle amablemente a que lo detuvieran.

¿Lo harías tú?

Se puede argumentar que mi éxito demuestra que las RDE funcionaban, pero siento que podría haber sido más eficaz, probablemente podría haber protegido a más personas y haberles ayudado a llevar la guerra a una conclusión más rápida sin ellas.

PARECÍA QUE LAS ÚNICAS HISTORIAS EN LOS MEDIOS QUE LEÍAMOS trataban sobre atrocidades o sobre lo imposible que iba a ser pacificar Ramadi.

¿Sabes qué? Matamos a todos aquellos malos, ¿y qué sucedió? Los líderes tribales iraquíes *finalmente* se dieron cuenta de que íbamos en serio, y *finalmente* se unieron no solo para gobernarse ellos mismos, sino también para sacar de allí a los insurgentes. Se necesitaba fuerza, se necesitaba violencia de acción, para crear una situación donde pudiera haber paz.

LEUCEMIA

«NUESTRA HIJA ESTÁ ENFERMA. SU CONTEO DE PLAQUETAS ES muy bajo».

Yo sostenía el teléfono con un poco más de fuerza mientras Taya seguía hablando. Mi pequeña había estado enferma con infecciones e ictericia durante un tiempo. Y parecía que su hígado no era capaz de soportar la enfermedad. Ahora los médicos estaban pidiendo hacer más pruebas, y las cosas se veían realmente mal. No estaban diciendo que era cáncer o leucemia, pero el caso es que tampoco estaban diciendo que no lo era. Iban a hacerle pruebas para confirmar sus peores temores.

Taya intentó sonar positiva y restar importancia a los problemas. Yo podía decir solamente por el tono de su voz que las cosas eran más graves de lo que ella admitía, hasta que finalmente conseguí que me dijera toda la verdad.

No estoy totalmente seguro de todo lo que ella dijo, pero lo que oí fue: leucemia. *Cáncer.*

Mi pequeña iba a morir.

Una nube de desesperanza descendió sobre mí. Yo estaba a miles de kilómetros de distancia, y no había nada que pudiera hacer para ayudar. Incluso si hubiera estado allí, yo no podía curarla.

Mi esposa sonaba muy triste y sola en el teléfono.

El estrés del despliegue había comenzado a afectarme mucho antes de esa llamada telefónica en septiembre de 2006. La pérdida de Marc y las graves heridas de Ryan habían pasado factura. Mi presión arterial había subido mucho y no podía dormir. Enterarme de la noticia sobre mi hija me había llevado al punto de estallar. Yo no le hacía mucho bien a nadie.

Afortunadamente, ya estábamos poniendo fin a nuestro despliegue. Y en cuanto le mencioné el estado de mi pequeña a mi comandante, comenzaron a organizar las cosas para hacerme regresar a casa. Nuestro médico hizo el papeleo para una carta a la Cruz Roja. Es una declaración que indica que un familiar de un miembro del servicio le necesita de regreso en casa por una emergencia. Cuando llegó esa carta, mis comandantes le dieron efecto.

CASI NO PUDE SALIR. RAMADI ERA UNA ZONA TAN CALIENTE QUE no había muchas oportunidades para realizar vuelos. No había helicópteros ni de entrada ni de salida. Incluso los convoyes seguían recibiendo disparos por ataques de los insurgentes. Preocupados por mí y sabiendo que yo no podía permitirme esperar demasiado tiempo, mis muchachos cargaron el Humvee. Me pusieron en el medio, y me sacaron de la ciudad hasta el aeropuerto.

Cuando llegamos allí, casi me ahogo al quitarme mi chaleco antibalas y mi M-4.

Mis muchachos iban a regresar a la guerra, y yo volaba de regreso a casa. Eso apestaba. Sentía que les estaba decepcionando, que me estaba alejando de mi obligación.

Fue un conflicto —familia y país, familia y hermanos de armas— que nunca resolví en realidad. Yo había realizado incluso más derribos en Ramadi que en Faluya. No solamente terminé con más muertes que ninguna otra persona en ese despliegue, sino que también el total general me hizo ser el francotirador estadounidense más prolífico de todos los tiempos, utilizando el bonito lenguaje oficial.

Y aun así, me seguía sintiendo alguien que abandona, un hombre que no hizo lo suficiente.

12

TIEMPOS DIFÍCILES

EN CASA

ME SUBÍ A UN CHÁRTER MILITAR, PRIMERO A KUWAIT Y DESPUÉS a Estados Unidos. Llevaba ropa de civil, y con el cabello más largo y barba, me molestaron un poco, ya que nadie podía entender por qué alguien en activo era autorizado a viajar con ropa de civil.

Lo cual, mirando atrás, es casi divertido.

Me bajé del avión en Atlanta, y entonces tuve que pasar por seguridad para continuar. Me había tomado unos cuantos días llegar hasta allí, y cuando me quité las botas, juro que media docena de personas en la fila casi caen de rodillas. No estoy seguro de si alguna vez he pasado por seguridad con tanta rapidez.

Taya:

Él nunca me decía cuán peligrosas eran las cosas, pero llegué al punto en que sentía que podía leerle. Y cuando me dijo que sus muchachos le iban a sacar de allí en un convoy, tan solo el modo en que lo dijo me hizo temer no solo por ellos sino también por él. Le hice un par de preguntas, y las cuidadosas respuestas me revelaron lo peligrosa que iba a ser su salida.

Yo sentía con mucha fuerza que cuantas más personas estuvieran orando por él, más oportunidades tendría. Así que le pregunté si podía pedirles a sus padres que orasen por él.

Él dijo que sí.

Entonces le pregunté si podía decirles por qué, por el hecho de que él iba a regresar a casa y el peligro en la ciudad, y me dijo que no.

Así que no les dije.

Pedí oración a personas, aludiendo al peligro, pero sin dar más detalles aparte de pedirles que confiaran en mí. Yo sabía que sería un trago difícil de aceptar para aquellos a quienes se lo pedí. Pero sentía con fuerza que era necesario que personas estuvieran orando, y al mismo tiempo que tenía que ajustarme a los deseos de mi esposo acerca de lo que debía compartir. Sé que no fue popular, pero sentí que la necesidad de la oración sobrepasaba mi necesidad de popularidad.

Cuando llegó a casa, me parecía que Chris se encontraba tan estresado que estaba adormecido a todo.

Fue difícil para él precisar cómo se sentía con respecto a cualquier cosa. Estaba sencillamente agotado y abrumado.

Yo me sentía triste por todo lo que él había pasado. Y me sentía totalmente desgarrada por necesitarle. Sí, le necesitaba tremendamente; pero al mismo tiempo tuve que seguir adelante sin él durante tanto tiempo que desarrollé una actitud de que no le necesitaba, o al menos que no debería necesitarle.

Supongo que puede que no tenga ningún sentido para cualquier otra persona, pero yo sentía esa extraña mezcla de sentimientos, en todo el espectro. Estaba muy furiosa con él por habernos dejado solos a los niños y a mí. Le quería en casa, pero también estaba furiosa.

Yo *venía de meses de ansiedad por su seguridad y frustración porque él escogió seguir regresando a la guerra. Y quería contar con él, pero no podía. Su Equipo sí podía, y personas totalmente extrañas que estaban en el ejército, pero los niños y yo sin duda no podíamos.*

No era culpa de él. Él habría estado en dos lugares a la vez si hubiera sido posible, pero no podía ser. Cuando tuvo que escoger, no nos escogió a nosotros.

Mientras tanto, yo le quería e intentaba apoyarle y mostrarle amor de todas las maneras posibles. Sentí quinientas emociones, todas al mismo tiempo.

Supongo que yo había tenido un trasfondo de enojo durante todo aquel despliegue. Habíamos mantenido conversaciones en las que hablamos, y él se dio cuenta de que algo iba mal. Me preguntaba lo que me estaba molestando y yo lo negaba. Y entonces finalmente él me presionaba y yo decía: «Estoy furiosa contigo por haber regresado, pero no quiero odiarte, y no quiero estar furiosa. Sé que mañana podrían matarte. No quiero que estés distraído por esto. No quiero que mantengamos esta conversación».

Ahora, finalmente él había regresado, y todas mis emociones explotaron en mi interior, una mezcla de felicidad y enojo.

MEJORA

LOS MÉDICOS LE HICIERON TODO TIPO DE PRUEBAS A MI PEQUEÑA. Algunas de ellas realmente me molestaron.

Recuerdo en especial cuando le sacaban sangre, lo cual tenían que hacer muchas veces. La ponían boca abajo y la pinchaban en el pie; muchas veces no salía sangre y tenían que volver a hacerlo una y otra vez. Ella lloraba todo el tiempo.

Aquellos fueron días largos, pero finalmente los médicos dijeron que mi hija no tenía leucemia. Aunque había ictericia y algunas otras complicaciones, fueron capaces de controlar las infecciones que la habían hecho enfermar. Ella mejoró.

Una de las cosas increíblemente frustrantes fue su reacción a mí. Ella parecía llorar cada vez que yo la sostenía. Quería a mamá. Taya dijo que reaccionaba de ese modo a todos los hombres; siempre que oía una voz masculina, lloraba.

Cualquiera que fuese la razón, eso me dolía mucho. Yo había llegado hasta allí y la amaba verdaderamente, y ella me rechazaba.

Las cosas iban mejor con mi hijo, que me recordaba y ahora era un poco mayor y estaba listo para jugar. Pero una vez más, los problemas normales que los padres tienen con sus hijos y el uno con el otro se añadían a la separación y el estrés que todos habíamos experimentado.

Las pequeñas cosas podían ser realmente molestas. Yo esperaba que mi hijo me mirara a los ojos cuando le regañaba. Taya se sentía molesta por eso, porque sentía que él no estaba acostumbrado a mí ni a mi tono de voz, y era mucho pedir que un niño de dos años me mirara a los ojos en esa situación. Pero mi sentir era todo lo contrario. Eso era lo correcto que él debía hacer. No estaba siendo corregido por un extraño; estaba siendo disciplinado por alguien que le quería. Hay cierto camino de respeto de dos direcciones aquí. Tú me miras a los ojos, yo te miro a los ojos; nos entendemos el uno al otro.

Taya decía: «Un momento. Has estado fuera ¿cuánto tiempo? ¿Y ahora quieres llegar a casa y ser parte de esta familia y establecer las reglas? No, señor, porque te irás otra vez de entrenamiento dentro de un mes o dos».

Ambos teníamos razón, desde nuestras perspectivas. El problema era intentar ver la del otro, y después vivir con ello.

YO NO ERA PERFECTO. ESTABA EQUIVOCADO EN ALGUNAS cosas. Tenía que aprender a ser un papá. Tenía mi propia idea de cómo debería ser la educación de los hijos, pero no estaba basada en ninguna realidad. Con el tiempo, mis ideas cambiaron.

De cierta manera. Yo seguía esperando que mis hijos me miraran a los ojos cuando hablaba con ellos. Y viceversa. Y Taya está de acuerdo.

MIKE MONSOOR

Había estado en casa apenas unas dos semanas cuando un amigo mío SEAL me llamó y preguntó qué cosas pasaban.

«No muchas», le dije yo.

«Bueno, ¿a quién perdieron?».

«¿Qué?».

«No sé quién fue, pero escuché que habían perdido a otro».

«Mierda».

Después de colgar el teléfono comencé a llamar a todo el mundo que conocía. Al fin pude hablar con alguien que conocía los detalles, aunque no podía hablar de ellos en ese momento, porque la familia aún no había sido informada. Me dijo que me llamaría unas horas después.

Fueron largas horas.

Finalmente me enteré de que Mike Monsoor, un miembro de nuestro pelotón hermano, había resultado muerto salvando las vidas de algunos de sus compañeros de pelotón en Ramadi. El grupo había establecido una misión de apoyo en una casa allí; un insurgente se acercó lo suficiente para lanzar una granada.

Obviamente, yo no estaba allí, pero esta es la descripción de lo que sucedió del resumen oficial de la acción:

> La granada le golpeó en el pecho y rebotó en la cubierta [aquí, el término de la Marina para piso]. Él inmediatamente se puso de pie y gritó «granada» para alertar a sus compañeros de equipo del inminente peligro, pero ellos no pudieron evacuar el escondite del francotirador

a tiempo para escapar del peligro. Sin vacilación y sin mostrar respeto alguno por su propia vida, él mismo se lanzó sobre la granada, sofocándola para proteger a sus compañeros de equipo que estaban tumbados cerca. La granada detonó mientras él estaba encima de ella, hiriéndole mortalmente.

Los actos del oficial al mando Monsoor no pudieran haber sido más generosos o claramente intencionales. De los tres SEAL que estaban en aquel rincón del tejado, él tenía la única vía de escape para alejarse de la explosión, y si así lo hubiera decidido, podría haber escapado fácilmente. En cambio, Monsoor decidió proteger a sus camaradas con el sacrificio de su propia vida. Mediante sus actos valientes y generosos, salvó las vidas de sus dos compañeros SEAL.

Más adelante le concedieron la Medalla de Honor.

Muchos recuerdos sobre Mikey acudieron a mi mente en cuanto me enteré de que había muerto. Yo no le había conocido muy bien, porque él estaba en el otro pelotón, pero estuve allí para hacerle sus novatadas.

Recuerdo que le sujetamos para que pudieran afeitarle la cabeza. A él no le gustó nada eso; puede que yo tenga aún algunas cicatrices.

CONDUJE UNA CAMIONETA PARA RECOGER A ALGUNOS MUCHACHOS en el aeropuerto y ayudar a organizar el velatorio de Mikey.

Los funerales SEAL son cierto tipo de velatorios irlandeses, excepto que se bebe mucho más. Lo cual plantea la pregunta: ¿cuánta cerveza se necesita para un velatorio SEAL? Eso es información clasificada, pero puedes estar seguro de que es más de una maldita tonelada.

Atrajimos a un buen grupo de personas en el aeropuerto. Personas que estaban cerca y entendieron lo que estaba sucediendo se detuvieron y miraron en silencio, mostrando sus respetos. Fue conmovedor; ellos estaban honrando a un compatriota aunque no lo conocían. Esa escena me conmovió, un último honor a nuestro camarada caído, un reconocimiento silencioso de la importancia de su sacrificio.

Lo único que dice que somos SEAL son los tridentes SEAL que llevamos, la insignia de metal que muestra que somos miembros. Si no llevas eso en tu pecho, eres otro niñato de la Armada.

Se ha convertido en una muestra de respeto quitarte esa insignia y ponerla en el ataúd de tu hermano caído en el funeral. Le estás mostrando a ese hombre que nunca lo olvidarás, que él seguirá siendo parte de ti durante el resto de tu vida.

Cuando los muchachos del pelotón Delta estaban en línea para poner sus tridentes en el ataúd de Mikey, yo me retiré, con la cabeza agachada. Resultaba que la tumba de Marc Lee estaba a unos metros de donde Monsoor iba a ser enterrado. Yo me había perdido el funeral de Marc porque seguía estando en el extranjero, y aún no había tenido una oportunidad de mostrarle mis respetos. Ahora, de repente me pareció apropiado poner mi tridente sobre su tumba.

Caminé hasta allí en silencio y lo dejé allí, dándole un último adiós a mi amigo.

Una de las cosas que hizo que ese funeral fuera agridulce fue el hecho de que Ryan salió del hospital a tiempo para asistir. Fue estupendo verle, aunque ahora él estaba permanentemente ciego.

Antes de desmayarse por la pérdida de sangre después de haber recibido el disparo, Ryan había sido capaz de ver. Pero cuando su cerebro se inflamó por la hemorragia interna, los huesos o la metralla que estaban en su ojo cortaron los nervios ópticos. No había esperanza alguna de recuperar la vista.

Cuando le vi, le pregunté por qué había insistido en salir del edificio caminando por sí solo. Eso me resultó una valentía muy notable, característica de él. Ryan me dijo que sabía que nuestros procedimientos requerían que al menos dos hombres fuesen con él si no podía moverse por sí mismo. Él no quería sacar a más muchachos de la pelea.

Creo que pensó que podría haber salido de allí por sí mismo. Y probablemente lo habría hecho si se lo hubiéramos permitido. Incluso podría haber agarrado una pistola para intentar continuar en la pelea.

Ryan dejó el servicio debido a su lesión, pero nos mantuvimos cerca. Dicen que las amistades forjadas en la guerra son las más fuertes. La nuestra demostraría ese axioma.

PELEAS Y MÁS PELEAS

LAS PELEAS SON UN HECHO DE LA VIDA CUANDO ERES UN SEAL. Yo he estado en algunas buenas.

En abril de 2007 estábamos en Tennessee. Terminamos cruzando la frontera estatal, en una ciudad donde había habido una pelea de artes marciales mixtas de la UFC aquella misma tarde. Por coincidencia, resultó que estábamos en un bar donde había tres luchadores que estaban celebrando sus primeras victorias en el ring. Nosotros no estábamos buscando problemas; de hecho, yo estaba en un rincón tranquilo con un compañero donde apenas había nadie más cerca.

Por alguna razón, tres o cuatro muchachos se acercaron y chocaron con mi amigo. Se dijeron palabras. Fueran lo que fueran, a los aspirantes a luchadores de la UFC no les gustó eso, así que fueron tras él.

Naturalmente, yo no iba a permitirle pelear solo. También me metí. Juntos, les golpeamos sin piedad.

Esta vez no seguí el consejo del jefe Primo. De hecho, seguía golpeando a uno de los luchadores cuando llegaron para separarnos. Después llegaron los policías y me arrestaron. Fui acusado de asalto. (Mi amigo se había ido por la parte de atrás. No tengo malos deseos para él; tan solo estaba siguiendo la segunda regla de pelea de Primo.)

Salí bajo fianza al día siguiente. Llegó un abogado y le presentó a la jueza una sentencia de conformidad. El fiscal estuvo de acuerdo en retirar los cargos, pero para hacer que fuese legal yo tuve que ponerme de pie delante de la jueza.

«Sr. Kyle», dijo ella, con la pronunciación lenta de la justicia, «tan solo porque esté usted entrenado para matar, no significa que tenga que demostrarlo en mi ciudad. Váyase y no regrese».

Así lo hice. Y no he regresado.

ESE PEQUEÑO INCIDENTE ME CAUSÓ ALGUNOS PROBLEMAS EN casa. Sin importar dónde estuviera yo durante el entrenamiento, siempre le hacía una llamada a Taya antes de irme a dormir. Pero al haber pasado la noche en el centro de detención, no hubo ninguna llamada a casa.

Me refiero a que solo podía hacer una llamada, y ella no podía sacarme de allí, así que le di un buen uso.

Ese podría no haber sido un verdadero problema, excepto que se suponía que yo estuviera en casa para la fiesta de cumpleaños de uno de los niños. Debido a que tenía que presentarme ante el tribunal, tuve que extender mi estancia en la ciudad.

«¿Dónde estás?», preguntó Taya cuando finalmente pude hablar con ella.

«Me arrestaron».

«Muy bien», dijo ella. «Como quieras».

No puedo decir que le reprochaba el estar furiosa. No era lo más responsable que yo había hecho jamás. Pero al suceder en ese momento, fue tan solo otra cosa irritante en un periodo que estaba lleno de ellas: nuestra relación caía rápidamente en picado.

Taya:

No me enamoré de un loco SEAL de la Armada. Me enamoré de Chris.

Ser un SEAL está muy bien y todo eso, pero no era lo que yo amaba de él.

Si hubiera sabido qué esperar, eso habría sido una cosa. Pero no sabes qué esperar. Nadie lo sabe. Realmente no, no en la vida real. Y no todos los SEAL realizan múltiples despliegues de regreso en la guerra, tampoco.

A medida que pasaba el tiempo, su trabajo se fue volviendo cada vez más importante para él. Él no me necesitaba a mí como familia, en cierto sentido, pues tenía a los muchachos.

Poco a poco, me di cuenta de que yo no era lo más importante en su vida. Las palabras estaban ahí, pero él no las decía de verdad.

DE NINGUNA MANERA SOY UN MACHOTE O UN LUCHADOR extremadamente dotado, pero varias situaciones se han presentado por sí solas. Prefiero que me pateen el trasero en lugar de parecer un cobarde delante de mis muchachos.

He tenido otros roces con luchadores. Y me gusta pensar que he mantenido mi terreno.

Mientras estaba sirviendo con mi primer pelotón, todo el equipo SEAL fue a Fort Irwin en San Bernardino, en el Desierto de Mojave. Después de nuestras sesiones de entrenamiento, fuimos a la ciudad y encontramos allí un bar, llamado el Library.

Dentro, algunos oficiales de policía y bomberos fuera de servicio estaban celebrando una fiesta. Algunas de las mujeres dirigieron su atención a nuestros muchachos. Cuando eso sucedió, los lugareños se pusieron celosos y comenzaron una pelea.

Lo cual realmente demostró un mal juicio, porque seríamos cerca de cien de nosotros en aquel pequeño bar. Cien SEAL es una fuerza para tener en cuenta, y lo demostramos ese día. Entonces salimos fuera y volcamos un par de autos.

En alguno de esos momentos llegó la policía. Arrestaron a veinticinco de nosotros.

PROBABLEMENTE HAYAS OÍDO DE LA VISTA DISCIPLINARIA DEL capitán: es donde el oficial al mando escucha lo que has hecho y ejecuta lo que se denomina un castigo no judicial si cree que está justificado. Los castigos los determina la ley militar, y pueden ser cualquier cosa desde un firme: «Oye, no vuelvas a hacer eso», hasta una degradación e incluso «custodia correccional», que significa prácticamente lo que crees que significa.

Hay vistas judiciales similares con menos consecuencias críticas, ante los oficiales que están por debajo del oficial al mando. En nuestro caso, tuvimos que presentarnos ante el oficial ejecutivo, el oficial por debajo del comandante, y escuchar mientras que él nos decía con un lenguaje muy elocuente lo jodidos que estábamos. En el proceso, leyó todos los cargos legales y toda la destrucción; no recuerdo cuántas personas resultaron heridas y a cuánto ascendieron los daños económicos que causamos, pero necesitó un rato para catalogarlo todo. Terminó diciéndonos lo avergonzado que estaba.

«Muy bien», dijo, después del sermón. «No permitan que eso vuelva a suceder. Y váyanse al carajo de aquí».

Todos nos fuimos, debidamente castigados, con sus palabras resonando en nuestros oídos durante... unos cinco segundos o algo así.

Pero la historia no termina ahí.

Otra unidad se enteró de nuestra pequeña aventura, y decidieron que deberían visitar el bar y comprobar si la historia se repetía.

Y lo hizo.

Ellos ganaron esa pelea, pero por lo que entiendo, las condiciones fueron un poco más difíciles. El resultado no fue tan asimétrico.

Un poco después de aquello, otro grupo militar pronto tuvo que ir a entrenarse en esa misma zona. A esas alturas, había una competición. El único problema era que los tipos que vivían allí sabían que habría una competición. Y se prepararon para ello.

Salieron con el trasero pateado colectivamente.

Desde entonces en adelante, toda la ciudad fue declarada fuera de los límites para los SEAL.

SE PODRÍA PENSAR QUE SERÍA DIFÍCIL METERSE EN UNA PELEA DE borrachos en Kuwait, ya que realmente no había allí ningún bar donde se pudiera beber alcohol. Pero resultó que había un restaurante donde nos gustaba comer y donde, no tan solo por coincidencia, era fácil introducir alcohol escondido.

Estábamos allí una noche y comenzamos a hacer un poco de ruido. Algunos de los lugareños se quejaron; hubo una discusión, que llevó a una pelea. Cuatro de nosotros, incluido yo mismo, fuimos detenidos.

El resto de los muchachos se acercó y le pidió a la policía que nos soltaran.

«De ninguna manera», dijo la policía. «Van a ir a la cárcel y ser juzgados».

Ellos subrayaron su posición. Mis muchachos subrayaron la de ellos.

Por si has leído hasta aquí, habrás entendido que los SEAL pueden ser persuasivos. Los kuwaitíes finalmente vieron el punto de vista de ellos y nos soltaron.

FUI ARRESTADO EN STEAMBOAT SPRINGS, COLORADO, AUNQUE creo que en ese caso las circunstancias pueden hablar bien de mí. Yo estaba sentado en el bar cuando pasó una camarera con una cerveza. Un tipo que estaba en una mesa cercana echó hacia atrás su silla y chocó con ella, sin darse cuenta de que ella estaba ahí; se derramó un poco de cerveza sobre él.

Él se levantó y le dio una bofetada.

Yo me acerqué y defendí el honor de ella del único modo que conozco. Eso hizo que me arrestaran. Esos granolas son duros cuando se trata de pelearse con mujeres.

Esos cargos, al igual que todos los demás, fueron retirados.

EL SHERIFF DE RAMADI

La ofensiva en Ramadi finalmente sería considerada un importante hito y un punto crucial en la guerra, uno de esos puntos clave que ayudaron a Irak a emerger del caos total. Debido a eso, había una buena cantidad de atención sobre los luchadores que estaban allí. Y parte de esa atención finalmente llegó a enfocarse en nuestro Equipo.

Como espero haber podido aclarar, no siento que los SEAL debieran ser destacados públicamente como una fuerza en sí. No necesitamos la publicidad. Somos profesionales silenciosos, cada uno de nosotros; cuanto más silenciosos seamos, mejor capaces somos de hacer nuestro trabajo.

Desgraciadamente, ese no es el mundo en que vivimos. Si lo fuera, no habría sentido que era necesario escribir este libro.

Permíteme decir para que conste, que creo que el mérito en Ramadi y en todo Irak debería dirigirse a los guerreros del ejército y los Marines que lucharon allí al igual que los SEAL. Se les debería dar su justa porción. Sí, los SEAL hicieron un buen trabajo, y dieron su sangre; pero como les dijimos al ejército y a los oficiales Marines y hombres alistados al lado de quienes luchamos, no somos mejores que esos hombres cuando se trata de valentía y dignidad.

Pero al estar en el mundo moderno, la gente estaba interesada en conocer acerca de los SEAL. Después de regresar, el mando nos llamó a reunirnos para una sesión de información a fin de que pudiéramos contarle a un famoso escritor y antiguo SEAL lo que había sucedido en la batalla. El escritor era Dick Couch.

Lo curioso fue que él comenzó no escuchando, sino hablando.

Ni siquiera hablando. El señor Couch llegó y nos dio un scrmón sobre lo desacertados que estábamos.

Tengo mucho respeto por el servicio del señor Couch durante la Guerra de Vietnam, donde sirvió con los Equipos de Demolición Submarina de la Marina y los SEAL. Le honro y le respeto mucho por eso. Pero algunas de las cosas que dijo aquel día no me sentaron nada bien.

Él se puso de pie delante de toda la sala y comenzó a decirnos que estábamos haciendo las cosas mal. Nos dijo que deberíamos ganarnos sus corazones y sus mentes en lugar de matarlos.

«Los SEAL deberían parecerse más a las FE», afirmó, refiriéndose (supongo) a una de las misiones tradicionales de las Fuerzas Especiales de formar a personas indígenas.

La última vez que lo comprobé, ellos pensaban que estaba bien disparar a personas que te están disparando, pero quizá eso esté al margen. Yo estaba allí sentado poniéndome furioso. Lo mismo le sucedió a todo el equipo, aunque mantuvieron sus bocas cerradas. Él finalmente pidió comentarios.

Yo levanté el brazo.

Hice algunos comentarios despreciativos acerca de lo que yo pensaba que podríamos hacerle al país, y entonces hablé en serio.

«Ellos solo comenzaron a acudir a la mesa de paz después que matamos a suficientes de los salvajes allí», le dije. «Esa fue la clave».

Puede que haya utilizado algunas otras frases descriptivas mientras hablaba de lo que realmente sucedía allí. Tuvimos un poco de tira y afloja antes de que mi mando me hiciera la señal de que debía salir de la sala. Yo me alegré de obedecer.

Después, mi oficial al mando y mi jefe estaban furiosos conmigo; pero no podían hacer demasiado, porque sabían que yo tenía razón.

El señor Couch quiso entrevistarme más adelante. Yo era renuente. El mando quería que yo respondiera sus preguntas. Incluso mi jefe me hizo sentarme y habló conmigo.

Así que lo hice. Sí, no. Esa fue la entrevista.

Para ser justos, por lo que he oído su libro no es tan negativo como yo entendí por su charla. Así que quizá algunos de mis compañeros SEAL sí tuvieron cierta influencia sobre él.

¿SABES CÓMO SE GANÓ RAMADI?

Entramos y matamos a todos los malos que pudimos encontrar.

Cuando comenzamos, los iraquíes decentes (o potencialmente decentes) no tenían temor a Estados Unidos; tenían temor a los terroristas. Estados Unidos les dijo: «Nosotros haremos que sea mejor por ustedes».

Los terroristas dijeron: «Les cortaremos la cabeza».

¿A quién temerías? ¿A quién escucharías?

Cuando entramos en Ramadi, les dijimos a los terroristas: «Nosotros cortaremos *sus* cabezas. Haremos lo que tengamos que hacer para eliminarlos».

No solo captamos la atención de los terroristas; captamos la atención de *todo el mundo*. Demostramos que *nosotros* éramos la fuerza que había que tener en cuenta.

Ahí fue donde llegó el llamado Gran Despertar. No fue por dar besos a los iraquíes. Fue por patearles el trasero.

Los líderes tribales vieron que íbamos en serio, y que era mejor que se recompusieran, trabajaran juntos y dejaran de acomodar a los insurgentes. La fuerza movió esa batalla. Nosotros matamos a los malos y llevamos a los líderes a la mesa de paz.

Es así como el mundo funciona.

CIRUGÍA DE RODILLAS

ME DAÑÉ POR PRIMERA VEZ LAS RODILLAS EN FALUYA CUANDO la pared cayó sobre mí. Las inyecciones de cortisona ayudaron durante un tiempo, pero el dolor seguía regresando y empeoraba. Los médicos me dijeron que tenían que operar mis piernas, pero hacer eso habría significado que tendría que tomar tiempo libre y perderme la guerra.

Por eso seguía posponiéndolo. Me conformé a una rutina en la que visitaba al médico, me inyectaban y regresaba al trabajo. El periodo entre las inyecciones cada vez se fue haciendo más corto. Llegó hasta cada dos meses, y después cada mes.

Conseguí aguantar en Ramadi, pero con dificultad. Mis rodillas comenzaron a ponerse rígidas, y era difícil bajar por las escaleras. Ya no tenía elección, así que poco después de regresar a casa en 2007, me puse bajo el bisturí.

Los cirujanos cortaron mis tendones para aliviar la presión y para que mis rótulas regresaran a su lugar. Tuvieron que rebajar mis rótulas porque me habían salido muescas en ellas. Inyectaron material sintético de cartílago y rebajaron el menisco. En algún momento a lo largo del procedimiento también repararon el ligamento cruzado anterior.

Yo era como un auto de carreras al que le hacían una reparación general.

Cuando terminaron, me enviaron a ver a Jason, un terapeuta físico especializado en trabajar con los SEAL. Él había sido un entrenador para los Piratas de Pittsburgh. Después del 11 de septiembre, decidió dedicarse a ayudar al país. Decidió hacer eso trabajando con el ejército. Aceptó un inmenso recorte de salario para ayudarnos a recuperarnos.

Yo no sabía todo eso la primera vez que nos encontramos. Lo único que quería escuchar era cuánto tiempo iba a ser necesaria la rehabilitación.

Él me miró pensativo.

«De esta cirugía, los civiles necesitan un año para regresar», dijo finalmente. «Los jugadores de fútbol están de regreso en ocho meses. Los SEAL, es difícil de saber. Ustedes odian estar fuera de la acción y se castigarán a ustedes mismos para regresar».

Él finalmente predijo seis meses. Creo que lo hicimos en cinco. Pero yo pensaba que seguramente moriría en el camino.

JASON ME METÍA EN UNA MÁQUINA QUE ESTIRABA MI RODILLA. Cada día tenía que ver cuánto más lejos podía ajustarla. Yo sudaba muchísimo a medida que doblaba mi rodilla. Finalmente conseguí hacerlo noventa grados.

«Eso es sobresaliente», me dijo. «Ahora hazlo más».

«¿Más?».

«¡*Más!*».

Él tenía también una máquina que enviaba una corriente a mi músculo mediante electrodos. Dependiendo del músculo, yo tenía que estirarme y mover los dedos de mis pies arriba y abajo. No parece mucho, pero es claramente una forma de tortura que debería ser declarada ilegal por la Convención de Ginebra, incluso para utilizarla con un SEAL.

Naturalmente, Jason seguía aumentando el voltaje.

Pero lo peor de todo era lo más sencillo: el ejercicio. Yo tenía que hacer más, más, más. Recuerdo llamar a Taya muchas veces y decirle que estaba seguro de que iba a vomitar si no morir antes de que terminara el día. Ella parecía compadecerse, pero, al pensarlo en retrospectiva, ella y Jason puede que estuvieran juntos en ello.

Había un estiramiento en el que Jason me mantenía haciendo cantidades locas de ejercicios abdominales y otras cosas para mis músculos principales.

«¿Entiendes que la operación ha sido en mis rodillas?», le pregunté un día cuando pensaba que había alcanzado mi límite.

Él tan solo se rio. Tenía una explicación científica acerca de que todo en el cuerpo depende de unos músculos principales fuertes, pero creo que le gustaba patear mi trasero en el gimnasio. Juro que oía el sonido de un látigo por encima de mi cabeza cada vez que comenzaba a relajarme.

Siempre pensé que cuando estuve en mejor forma fue al salir del BUD/S. Pero estaba en mejor forma después de pasar cinco meses con él. No solo estaban bien mis rodillas, sino que el resto de mi cuerpo estaba en óptima condición física. Cuando regresé a mi pelotón, todos me preguntaron si había estado tomando esteroides.

MOMENTOS DUROS

YO HABÍA FORZADO MI CUERPO TODO LO POSIBLE ANTES DE QUE me operasen. Ahora lo que se estaba deteriorando era incluso más importante que mis rodillas: mi matrimonio.

Este fue el más duro de varios momentos duros. Se había acumulado mucho resentimiento entre nosotros. Irónicamente, en realidad no nos peleábamos tanto, pero siempre había mucha tensión. Cada uno de nosotros hacía justamente el esfuerzo suficiente para ser capaz de decir que lo estaba intentando; y dar a entender que la otra persona no lo estaba haciendo.

Después de años de estar en zonas de guerra y separado de mi esposa, creo que en cierto sentido yo había olvidado lo que significa estar enamorado, las responsabilidades que conlleva, cómo escuchar verdaderamente y compartir. Ese olvido hizo que me resultara más fácil alejarla a ella. Al mismo tiempo, resultó que una vieja novia se puso en contacto conmigo. Ella llamó primero al teléfono de casa, y Taya me pasó el mensaje, suponiendo que yo no era el tipo de hombre por el que ella tenía que preocuparse de que se alejara.

Yo al principio me reí del mensaje y lo descarté, pero la curiosidad se llevó lo mejor de mí. Poco después, mi antigua novia y yo hablábamos y nos mandábamos mensajes de texto regularmente.

Taya supuso que estaba sucediendo algo. Una noche llegué a casa, y ella hizo que me sentara y puso todas las cartas sobre la mesa, con mucha calma, muy racionalmente, o al menos tan racionalmente como se puede estar en ese tipo de situación.

«Tenemos que ser capaces de confiar el uno en el otro», dijo ella en cierto momento. «Y en la dirección por la que vamos, eso no va a funcionar. Tan solo no funcionará».

Tuvimos una larga y sincera charla sobre eso. Creo que los dos lloramos. Yo sé que lo hice. Amaba a mi esposa. No quería estar separado de ella, y no estaba interesado en el divorcio.

Lo sé: suena tan sensiblero como una mierda. ¿Un jodido SEAL hablando de amor?

Preferiría ser ahogado cien veces que hacer eso en público, y menos aquí para que todo el mundo lo vea.

Pero fue real. Si voy a ser sincero, tengo que expresarlo aquí.

Establecimos algunas normas por las que viviríamos. Y ambos estuvimos de acuerdo en ir a consejería.

Taya:

Las cosas llegaron a un punto en que yo sentía como si estuviera mirando un pozo profundo. No era solo por las discusiones sobre los niños. No nos relacionábamos el uno con el otro. Yo podía decir que su mente se había alejado de nuestro matrimonio, de nosotros.

Recuerdo que hablé con una amiga que había estado pasando un momento difícil. Sencillamente me descargué.

Ella me dijo: «Bueno, esto es lo que tienes que hacer. Tienes que apostarlo todo. Tienes que decirle que le amas y que quieres que se quede, pero si quiere irse, es libre para hacerlo».

Yo acepté su consejo. Fue una conversación difícil, muy difícil.

Pero yo sabía varias cosas en mi corazón. Primero, sabía que amaba a Chris. Y segundo, y esto era muy importante para mí, sabía que él era un buen papá. Le había visto con nuestro hijo y con nuestra hija. Él tenía un fuerte sentimiento de disciplina y respeto, y al mismo tiempo se divertía tanto con los niños que cuando terminaban de jugar, todos se retorcían de la risa. Esas dos cosas realmente me convencieron de que tenía que intentar mantener nuestro matrimonio.

Por mi parte, yo tampoco había sido la esposa perfecta. Sí, le amaba, verdaderamente, pero había sido una verdadera bruja a veces. Yo le había apartado.

Por lo tanto, ambos teníamos que querer que el matrimonio siguiera, y ambos teníamos que unirnos para hacer que funcionara.

Me gustaría decir que las cosas mejoraron al instante desde ese momento en adelante, pero la vida realmente no es así. Hablamos mucho más. Yo comencé a enfocarme más en el matrimonio, a estar más centrado en mis responsabilidades hacia mi familia.

Un problema que no llegamos a resolver por completo tenía que ver con mi alistamiento, y el modo en que encajaría con los planes a largo plazo de nuestra familia. El plazo de mi último alistamiento iba a vencer apenas en dos años; ya habíamos comenzado a hablar de eso.

Taya dejó claro que nuestra familia necesitaba un padre. Mi hijo estaba creciendo a pasos agigantados. Los muchachos necesitan una figura masculina fuerte en sus vidas; no había manera de que yo pudiera estar en desacuerdo.

Pero también me sentía como si tuviera una obligación hacia mi país. Yo había sido entrenado para matar; era muy bueno en eso. Sentía que tenía que proteger a mis compañeros SEAL, y a mis compatriotas estadounidenses.

Y me gustaba hacer eso. Mucho.

Pero...

Iba de un lado al otro; era una decisión muy difícil. Increíblemente difícil.

Al final, decidí que ella tenía razón: otros podrían hacer mi trabajo de proteger al país, pero ninguno podía ocupar verdaderamente mi lugar con mi familia. Y yo ya le había entregado a mi país una justa medida.

Le dije que no volvería a alistarme cuando llegara el momento.

Aún me sigo preguntando a veces si tomé la decisión correcta. En mi mente, mientras yo esté en forma y haya una guerra, mi país me necesita ¿Por qué iba a enviar yo a otra persona en mi lugar? Parte de mí sentía que me estaba comportando como un cobarde.

Servir en los Equipos es servir a un bien mayor. Como civil, tan solo estaría sirviendo a *mi* propio bien. Ser un SEAL no era solamente lo que hacía; se convirtió en quién era yo.

UN CUARTO DESPLIEGUE

Si las cosas hubieran funcionado según los procedimientos «normales», me habrían dado un largo descanso y un largo periodo después de mi segundo despliegue. Pero por diversas razones, eso no sucedió.

El Equipo prometió que yo tendría un descanso después de este despliegue, pero eso tampoco funcionó. Yo no estaba verdaderamente contento al respecto. De hecho, perdía los estribos al hablar de ello. Yo diría que más de una vez.

Ahora bien, me gusta la guerra, y me encanta hacer mi trabajo, pero me molestaba que la Armada no estuviera cumpliendo su palabra. Con todo el estrés en casa, una tarea que me hubiese mantenido cerca de mi familia en ese momento habría sido bienvenida; pero me dijeron que las necesidades de la Armada estaban en primer lugar. Y fuese justo o no, así eran las cosas.

MI PRESIÓN SANGUÍNEA SEGUÍA ESTANDO ELEVADA.

Los médicos lo achacaron al café y el tabaco. Según lo que ellos decían, mi presión sanguínea era tan elevada como si me hubiera bebido diez tazas de café justamente antes del análisis. Yo bebía café, pero no se acercaba a eso. Me recomendaron fuertemente que lo recortara, y que dejara de mascar tabaco.

Desde luego, no discutí con ellos. No quería que me echaran de los SEAL, o seguir por un camino que pudiera conducir a que me licenciaran por causas médicas. Supongo, al verlo en retrospectiva, que algunos podrían preguntarse por qué no hice eso, pero habría parecido una cobardía hacerlo. Nunca habría sentido que fue lo correcto.

AL FINAL, ME PARECIÓ BIEN QUE ME PROGRAMARAN PARA OTRO despliegue. Me seguía gustando la guerra.

PELOTÓN DELTA

POR LO GENERAL, CUANDO REGRESAMOS A CASA, UNOS CUANTOS muchachos rotarán y saldrán del pelotón. Los oficiales normalmente cambiarán. Muchas veces el jefe se va, el oficial al mando se convierte en jefe, y entonces otra persona se convierte en oficial al mando. Pero aparte de eso, se mantiene bastante la unión. En nuestro caso, la mayoría del pelotón había estado junto por muchos años.

Hasta ahora.

Intentando extender la experiencia en el Equipo, el mando decidió dividir el pelotón Charlie/Cadillac y repartirnos. Yo fui asignado a Delta, y situado como oficial al mando del pelotón. Trabajaba directamente con el nuevo jefe, que resultó ser uno de mis instructores en el BUD/S.

Trabajamos en nuestras selecciones de personal, dando tareas y enviando a diferentes personas a la escuela. Ahora que yo era oficial al mando, no solo tenía que tratar con más asuntos administrativos, sino que ya no podía seguir siendo el hombre punta.

Eso me dolió.

Yo tracé la línea cuando hablaron de alejarme de mi fusil. Y seguía siendo un francotirador, a pesar de las demás tareas que realizara en el pelotón.

Además de encontrar buenos hombres punta, una de las decisiones más difíciles en cuanto a personal que tuve que tomar implicaba escoger a un hombre de apertura. El hombre de apertura es la persona que, entre otras cosas, está a cargo de los explosivos, que los sitúa y los hace explotar (si es necesario) en la acción directa. Cuando el pelotón está dentro, el hombre de apertura es quien realmente dirige las cosas; por lo tanto, el grupo está totalmente en sus manos.

HAY OTRAS TAREAS IMPORTANTES Y ESCUELAS QUE NO HE mencionado a lo largo del camino, pero que merecen atención. Entre ellas está el JTAC: es el hombre que pide apoyo por aire. Es una posición popular en los Equipos. Antes que nada, el trabajo es en cierto modo divertido: observas cómo las cosas estallan. Y en segundo lugar, con frecuencia eres requerido para misiones especiales, y experimentas mucha acción.

Comunicaciones y navegación están mucho más abajo en la lista para la mayoría de los SEAL, pero son trabajos necesarios. La peor escuela a la que puedes enviar a alguien tiene que ver con la inteligencia. La gente aborrece eso. Se unieron a los SEAL para derribar puertas, no para recopilar información. Pero cada uno tiene un papel.

Desde luego, a algunas personas les gusta caer desde aviones, y nadar con los tiburones.

Enfermos.

LA DISPERSIÓN DE TALENTO PUEDE QUE HUBIERA AYUDADO AL Equipo en general, pero como oficial al mando del pelotón, yo estaba interesado en conseguir que los mejores hombres estuvieran en Delta conmigo.

El jefe principal a cargo de la organización del personal estaba solucionando todo en un esquema de organización que se había puesto en una gran pizarra magnética. Una tarde, mientras él estaba fuera, yo me colé en su oficina y reorganicé las cosas. De repente, todo aquel que había sido alguien en Charlie era ahora asignado a Delta.

Mis cambios se habían pasado un poco de drásticos, y en cuanto el jefe regresó, mis oídos comenzaron a pitar incluso más de lo normal.

«No entres *nunca* a mi oficina cuando yo no esté aquí», me dijo en cuanto me reporté a él. «No toques mi pizarra. *Nunca*».

Bueno, lo cierto es que sí regresé.

Sabía que él no había captado nada drástico, de modo que hice un pequeño cambio para que Dauber estuviera en mi pelotón. Necesitaba un buen francotirador y médico del ejército. El jefe aparentemente no observó nada, o al menos no lo cambió.

Yo tenía mi respuesta preparada en caso de que me agarraran: «Lo hice por el bien de la Armada».

O al menos por el pelotón Delta.

AÚN RECUPERÁNDOME DE MI CIRUGÍA DE RODILLAS, NO PUDE realmente participar en mucho del entrenamiento durante los primeros meses que el pelotón estuvo junto. Pero estaba al tanto de mis muchachos, viéndolos cuando podía. Andaba cojeando en las sesiones de guerra en tierra, observando especialmente a los muchachos nuevos. Quería saber con quién iba a ir a la guerra.

Casi estaba otra vez en forma cuando me metí en un par de peleas, primero la que sucedió en Tennessee que mencioné anteriormente, donde fui arrestado, y después otra cerca de Fort Campbell donde, como lo expresa mi hijo, «algún tipo decidió romper su cara en la mano de mi papá».

«Algún tipo» también rompió mi mano en el proceso.

El jefe de mi pelotón estaba furioso.

«Has estado fuera con cirugía de rodillas, te hacemos regresar, eres arrestado, y ahora te rompes la mano. ¿Qué diablos?».

Puede que hubiera habido algunas otras palabras escogidas que también dijo. Puede que también continuasen durante un largo rato.

AL MIRAR ATRÁS, PARECE QUE ME METÍ EN VARIAS PELEAS durante este periodo de entrenamiento. En mi mente, al menos, no era culpa mía; en este último caso, yo estaba saliendo cuando la novia de ese idiota intentó tener una pelea con mi amigo, un SEAL. Lo cual era tan absolutamente ridículo en la vida real como debe parecer en la página impresa.

Pero tomado en conjunto, era un mal patrón. Incluso podría haber sido una tendencia inquietante. Desgraciadamente, yo no lo reconocía así en su momento.

GOLPEADO

HAY UNA POSDATA EN LA HISTORIA SOBRE «ALGÚN TIPO» Y MI mano rota.

El incidente sucedió mientras nos estábamos entrenando en una ciudad de la Armada. Yo supe bastante bien cuando le golpeé que me había roto la mano, pero no había una maldita manera de que yo fuese al hospital de la base; si lo hacía, ellos se darían cuenta de que (a) estaba borracho, y (b) peleando, y los policías militares habrían estado en mi trasero. Nada alegra más a un policía militar que arrestar a un SEAL.

Así que esperé hasta el día siguiente. Ahora sobrio, me reporté al hospital y afirmé que me había roto el puño al sacar mi fusil antes de realmente haber quitado la jamba de la puerta. (Teóricamente es posible, aunque improbable.)

Mientras me estaban tratando, vi a un muchacho en el hospital con su mandíbula cerrada y asegurada.

Lo siguiente que supe es que algunos policías militares se acercaron y comenzaron a hacerme preguntas.

«Este muchacho está afirmando que le rompiste la mandíbula», dijo uno de ellos.

«¿De qué carajos habla?», dije yo, elevando las cejas. «Acabo de salir de un ejercicio de entrenamiento. Me he roto la maldita mano. Pregunten a los de Fuerzas Especiales; nos estamos entrenando con ellos».

No era tanta coincidencia que todos los de seguridad en el bar donde habíamos estado fueran de las FE del ejército; seguramente me habrían respaldado.

No fue necesario.

«Eso pensábamos», dijeron los policías militares, meneando sus cabezas. Regresaron al soldado idiota y comenzaron a reprenderle por haber mentido y haberles hecho perder su tiempo.

Se lo merecía por haberse metido en una pelea que comenzó su novia.

Yo regresé con un hueso destrozado. Los muchachos se burlaron de mí por mis genes débiles, pero la herida no era tan divertida para mí, porque los médicos no podían llegar a decidir si deberían operarme o no. Mi dedo se había quedado metido más profundamente en mi mano, no donde debía estar.

En San Diego, uno de los médicos echó un vistazo y decidió que podrían arreglarlo tirando y situándolo de nuevo en la articulación.

Yo le dije que lo intentaran.

«¿Quiere algunos analgésicos?», me preguntó.

«No», dije yo. Habían hecho lo mismo en el hospital de la Armada en el este, y realmente no había dolido tanto.

Quizá los médicos de la Armada tiraron con más fuerza. Lo siguiente que supe era que estaba tumbado en una camilla en la sala de escayolas. Me había desmayado y orinado por el dolor.

Pero al menos me libré de la cirugía.

Y para que conste, desde entonces he cambiado mi estilo de pelea para acomodarlo a mi mano más débil.

LISTO PARA SALIR

Tuve que llevar una escayola durante algunas semanas, pero cada vez más agarraba el ritmo de las cosas. La velocidad aumentaba a medida que nos preparábamos para embarcar. Había solo una nota negativa: nos habían asignado a una provincia en el oeste en Irak. Por lo que habíamos oído, no estaba sucediendo nada allí. Intentamos que nos transfirieran a Afganistán, pero el comandante de zona no pudo librarnos.

Aquello no nos cayó demasiado bien, y ciertamente no me cayó nada bien a mí. Si iba a ir a la guerra, quería estar en la acción, y no de brazos cruzados jugando con mis dedos rotos en el desierto. Al ser un SEAL, no quieres quedarte por ahí sentado sin hacer nada; quieres meterte en la acción.

Aun así, era un buen sentimiento regresar a la guerra. Había estado quemado cuando regresé a casa, completamente abrumado y emocionalmente agotado. Pero ahora me sentía recargado y listo para salir.

Estaba listo para matar a más de los malos.

13

MORTALIDAD

CIEGO

Parecía que cada perro en la ciudad de Sadr estaba ladrando.

Yo examinaba la oscuridad mediante mi visión nocturna, tenso a medida que avanzábamos por una de las calles más repugnantes en la ciudad de Sadr. Pasamos al lado de una fila de lo que podrían haber sido apartamentos en una ciudad normal. Aquí eran un poco mejores que casuchas infestadas de ratas. Era pasada la medianoche a principios de abril de 2008 y, en contra de todo el sentido común, pero bajo órdenes directas, íbamos caminando hacia el centro de un agujero infernal de insurgentes.

Al igual que muchos de los otros edificios color marrón en la calle, la casa a la que nos dirigíamos tenía una reja de metal delante de la puerta. Nos pusimos en línea para derribarla. Justo entonces, alguien apareció por detrás de la reja en la puerta y dijo algo en árabe.

Nuestro intérprete dio un paso adelante y le dijo que abriera.

El hombre que estaba dentro dijo que no tenía la llave.

Uno de los otros SEAL le dijo que fuese a buscarla. El hombre desapareció, corriendo por las escaleras en alguna parte.

¡Mierda!

«¡Vamos!», grité yo. «Rompan la maldita reja para entrar».

Entramos enseguida y comenzamos a despejar la casa. Los dos niveles inferiores estaban vacíos.

Yo subí rápidamente las escaleras hasta el tercer piso y me moví hacia la puerta de una habitación que daba a la calle, apoyándome contra la pared mientras el resto de mis muchachos se unían para seguirme. Cuando comencé a dar un paso, toda la habitación estalló por los aires.

Por algún milagro, yo no había sido herido, aunque sin duda sentí la fuerza del estallido.

«¡Quién diablos ha lanzado una granada!», grité.

Nadie. Y la habitación misma estaba vacía. Alguien acababa de disparar una granada hacia la casa.

Siguieron disparos. Nos reagrupamos. El iraquí que había estado en el interior claramente había escapado para alertar a los insurgentes que estaban cerca de que estábamos allí. Peor aún, las paredes de la casa demostraron ser bastante débiles, incapaces de soportar las granadas que nos estaban lanzando. Si nos quedábamos allí, nos iban a freír.

¡Fuera de la casa! ¡Ahora!

El último de mis muchachos acababa de salir del edificio cuando la calle retumbó con una fuerza inmensa: los insurgentes habían tirado una bomba casera en la calle. El estallido fue tan potente que nos derribó a algunos de nosotros. Con pitidos en los oídos, corrimos hasta otro edificio cercano. Pero mientras nos preparábamos para entrar, se desató todo el infierno. Recibíamos disparos desde todas direcciones, también desde arriba.

Un disparo voló hasta mi casco. La noche se puso negra. Estaba ciego.

Era mi primera noche en la ciudad de Sadr, y parecía como si pronto fuera a ser mi última noche en la tierra.

AL OESTE

Hasta ese momento, yo había pasado un cuarto despliegue en Irak sin incidentes, incluso aburrido.

El pelotón Delta había llegado apenas un mes antes, viajando a al-Qa'im al oeste de Irak, cerca de la frontera con Siria. Nuestra misión debía implicar patrullas de amplio alcance en el desierto, pero habíamos pasado nuestro tiempo construyendo un campamento base con la ayuda de algunos Seabees. No solo no había ninguna acción de la que hablar, sino que los Marines que poseían la base estaban en proceso de cerrarla, lo cual significaba que tendríamos que salir pronto de allí después de haberla establecido. Yo no tenía idea de dónde estaba la lógica de aquello.

La moral había tocado fondo cuando mi jefe arriesgó su vida una mañana temprano; con eso me refiero a que entró en mi cuarto y me despertó de una sacudida.

«¿Qué diablos?», grité, incorporándome de un salto.

«Tranquilo», dijo mi jefe. «Tienes que vestirte y venir conmigo».

«Me acababa de acostar».

«Querrás venir conmigo. Están creando una unidad de trabajo para ir a Bagdad».

¿Una unidad de trabajo? *¡Muy bien!*

Era como algo sacado de la película *Hechizo del tiempo*, pero en el buen sentido. La última vez que eso había sucedido estaba en Bagdad dirigiéndome al oeste. Ahora estaba en el oeste, y me dirigía al este.

Por qué exactamente, no estaba seguro.

Según el jefe, me habían escogido para la unidad en parte porque estaba calificado para ser un oficial al mando, pero principalmente porque era un francotirador. Estaban incorporando francotiradores de todo el país para la operación, aunque él no tenía los detalles de lo que estaban planeando. Ni siquiera sabía si yo iba a ir a una zona rural o urbana.

Pensé: *Mierda, vamos a ir a Irán.*

ERA UN SECRETO A VOCES QUE LOS IRANÍES ESTABAN ARMANDO y entrenando insurgentes, y en algunos casos incluso atacando a tropas occidentales ellos mismos. Había rumores de que se estaba formando un grupo para detener a los infiltradores en la frontera.

Me llevaron en un convoy hasta al-Asad, la gran base aérea en la provincia de al-Anbar, donde estaban situados nuestros altos mandos. Allí descubrí que no íbamos a ir a la frontera, sino a un lugar mucho peor: la ciudad de Sadr.

SITUADA EN LAS AFUERAS DE BAGDAD, LA CIUDAD DE SADR SE había convertido aun más en una cueva de serpientes desde la última vez que yo había estado allí con la GROM unos años antes. Dos millones de chiíes vivían allí. El rabiosamente antiamericano y clérigo Muqtada al-Sadr (la ciudad llevaba el nombre de su padre) había estado construyendo firmemente su milicia, el ejército Mahdi (conocido en árabe como el *Jaish al-Mahdi*). Había otros insurgentes que operaban en la zona, pero el ejército Mahdi era con creces el mayor y el más poderoso.

Con ayuda encubierta desde Irán, los insurgentes habían reunido armas y comenzaron a lanzar morteros y cohetes a la Zona Verde de Bagdad. Todo el lugar era un nido de víboras. Al igual que en Faluya y Ramadi, había diferentes grupos y diversos niveles de experiencia entre los insurgentes. La gente allí era en su mayoría chií, mientras que mis anteriores batallas en Irak habían sido principalmente con suníes. Pero en otros aspectos era un infierno muy familiar.

No era problema para mí.

LLEVARON FRANCOTIRADORES Y JTAC, JUNTO CON ALGUNOS oficiales y jefes, de los Equipos 3 y 8 para crear una unidad especial de tarea. Éramos unos treinta en total. En cierto sentido, era un equipo de estrellas, con algunos de los mejores de los mejores muchachos en el país. Y tenía una base pesada de francotiradores, porque la idea era implementar algunas de las tácticas que habíamos utilizado en Faluya, Ramadi y otros lugares.

Había mucho talento, pero debido a que nos habían llevado desde diferentes unidades, necesitábamos pasar un poco de tiempo para acostumbrarnos los unos a los otros. Pequeñas diferencias en el modo en que los equipos operaban normalmente en la costa este y la oeste podían constituir un gran problema en un tiroteo. También teníamos muchas decisiones de personal que tomar, elegir a hombres de punta, y cosas similares.

EL EJÉRCITO HABÍA DECIDIDO CREAR UNA ZONA NEUTRAL PARA alejar a los insurgentes lo suficiente para que sus cohetes no llegaran a la Zona Verde. Una de las claves para esto era levantar un muro en la ciudad de Sadr: básicamente, una inmensa valla de cemento llamada «T-wall» que seguiría por una de las carreteras principales ubicada aproximadamente una cuarta parte dentro de un barrio bajo. Nuestra tarea era proteger a los hombres que estaban construyendo ese muro, y derribar a tantos malos como fuera posible en el proceso.

Los hombres que construían ese muro tenían un trabajo terriblemente peligroso. Una grúa tomaba una de las secciones de cemento de la parte trasera de una plataforma y la elevaba para situarla en su lugar. Cuando la bajaban, un soldado tenía que escalar y desengancharla.

Bajo los disparos, generalmente. Y no solo disparos aquí y allá; los insurgentes utilizaban cualquier arma que tuvieran desde AKs hasta bombas caseras. Esos hombres del ejército sí tenían verdaderas agallas.

Una unidad de las Fuerzas Especiales ya había estado operando en la ciudad de Sadr, y nos dieron algunas indicaciones e información. Nos tomó aproximadamente una semana organizarlo todo y pensar cuál era la mejor manera de hacer las cosas. Cuando todo estuvo en su lugar, nos dejaron en una base de operaciones avanzadas del ejército (FOB).

En ese momento, nos dijeron que íbamos a entrar en patrulla a pie en la ciudad de Sadr durante la noche. Algunos de nosotros argumentamos que eso no tenía mucho sentido, pues el lugar estaba lleno de personas que querían matarnos, y a pie seríamos objetivos fáciles.

Pero alguien pensó que sería inteligente si entrábamos caminando durante la noche. Ocúltense, nos dijeron, y no habrá problemas.

Así que lo hicimos.

DISPARO EN LA ESPALDA

Ellos estaban equivocados.

Allí estaba yo, con un disparo en la cabeza y ciego. La sangre corría por mi cara. Me toqué el cuero cabelludo. Quedé sorprendido, pues no solo seguía teniendo mi cabeza ahí, sino que estaba intacta. Pero sabía que me habían disparado.

De alguna manera me di cuenta de que mi casco, que no estaba abrochado, se había movido hacia atrás. Lo empujé hacia adelante. De repente, podía ver otra vez. Una bala había golpeado el casco, pero con una suerte increíble había rebotado sobre mi visión nocturna, empujando el casco hacia atrás, pero sin hacerme ningún daño a mí. Cuando lo empujé hacia adelante, llevé también la mira delante de mis ojos, y pude ver otra vez. No había quedado ciego, en absoluto, pero en la confusión no podía decir lo que estaba sucediendo.

Unos segundos después, fui alcanzado en la espalda con una bala pesada. La bala me lanzó directamente al suelo.

Afortunadamente, la bala golpeó en uno de los platos de mi chaleco antibalas.

Aun así, me dejó aturdido. Mientras tanto, estábamos rodeados. Nos llamamos el uno al otro y organizamos una retirada a un mercado por el que habíamos pasado de camino. Comenzamos a disparar y a movernos juntos.

A esas alturas, las manzanas que nos rodeaban parecían como los peores escenarios en *La caída del halcón negro*. Parecía que cada insurgente, quizá cada ocupante, quería un pedazo de los idiotas estadounidenses que tan reciamente habían entrado en la ciudad de Sadr.

No pudimos entrar en el edificio al que nos retiramos. Ya habíamos pedido un Grupo de Respuesta Rápida, un nombre bonito para la caballería. Necesitábamos respaldo y extracción: «AYUDA» en letras mayúsculas.

Un grupo de vehículos de combate Stryker del ejército llegó. Los Stryker son transportadores de personal muy bien armados, y estaban disparando todo lo que tenían. Había muchos objetivos: más de cien insurgentes estaban en fila en los tejados de las calles circundantes, intentando agarrarnos. Cuando vieron los Strykers, cambiaron su diana, intentando derribar los grandes vehículos del ejército. Ahí estaban sobrepasados. Comenzó a parecerse a un videojuego: hombres iban cayendo de los tejados.

«Gracias, cabrones», dije en voz alta cuando los vehículos llegaron a nuestro edificio. Juro que podía oír una trompeta de caballería en algún lugar en un segundo plano.

Bajaron las rampas y corrimos dentro.

«¿Viste cuántos hijos de puta había ahí?», dijo uno de los hombres mientras el vehículo aceleraba de regreso a la base.

«No», respondí. «Estaba demasiado ocupado disparando».

«Estaban por todo el lugar». El muchacho estaba emocionado. «Los derribábamos, y ni siquiera eran la mitad de los que había. Tan solo los estábamos desperdigando. Pensábamos que ustedes estaban acabados».

Eso lo pensaron más que dos de nosotros.

AQUELLA NOCHE PASÉ UN SUSTO DE MUERTE. FUE ENTONCES cuando llegué a darme cuenta de que yo no soy superhumano. Puedo morir.

En medio de todo lo que sucedió, hubo momentos en que pensé: *Voy a morir.*

Pero nunca moría. Esos pensamientos eran fugaces. Se evaporaban.

Después de un tiempo, comencé a pensar: *No pueden matarme. Ellos no pueden matarnos. Somos malditamente invencibles.*

Yo tengo un ángel guardián y soy un SEAL, y tengo suerte, y sea cual sea el infierno, yo no puedo morir.

Entonces, de repente, en dos minutos me dispararon dos veces.

Maldición, me llegó la hora.

CONSTRUIR EL MURO

NOS SENTÍAMOS FELICES Y AGRADECIDOS POR HABER SIDO rescatados. También nos sentíamos como unos completos tontos.

Intentar colarnos en la ciudad de Sadr no iba a funcionar, y el mando debería haber sabido eso desde el principio. Los malos siempre sabrían dónde estábamos. Así que tendríamos que sacarle el máximo partido.

Dos días después de que nos patearan el trasero y nos echaran de la ciudad, regresamos, esta vez dentro de Strykers. Tomamos un lugar conocido como la fábrica de bananas. Era un edificio de cuatro o cinco pisos de altura, lleno de armarios para fruta y diverso equipo de una fábrica, la mayoría destrozado por los saqueadores mucho antes de que llegáramos allí. No estoy exactamente seguro de lo que tenía que ver con bananas o lo que los iraquíes podrían haber hecho allí; lo único que sabía en aquel momento era que constituía un buen lugar para un escondite de francotirador.

Queriendo un poco más de cobertura de la que tendría en el tejado, me establecí en el último piso. Alrededor de las nueve de la mañana, me di cuenta de que el número de civiles que caminaban por la calle había comenzado a disminuir. Eso era siempre una señal reveladora: ellos detectaban algo y no querían terminar en la línea de fuego.

Unos minutos después, con la calle ahora desierta, salió un iraquí de un edificio parcialmente destruido. Iba armado con un AK-47. Cuando llegó a la calle se ocultó, vigilando en la dirección de los ingenieros que estaban trabajando más adelante en la carretera en el muro, aparentemente intentando apuntar a alguno a quien disparar. En cuanto estuve seguro de lo que pretendía, le apunté al cuerpo y disparé.

Estaba a treinta y cinco metros. Cayó, muerto.

Una hora después, otro tipo asomó su cabeza desde detrás de un muro en otra parte de la calle. Miró en dirección al T-wall, y después se retiró.

Puede que pareciera algo inocente para otra persona, y sin duda no cumplía las RDE, pero yo sabía observar con más atención. Había visto a insurgentes seguir ese mismo patrón ahora ya durante años. Se asomaban, echaban un vistazo, y después desaparecían. Yo los llamaba «mirones»: ellos «miraban» para ver si había alguien observando. Estoy seguro de que sabían que no podían dispararles por estar echando un vistazo.

Yo también lo sabía. Pero también sabía que si tenía paciencia, ese tipo o cualquier otro que vigilara, sería probable que reapareciera. En efecto, el tipo reapareció unos momentos después.

Llevaba una bomba casera en su mano. Se puso de rodillas rápidamente, apuntando.

Yo le abatí antes de que pudiera disparar.

Entonces se convirtió en un juego de espera. El cohete era valioso para ellos. Tarde o temprano, yo sabía que alguien sería enviado a retirarlo.

Yo observaba. Parecía una eternidad. Finalmente, una figura pasó por la calle y detectó el lanzador de granadas.

Era un joven. Un niño.

Tenía una vista certera en mi mira, pero no disparé. No iba a matar a un niño, fuera inocente o no. Tendría que esperar hasta que el salvaje que le envió apareciera él mismo en la calle.

RICO EN OBJETIVOS

Terminé derribando siete insurgentes ese día, y más al siguiente. Estábamos en un entorno rico en objetivos.

Debido al modo en que estaban trazadas las calles y el número de insurgentes, estábamos logrando disparos de cerca; algunos estaban tan cerca como ciento ochenta metros. El más largo que hice durante ese tiempo fue solo de unos ochocientos metros; la media estaba en unos trescientos sesenta metros.

La ciudad que nos rodeaba era esquizofrénica. Tenías a civiles comunes realizando sus negocios, vendiendo cosas, yendo al mercado, o lo que fuera. Y entonces tenías a hombres con armas intentando ocultarse en las calles laterales y atacar a los soldados que levantaban el muro. Después que comenzamos a enfrentarnos a los insurgentes, nosotros mismos nos convertimos en objetivos. Todo el mundo sabía dónde estábamos, y los malos salían de sus agujeros de babosa e intentaban derribarnos.

Llegó el punto en que logré tantas muertes que di un paso atrás para dejar que los otros muchachos obtuvieran algunas. Comencé a darles los mejores lugares en los edificios que tomábamos. Aun así, yo tenía muchas oportunidades de disparar.

Un día tomamos una casa, y después de dejar que mis muchachos escogieran sus ubicaciones, no había más ventanas desde las que disparar, así que tomé una maza e hice un agujero en la pared. Me tomó un buen rato hacerlo bien. Cuando finalmente establecí mi lugar, tenía una vista de unos trescientos metros. Justamente cuando me situé en mi fusil, salieron tres insurgentes cruzando la calle, a trece metros de distancia.

Los maté a todos ellos. Me acerqué rodando a uno de los oficiales que había venido: «¿Quieres un turno?».

Después de unos días, nos dimos cuenta de que los ataques se concentraban cuando los grupos de trabajadores llegaban a una intersección. Tenía sentido: los insurgentes querían atacar desde un lugar donde pudieran fácilmente huir.

Aprendimos a estar más alertas y vigilar las calles laterales. Entonces comenzamos a confrontar a esos tipos cuando aparecían.

Faluya fue malo. Ramadi fue peor. La ciudad de Sadr fue lo peor. Las misiones de apoyo duraban dos o tres días. Nos íbamos durante un día, recargábamos fuerzas, y después regresábamos. Eran tiroteos a toda marcha cada vez.

Los insurgentes llevaban algo más que sus AKs a un tiroteo. Nos llegaban cohetes en cada pelea. Nosotros respondíamos con cobertura por aire, Hellfires y lo que tuviéramos.

La red de vigilancia por encima había sido mejorada mucho durante los últimos años, y EE.UU. era capaz de hacer un buen uso de ella cuando se trataba de acertar a Predators y otros recursos. Pero en nuestro caso, los bastardos estaban al descubierto, y eran muy fáciles de detectar. Y había muchos.

En cierto momento, el gobierno iraquí afirmó que estábamos matando a civiles. Eso era pura mierda. Mientras casi cada batalla iba disminuyendo, los analistas de inteligencia del ejército interceptaban comunicaciones de insurgentes por teléfonos celulares que nos daban un recuento detallado.

«Acaban de matar a fulano», decía una conversación. «Necesitamos más hombres de mortero y francotiradores... Hoy mataron a quince».

Nosotros solo habíamos contado trece en esa batalla; supongo que deberíamos haber sacado a dos de la columna de «probables» y haberlos puesto en la categoría de «definitivos».

AGARRAR MI FUSIL

Como siempre, había momentos de mucha ansiedad mezclados con situaciones extrañas y un alivio cómico fortuito.

Un día al final de una operación, yo me moví deprisa hacia el Bradley con el resto de los muchachos. Justo cuando llegué al vehículo, me di cuenta de que mi fusil de francotirador se había quedado atrás; yo lo había dejado en una de las habitaciones, y entonces olvidé llevarlo conmigo cuando me fui.

Sí. Estúpido.

Revertí el curso. LT, uno de mis oficiales, iba corriendo.

«Oigan, tenemos que regresar», dije. «Mi fusil está en la casa».

«Hagámoslo», dijo LT, siguiéndome.

Nos dimos la vuelta y fuimos velozmente a la casa. Mientras tanto, insurgentes iban rápidamente hacia ella; estaban tan cerca que podíamos oírlos. Despejamos el patio, seguros de que nos encontraríamos con ellos.

Afortunadamente, no había ninguno allí. Yo agarré el fusil y regresamos corriendo a los vehículos, unos dos segundos antes de un ataque con granada. La rampa se cerró y sonaron las explosiones.

«¿Qué diablos?», demandó el oficial a cargo cuando el vehículo despegó.

LT sonrió.

«Lo explicaré después», dijo.

No estoy seguro de que alguna vez lo hiciera.

VICTORIA

TOMÓ APROXIMADAMENTE UN MES LEVANTAR LAS BARRERAS.
Cuando el ejército logró su objetivo, los insurgentes comenzaron a abandonar.

Tal vez fue una combinación de que se dieran cuenta de que el muro iba a ser terminado les gustase a ellos o no, y el hecho de que habíamos matado a tantos de los bastardos que ya no podían organizar tanto ataque. Donde treinta o cuarenta insurgentes se juntaban con rifles AKs y bombas caseras para disparar a un único grupo en el muro al comienzo de la operación, hacia el final los malos realizaban ataques con dos o tres hombres. Gradualmente, se disiparon en las casuchas que nos rodeaban.

Muqtada al-Sadr, mientras tanto, decidió que era el momento para que él intentara negociar la paz con el gobierno iraquí. Declaró un alto el fuego y comenzó a hablar con el gobierno.

Imagina eso.

Taya:

La gente siempre me dice que yo no conocía realmente a Chris o lo que estaba haciendo, porque él era un SEAL. Recuerdo que una vez fui a un contable. Él me dijo que conocía a algunos SEAL y que esos tipos le decían que nadie realmente sabía dónde iban ellos.

«Mi esposo está en un viaje de entrenamiento», dije yo. «Sé dónde está».

«Usted no sabe eso».

«Bueno, sí lo sé. Acabo de hablar con él».

«Pero no sabe realmente lo que están haciendo. Ellos son SEAL».

«Yo...».

«Usted no puede saberlo».

«Conozco a mi esposo».

«Usted simplemente no puede saberlo. Están entrenados para mentir».

La gente decía eso muchas veces. Me irritaba cuando era alguien a quien yo no conocía bien. Las personas a las que conocía respetaban el que yo pudiera no saber cada detalle, pero yo sabía lo que necesitaba saber.

EN LOS PUEBLOS

Con las cosas relativamente en calma en la ciudad de Sadr, nos dieron una nueva zona como blanco. Los que fabricaban explosivos caseros y otros insurgentes habían establecido tiendas en una serie de pueblos cerca de Bagdad, intentando operar bajo el radar a la vez que proporcionaban armas y personal para luchar contra estadounidenses y las fuerzas leales iraquíes. El ejército Mahdi estaba allí, y la zona era prácticamente «zona peligrosa» para los estadounidenses.

Habíamos trabajado con miembros de la División de Montaña 4-10 durante gran parte de la batalla en la ciudad de Sadr. Ellos eran luchadores. Querían estar en la mierda; y ciertamente se cumplió su deseo allí. Ahora, cuando entrábamos en los pueblos fuera de la ciudad, nos alegrábamos de tener la oportunidad de volver a trabajar con ellos. Ellos conocían la zona. Sus francotiradores eran especialmente buenos, y tenerlos al lado mejoró nuestra eficacia.

Nuestros trabajos son iguales, pero hay algunas diferencias entre los francotiradores del ejército y los SEAL. Por una parte, los francotiradores del ejército utilizan observadores, y nosotros no, como regla general. Su arma es un poco más pequeña que la nuestra.

Pero la mayor diferencia, al menos al principio, tenía que ver con las tácticas y el modo en que ellos eran desplegados. Los francotiradores del ejército estaban más acostumbrados a salir en grupos de tres o cuatro hombres, lo cual significaba que no podían permanecer fuera por mucho tiempo, ciertamente no toda la noche.

La unidad de tarea de los SEAL, por otra parte, entraba pesadamente y cerraba una zona, básicamente buscando una pelea y haciendo que el enemigo nos proporcionara una. Ya no era tanto una misión de apoyo como un reto: *Aquí estamos; vengan y agárrennos.*

Y ellos lo hacían: pueblo tras pueblo, los insurgentes llegaban e intentaban matarnos; nosotros los derribábamos. Por lo general, pasábamos al menos una noche, y normalmente varias, entrando y haciendo extracciones después de la puesta del sol.

En esta zona terminamos regresando al mismo pueblo varias veces, normalmente tomando una casa diferente cada vez. Repetíamos el proceso hasta que todos los malos del lugar estaban muertos, o al menos hasta que entendían que atacarnos no era muy inteligente.

Era sorprendente cuántos idiotas teníamos que matar hasta que ellos finalmente entendieran eso.

CUBIERTO DE MIERDA

Había momentos más ligeros, pero incluso algunos de esos eran de mierda. Literalmente.

Nuestro hombre punta, Tommy, era un tipo estupendo, pero, como demostró, un terrible punta en muchos aspectos.

O quizá debería decir que a veces él era más un pato que un hombre punta. Si había un charco de barro entre nosotros y el objetivo, Tommy nos llevaba a cruzarlo. Cuanto más profundo fuera, mejor. Él siempre nos hacía atravesar el terreno en peor estado posible.

Llegó a ser tan ridículo, que finalmente le dije: «Una vez más, y voy a patearte el trasero, y estás despedido».

En la misión siguiente, él encontró un camino hacia un pueblo que estaba seguro de que estaría seco. Yo tenía mis dudas. De hecho, se las mencioné.

«Oh, no, no», insistió él. «Es bueno, es bueno».

Cuando estábamos ya en el campo, le seguimos por unas tierras de cultivo en un estrecho camino que conducía a una tubería cruzando un camino de barro. Yo estaba en la parte posterior del grupo, y fui uno de los últimos en llegar donde la tubería. Cuando di un paso, me hundí en el barro y en mierda hasta mi rodilla. El barro era en realidad solo una fina capa encima de un profundo charco de aguas residuales.

Apestaba aun peor de lo que Irak apestaba normalmente.

«Tommy», grité, «voy a patear tu trasero en cuanto lleguemos a la casa».

Llegamos a la casa. Yo seguía aún en la parte posterior. Despejamos la casa, y cuando todos los francotiradores estaban situados, fui a buscar a Tommy para darle la paliza que le había prometido.

Tommy estaba ya pagando por sus pecados: cuando le encontré en el piso de abajo, estaba conectado a una vía intravenosa y vomitando terriblemente. Se había caído al estiércol y estaba completamente cubierto de mierda. Estuvo enfermo durante un día, y oliendo durante una semana.

Cada una de la ropa que llevaba fue desechada, probablemente lo hizo una unidad de material peligroso.

Fue su merecido.

Yo pasé entre dos y tres meses en los pueblos. Tuve unas veinte muertes confirmadas mientras estuve allí. La acción en cualquier operación en particular podía ser feroz; también podía ser lenta. No había manera de predecirlo.

La mayoría de las casas que tomamos pertenecían a familias que al menos fingían ser neutrales; supongo que la mayoría de ellos odiaban a los insurgentes por causar problemas, y habrían estado incluso más contentos que nosotros de ver que los malos se iban. Pero había excepciones, y nosotros estábamos frustrados cuando no podíamos hacer nada al respecto.

Entramos en una casa y vimos uniformes de policía. Supimos al instante que el dueño era muja; los insurgentes estaban robando uniformes y utilizándolos para disfrazarse en los ataques.

Desde luego, él nos dio una explicación de mierda sobre que acababa de conseguir un empleo como oficial de policía a media jornada, algo que misteriosamente había olvidado mencionar cuando le interrogamos por primera vez.

Nosotros llamamos al ejército, le dimos la información y le preguntamos qué debíamos hacer.

Ellos no tenían información sobre ese hombre. Al final, decidieron que los uniformes no eran evidencia de nada.

Nos dijeron que le dejásemos libre. Y eso hicimos.

Eso nos dio qué pensar cada vez que oíamos de un ataque por parte de insurgentes vestidos de policía, durante las siguientes semanas.

EXTRAÍDOS

Una noche entramos en otro pueblo y tomamos una casa en el extremo de unos grandes campos abiertos, incluido uno de fútbol. Nos establecimos allí sin problema, examinando el pueblo y preparándonos para cualquier problema que pudiéramos enfrentar en la mañana.

El ritmo de las operaciones había disminuido bastante durante las últimas dos semanas, parecía que las cosas se estaban relajando, al menos para nosotros. Yo comencé a pensar sobre regresar al oeste y volver a unirme a mi pelotón.

Me establecí en una habitación en el segundo piso con LT. Teníamos a un francotirador del ejército y a su observador en la habitación al lado de nosotros, y un grupo de muchachos en el tejado. Yo había llevado conmigo el .338 Lapua, pensando que la mayoría de mis disparos serían de largo alcance, ya que estábamos casi en las afueras del pueblo. Con la zona que nos rodeaba tranquila, comencé a examinar el escenario más lejos, hasta el siguiente pueblo, a un poco más de un kilómetro de distancia.

En cierto momento vi una casa de un piso con alguien que se movía en el tejado. Estaba a unos dos kilómetros de distancia, e incluso con un telescopio de veinticinco de potencia no podía distinguir nada más que una silueta. Estudié a la persona, pero en ese momento no parecía tener armas, o al menos no la mostraba. Me estaba dando la espalda, así que yo podía observarle, pero él no podía verme a mí. Pensé que era sospechoso, pero no estaba haciendo nada peligroso, así que lo dejé estar.

Poco después, llegó un convoy del ejército por la carretera más allá del otro pueblo, dirigiéndose hacia el COP desde el que nosotros habíamos patrullado. A medida que se acercaba, el hombre que estaba en el tejado levantó el arma hasta su hombro. Ahora la silueta estaba clara: tenía un lanzador de cohetes, y estaba apuntándolo a los estadounidenses.

Lanzador de cohetes.

Yo no tenía manera alguna de llamar al convoy directamente; hasta la fecha no sé exactamente quiénes eran, excepto que eran del ejército. Pero puse mi telescopio sobre él y disparé, esperando al menos asustarle con el disparo o quizá advertir al convoy.

A una distancia de dos kilómetros, además de un poco de cambio, se necesitaría mucha suerte para acertar.

Mucha suerte.

Quizá el modo en que apreté el gatillo hacia la derecha ajustó el disparo contra el viento. Quizá la gravedad cambió y puso esa bala precisamente donde tenía que estar. Quizá yo fuese sencillamente el tipo con la maldita mejor suerte en Irak. Sea lo que fuere, observé por la mira y disparé al iraquí, que cayó desde la pared hasta el suelo.

«Vaya», musité.

«Maldito tipo con suerte», dijo LT.

Dos kilómetros. El tiro me sorprende incluso ahora. Fue un tiro de pura suerte; de ninguna manera un tiro debería haberle acertado.

Pero lo hizo. Fue mi muerte confirmada a mayor distancia en Irak, incluso a más distancia que mi disparo en Faluya.

El convoy comenzó a reaccionar, probablemente sin ser conscientes de lo cerca que habían estado de ser destruidos. Yo volví a la vigilancia en busca de malos.

A MEDIDA QUE AVANZABA EL DÍA, COMENZAMOS A RECIBIR disparos de AKs y granadas propulsadas por cohete. El conflicto se agudizó con mucha rapidez. Las bombas comenzaron a hacer agujeros en las flojas paredes de cemento o adobe, rompiéndolas y provocando incendios.

Decidimos que era momento de irnos y pedir la extracción.

¡*Envíen los RG-33!* (Los RG-33 son vehículos grandes y blindados diseñados para soportar bombas y equipados con una torreta ametralladora arriba.)

Esperamos, siguiendo con el tiroteo y eludiendo las crecientes ráfagas de balas de los insurgentes. Finalmente, el grupo de ayuda reportó que estaba a cuatrocientos cincuenta metros de distancia, al otro lado del campo de fútbol.

Eso era todo lo cerca que podían llegar.

Un par de Hummer del ejército cruzó rápidamente el pueblo y aparecieron en las puertas, pero no podían sacarnos a todos. El resto de nosotros comenzó a correr para alcanzar a los RG-33.

Alguien lanzó una granada de humo, supongo que con la idea de que cubriría nuestra retirada. Pero lo que realmente hizo fue que nos resultaba imposible ver. (Las granadas de humo solían utilizarse para esconder movimiento; corres detrás del humo. En este caso, tuvimos que atravesarlo.) Corrimos desde la casa, cruzando la nube de humo, evitando balas y metiéndonos en campo abierto.

Fue como una escena de una película. Las balas llegaban y golpeaban el polvo.

El hombre que iba a mi lado se cayó, y pensé que había sido herido. Me detuve, pero antes de poder agarrarle, se puso de pie; solo había tropezado.

«¡Estoy bien! ¡Estoy bien!», gritó.

Juntos continuamos hacia los vehículos, con balas y césped volando por todas partes. Finalmente llegamos a los camiones. Yo salté a la parte trasera de uno de los RG-33. Mientras recuperaba el aliento, rebotaban balas contra una de las ventanillas blindadas en uno de los lados, estrellando el cristal como si fuera una tela de araña.

UNOS DÍAS DESPUÉS, YO IBA A IR HACIA EL OESTE, DE REGRESO AL pelotón Delta. El traslado que había pedido anteriormente me fue concedido.

El momento era bueno. Las cosas estaban comenzando a molestarme. El estrés había aumentado. Yo no tenía idea de que las cosas iban a ponerse mucho peor, aun cuando la lucha ya no era tan fuerte.

OFICIAL AL MANDO KYLE

EN ESE MOMENTO, MIS MUCHACHOS HABÍAN SALIDO DE AL-QA'IM y estaban en un lugar llamado Rawah, también al oeste y cerca de la frontera con Siria. Una vez más les habían puesto a trabajar construyendo barracas y el resto.

Yo tuve suerte; me perdí el trabajo de construcción. Pero tampoco estaban sucediendo muchas cosas cuando llegué.

Estuve allí justo a tiempo para una patrulla de largo alcance en el desierto en la frontera. Condujimos hasta allí durante algunos días apenas sin ver a ninguna persona, y mucho menos a insurgentes. Había habido informes sobre contrabando en el desierto, pero si se estaba produciendo, no era donde nosotros estábamos.

Mientras tanto, hacía mucho *calor*. Al menos había 120° F (49° C), y nos movíamos en Hummer que no tenían aire acondicionado. Yo me crie en Texas, así que conozco el calor; y este era mucho peor. Y era constante; uno no podía alejarse de él. Apenas refrescaba en la noche; podía caer hasta los 115° F (46° C). Bajar las ventanillas significaba correr un riesgo si había una bomba casera. Casi peor era la arena, que se levantaba de repente y te cubría por completo.

Yo decidí que prefería la arena y el peligro de una bomba casera antes que el calor. Bajé las ventanillas.

Desde el vehículo lo único que se veía era desierto. Ocasionalmente había algún asentamiento nómada o una diminuta aldea.

Nos pusimos en contacto con nuestro pelotón hermano, y al siguiente día nos detuvimos en una base de los Marines. Mi jefe entró y se encargó de algunos asuntos; poco después salió y se encontró conmigo.

«Oye», me dijo sonriendo. «¿Sabes? Acabas de ascender a jefe».

Yo HABÍA TOMADO EL EXAMEN PARA JEFE CUANDO ESTABA EN Estados Unidos antes de ser desplegados.

En la Armada, normalmente hay que tomar un examen escrito para ascender. Pero yo tuve suerte. Obtuve un ascenso a E5 en el campo durante mi segundo despliegue y llegué a E6 gracias a un programa de mérito especial antes del tercer despliegue. Ambos se produjeron sin que tuviera que hacer exámenes escritos.

(En ambos casos había estado haciendo mucho trabajo extra dentro del Equipo, y eso tenía una reputación en el campo de batalla. Esos fueron los factores importantes en la adjudicación de los nuevos rangos.)

Pero aquello no aplicaba para el examen de jefe. Así que tomé el examen escrito, y aprobé por los pelos.

DEBERÍA EXPLICAR UN POCO MÁS SOBRE LOS EXÁMENES ESCRITOS y los ascensos. Yo no soy normalmente contrario o alérgico a los exámenes, al menos no más que ninguna otra persona. Pero los exámenes para los SEAL añadían una carga extra.

En aquel momento, para ser ascendido tenías que tomar un examen en tu zona de trabajo, no como SEAL, sino en cualquier área que hubieras elegido antes de ser un SEAL. En mi caso, eso habría significado ser evaluado en el área de la inteligencia.

Obviamente, yo no estaba en posición de saber nada con respecto a ese campo. Yo era un SEAL, y no un analista de información. No tenía ni idea del tipo de equipamiento y procedimientos que la inteligencia utilizaba para realizar sus tareas.

Considerando la precisión de la información que normalmente recibíamos, supongo que podría haber lanzado los dardos a la diana, quizá. O simplemente un par de buenos dados.

A fin de ser ascendido, tendría que haber estudiado para el examen, lo cual habría implicado ir a una zona segura de lectura, una sala especial donde pudiera ser revisado material de alto secreto. Desde luego, tendría que haber hecho eso en mi tiempo libre.

No había ninguna zona segura de lectura en Faluya ni en Ramadi, donde luché. Y la literatura que había en las letrinas no habría bastado.

(Los exámenes son ahora en el área de operaciones especiales, y relativas a cosas que los SEAL realmente hacen. Esos exámenes son increíblemente detallados, pero al menos tienen que ver con nuestro trabajo.)

CONVERTIRME EN JEFE FUE UN POCO DIFERENTE. ESTE EXAMEN sería sobre cosas que un SEAL debería saber.

Con ese obstáculo despejado, mi caso tenía que ser revisado por una junta y después ser visto por otras instancias administrativas en el escalón superior. La junta de revisión del proceso incluía que todos aquellos oficiales al mando y jefes se sentaran y revisaran un paquete con todos mis logros. El paquete se supone que es un largo *dossier* de todo lo que uno ha hecho como SEAL (menos las peleas en bares).

Lo único que había en el *dossier* era mi historial de servicio. Pero no había sido actualizado desde que me gradué del BUD/S. Mis Estrellas de Plata y Medallas de Bronce ni siquiera estaban incluidas ahí.

Yo no estaba loco por llegar a ser jefe. Estaba contento donde estaba. Como jefe, tendría todo tipo de obligaciones administrativas, y no estaría tanto en la acción. Sí, era más dinero para nuestra familia, pero yo no pensaba en eso.

El jefe Primo estaba en la junta de revisiones en nuestra base en Estados Unidos. Él estaba sentado al lado de uno de los jefes cuando comenzaron a revisar mi caso.

«¿Qué diablos es esta locura?», dijo el otro jefe cuando vio mi carpeta tan delgada. «¿Quién se cree que es?».

«¿Por qué no salimos a almorzar juntos?», dijo Primo.

Él estuvo de acuerdo. El otro jefe regresó con una actitud diferente.

«Me debes un sándwich en Subway, cabrón», me dijo Primo cuando le vi más adelante. Entonces me contó la historia.

Yo le debo todo eso y más. El ascenso se produjo, y, para ser sincero, ser jefe no fue tan malo como yo creía que sería.

LO CIERTO ES QUE NUNCA ME IMPORTÓ TANTO EL RANGO. NUNCA intenté ser uno de los tipos de alto rango. O ni siquiera, cuando estaba en la secundaria, ser uno de los alumnos que tuviera las mejores calificaciones.

Hacía mis tareas en el camión en la mañana. Cuando me pusieron en la Sociedad de Honor, me aseguré de que las calificaciones descendieran lo suficiente al siguiente semestre para que me sacaran de allí. Entonces volví a subirlas para que mis padres no se enojaran conmigo.

Quizá todo eso del rango tenía que ver con el hecho de que yo prefería ser líder en el terreno, en lugar de ser un administrador en una sala perdida. Yo no quería tener un asiento delante de una computadora, planearlo todo, y después hablarles al respecto. Yo quería hacer mi trabajo, que era ser francotirador: entrar en combate, matar al enemigo. Quería ser el mejor en lo que quería hacer.

Creo que muchas personas tenían problemas con esa actitud. Pensaban naturalmente que cualquiera que fuese bueno debería tener un rango muy alto. Supongo que yo había visto a bastantes personas de alto rango que no eran buenas como para que me convencieran de lo contrario.

DEMASIADO QUE PENSAR

«A LA CARRETERA DE NUEVO...».

Willie Nelson habló por la megafonía de nuestro Hummer cuando partíamos para nuestra base al día siguiente. La música era casi la única diversión que teníamos allí, fuera de la parada ocasional en un pueblo para hablar con los lugareños. Además del country de la vieja escuela que mi compañero al volante prefería, yo escuchaba un poco de Toby Keith y Slipknot, con el country y el heavy metal rivalizando por la atención.

Soy un gran creyente en el impacto psicológico de la música. Lo he visto funcionar en el campo de batalla. Si estás entrando en combate, quieres ser vigorizado. No quieres ser un loco estúpido, pero sí quieres estar avivado. La música puede ayudar a alejar el temor. Escuchábamos a Papa Roach, Dope, Drowning Pool: cualquier cosa que nos diera energía. (Todos ellos están rotando en mi mezcla para los entrenamientos ahora.)

Pero nada podía vigorizarme en el camino de regreso a la base. Fue un viaje largo y caluroso. Aunque yo acababa de recibir buenas noticias sobre mi ascenso, tenía el ánimo decaído, aburrido por una parte y tenso por otra.

De regreso en la base, las cosas eran increíblemente lentas. No sucedía nada, y eso comenzó a afectarme.

Mientras estuve en acción, la idea de que yo fuese vulnerable, que fuese mortal, había sido algo que podía mantener alejado. Había demasiadas cosas sucediendo como para preocuparse por eso. O más bien tenía muchas otras cosas que hacer, y realmente no me enfocaba en eso.

Pero ahora, era prácticamente lo único que podía pensar.

Tenía tiempo para relajarme, pero no podía hacerlo. En cambio, me tumbaba en mi cama pensando en todo lo que había pasado, especialmente en recibir los disparos.

Revivía los disparos cada vez que me tumbaba para descansar. Mi corazón latía con fuerza en mi pecho, probablemente con mucha más fuerza de lo que lo había hecho aquella noche en la ciudad de Sadr.

Las cosas parecieron ir cuesta abajo en los pocos días después de regresar de nuestra patrulla en la frontera. No podía dormir. Me sentía muy nervioso, extremadamente nervioso. Y mi presión sanguínea volvió a subir, incluso más que antes.

Sentía como si fuera a explotar.

Físicamente, estaba agotado. Cuatro largos despliegues de combate me habían pasado factura. Sentía mejor mis rodillas, pero me dolía la espalda, me dolía el tobillo, y no oía bien. Tenía pitidos en los oídos. Mi cuello había sido lesionado y mis costillas rotas. Mis dedos y mis nudillos habían estado rotos. Tenía floculaciones y pérdida de visión en el ojo derecho. Había decenas de profundas heridas y un manojo de dolores y achaques. Yo era el quitasueños de un médico.

Pero lo que me molestaba realmente era mi elevada presión sanguínea. Sudaba muchísimo, y las manos incluso me temblaban. Mi cara, que era bastante blanca, se volvió pálida.

Cuanto más intentaba relajarme, peor se ponían las cosas. Era como si mi cuerpo hubiera comenzado a vibrar, y pensar en ello solo hacía que vibrase más.

Imagina subir por una larga escalera por encima de un río, a mil kilómetros de altura, y allí eres alcanzado por un rayo. Tu cuerpo se vuelve eléctrico, pero sigues estando vivo. De hecho, no solo eres consciente de todo lo que está sucediendo, sino que sabes que puedes manejarlo. Sabes lo que tienes que hacer para bajar.

Así que lo haces. Vas descendiendo. Pero cuando estás otra vez en tierra, la electricidad no se va. Intentas una manera de descargar la electricidad, pero no puedes encontrar el maldito imán para quitar esa electricidad.

Incapaz de comer o dormir, finalmente visité a los médicos y les dije que me hicieran un chequeo. Ellos me echaron un vistazo y me preguntaron si quería medicación.

Les dije que en realidad no. Pero sí tomé las medicinas.

Ellos sugirieron también que como el ritmo de la misión era prácticamente inexistente y de todos modos quedaban solo unas semanas para regresar, tenía sentido que yo regresara a casa.

Sin saber qué otra cosa hacer, estuve de acuerdo.

14

ME LIBRÉ DE LA BATALLA

LA SALIDA

Era el final de agosto cuando me fui. Como siempre, fue casi surrealista: un día estaba en la guerra; al siguiente estaba en casa. Me sentía mal por irme. No quería hablarle a nadie de la presión sanguínea, ni de ninguna otra cosa. Lo mantuve en silencio lo mejor que pude.

Para ser sincero, tenía un poco la sensación de estar escabulléndome de mis muchachos, alejándome porque mi corazón latía de manera extraña, o lo que diablos estuviera haciendo.

Nada de lo que había logrado anteriormente podía suavizar el sentimiento de estar decepcionando a mis muchachos.

Sé que no tiene sentido. Sé que había logrado muchas cosas. Necesitaba un descanso, pero sentía que no debía tomarlo. Pensaba que debería ser más fuerte de lo que era posible.

Para colmo, algunas de las medicinas parece que no estaban de acuerdo conmigo. Para intentar ayudarme a dormir, un médico de regreso en San Diego me recetó unas píldoras somníferas. Me dejaron noqueado; tanto, que cuando realmente me desperté estaba en la base sin ningún recuerdo de haber hecho ejercicio en casa y haber conducido yo mismo hasta la base. Taya me habló sobre mis ejercicios, y yo sabía que había conducido al trabajo, porque mi camioneta estaba allí.

Nunca más volví a tomar esa pastilla. Fue horroroso.

Taya:

Me ha tomado años llegar a entender algo de estas cosas. A primera vista, Chris quiere tan solo ir y pasarlo bien. Sin embargo, cuando las personas realmente le necesitan, cuando hay vidas en juego, él es el hombre más confiable. Tiene un sentido situacional de responsabilidad y cuidado.

Yo veía eso en sus ascensos en el ejército: a él no le importaba. No quería la responsabilidad del rango más alto, aunque eso significara poder sostener mejor a su familia. Y sin embargo, si había que hacer algún trabajo, él estaba ahí. Siempre estaba a la altura del reto. Y está preparado, porque ha estado pensando en ello.

Era una verdadera dicotomía, y no creo que muchas personas lo entendieran. A veces era incluso difícil para mí reconciliar ambas cosas.

PROTEGER A PERSONAS

MIENTRAS ESTABA EN CASA, PARTICIPÉ EN UN PROGRAMA científico bastante interesante relacionado con el estrés y las situaciones de combate.

Utilizaba la realidad virtual para probar qué tipo de efectos tenía la batalla en tu cuerpo. En mi caso, concretamente, monitoreaban mi presión sanguínea, o al menos esa era la única medida que a mí realmente me interesaba. Yo llevaba puesto un gorro y guantes especiales mientras veía una simulación. Era básicamente un juego de vídeo, pero aun así era bastante bueno.

Bien, en las simulaciones mi presión sanguínea y ritmo cardiaco comenzaban a subir. Entonces, cuando llegábamos a un tiroteo, descendían. Yo me quedaba sentado allí y hacía todo lo que tenía que hacer, realmente cómodo.

En cuanto terminaba y las cosas volvían a estar en paz, mi ritmo cardíaco subía.

Interesante.

Los científicos y doctores que realizaban el experimento creen que durante el fragor de la batalla, mi entrenamiento tomaba el mando y en cierto modo yo me relajaba. Estaban realmente intrigados, porque al parecer no habían visto eso antes.

Desde luego, yo lo viví cada día en Irak.

HUBO UNA SIMULACIÓN QUE DEJÓ UNA PROFUNDA IMPRESIÓN EN mí. En esta, un Marine fue baleado y cayó dando gritos. Había recibido un tiro en el estómago. Mientras yo observaba esa escena, mi presión sanguínea aumentó incluso más de lo que había estado antes.

Yo no necesitaba un científico ni un médico para decirme lo que estaba sucediendo. Casi podía sentir otra vez a ese muchacho muriendo sobre mi pecho en Faluya.

LA GENTE ME DICE QUE SALVÉ A CIENTOS Y CIENTOS DE PERSONAS, pero tengo que decirte algo: no son las personas que salvaste lo que recuerdas. Son las que no pudiste salvar.

Esas son de las que hablas. Esas son las caras y las situaciones que permanecen contigo para siempre.

¿DENTRO O FUERA?

MI ALISTAMIENTO ESTABA ACERCÁNDOSE A SU FIN. LA ARMADA seguía intentando convencerme para que me quedara, haciendo diferentes ofertas: ocuparme del entrenamiento, trabajar en Inglaterra, cualquier cosa que yo quisiera hacer para quedarme en la Armada.

Aunque le había dicho a Taya que no volvería a alistarme, no estaba preparado para abandonar.

Yo quería regresar a la guerra. Sentía que me habían engañado en mi último despliegue. Batallaba, intentando decidir qué hacer. Algunos días había terminado con la Armada: otros días estaba listo para decirle a mi esposa: «Al diablo con eso», y volver a alistarme.

Hablamos mucho de ello.

Taya:

Le dije a Chris que nuestros dos hijos le necesitaban, especialmente, en ese momento en particular, nuestro hijo. Si él no iba a estar ahí, entonces yo me mudaría para estar más cerca de mi padre y así al menos que él pudiera crecer con un abuelo fuerte muy cercano a él.

Yo no quería hacer eso, de ninguna manera.

Y Chris realmente nos amaba a todos. Verdaderamente quería tener una familia fuerte y nutrida.

Parte de ello se reducía al conflicto que siempre habíamos tenido: ¿dónde estaban nuestras prioridades: Dios, familia, país (mi versión), o Dios, país, familia (la de Chris)?

En mi mente, Chris ya había entregado mucho a su país, una cantidad tremenda. Los diez años anteriores habían estado llenos de guerra constante. Pesados despliegues de combate eran combinados con un amplio entrenamiento que le mantenía alejado de casa. Hubo más acción pesada, y ausencia, que con cualquier otro SEAL que yo conociera. Era momento de que le diera a su familia parte de él mismo.

Pero como siempre, yo no podía tomar la decisión por él.

La Armada sugirió que podrían enviarme a Texas como reclutador. Eso sonaba bastante bien, ya que el trabajo me permitiría tener un horario regular y estar en casa en la noche. Me pareció un posible compromiso.

«Tiene que darme un poco de tiempo para solucionar esto», dijo el jefe principal con quien yo trataba. «No es el tipo de cosas que se pueden hacer de la noche a la mañana».

Yo acordé ampliar mi alistamiento un mes más mientras él trabajaba en ello.

Seguía esperando. No llegaba ninguna orden.

«Va a llegar, va a llegar», decía él. «Tiene que hacer otra extensión».

Así que lo hice.

Pasaron unas semanas más, ya estábamos casi terminando octubre a esas alturas, y no había llegado ninguna orden. Por lo tanto, le llamé y le pregunté qué diablos estaba sucediendo.

«Es como la pescadilla que se muerde la cola», explicó él. «Ellos quieren concedérselo, pero es un puesto por tres años. No tiene usted tiempo».

En otras palabras, ellos querían que primero me alistara, y después me darían el trabajo. Pero no había ninguna garantía, ningún contrato.

Yo ya había estado antes en esa situación. Finalmente les dije que gracias, pero no, gracias; *me voy*.

Taya:

Él siempre dice: «Me siento como un desertor». Creo que él ha hecho su trabajo, pero sé que es así como se siente. Piensa que si hay personas luchando, debería ser él quien estuviera allí. Y muchos otros SEAL también se sienten así consigo mismos. Pero creo que ninguno de ellos le culparía por haber salido.

RYAN SE CASA

RYAN Y YO NOS MANTUVIMOS EN CONTACTO DESPUÉS QUE ÉL regresara a Estados Unidos; de hecho, nuestra amistad se hizo incluso más fuerte, lo cual yo no había pensado que fuera posible. Me sentía atraído a él por su tremendo espíritu. Había sido un guerrero en combate, y ahora era un guerrero aun mayor en la vida. Uno nunca olvidaba por completo que él estaba ciego, pero tampoco nunca, nunca jamás tenías la impresión de que su discapacidad le definía.

Fabricaron una prótesis de ojo para él, debido a sus heridas. Según LT, que fue con él a recogerlo, tenía en realidad dos: uno era un ojo «común»; el otro tenía un tridente dorado de los SEAL donde normalmente estaría el iris.

Una vez SEAL, *siempre* SEAL.

Yo había estado con Ryan mucho antes de que fuese herido. Muchos de los muchachos en el equipo tenían un sentido del humor retorcido, pero Ryan estaba en una clase por sí solo. Él te hacía reír a carcajadas.

No cambió nada después de recibir el disparo. Tan solo tenía un sentido del humor muy seco. Un día, una niña se acercó a él, miró su cara y preguntó: «¿Qué te sucedió?».

Él se inclinó y le dijo, con una voz muy seria: «Nunca corras con unas tijeras».

Seco, divertido, y un corazón de oro. No se podía evitar quererle.

ESTÁBAMOS TODOS PREPARADOS PARA ODIAR A SU NOVIA. Estábamos seguros de que le dejaría después de haberle hecho pedazos; pero permaneció a su lado. Él finalmente le propuso matrimonio, y todos estábamos felices al respecto. Ella es una mujer increíble.

Si hay un ejemplo para sobreponerse a las discapacidades, Ryan lo era. Después de la lesión, fue a la universidad, se graduó con honores y tuvo un excelente empleo esperándole. Escaló el Monte Hood, el Monte Rainer, y algunas otras montañas; fue de caza y derribó un alce pieza de trofeo con la ayuda de un observador y un arma con tecnología avanzada; compitió en un triatlón. Recuerdo una noche que Ryan dijo que se alegraba de haber sido él quien fue herido en lugar de cualquier otro de los muchachos. Claro que al principio estaba enojado, pero sintió que estaba en paz y viviendo una vida plena. Sentía que podía manejarlo y estar contento a pesar de todo. Tenía razón.

Cuando pienso en el patriotismo que impulsa a los SEAL, recuerdo a Ryan recuperándose en un hospital en Bethesda, Maryland. Allí estaba él, recién herido, casi fatalmente, y ciego de por vida. A la espera estaban muchas cirugías reconstructivas en su cara. ¿Sabes lo que él pidió? Pidió que alguien le llevase en la silla de ruedas hasta una bandera y le diese un rato para estar a solas.

Estuvo sentado en su silla de ruedas cerca de media hora saludando mientras la bandera estadounidense ondeaba al viento.

Ese es Ryan: un verdadero patriota.

Un guerrero genuino, con un corazón de oro.

Desde luego, todos le hacíamos bromas y le decíamos que alguien probablemente le llevaría en la silla de ruedas delante de un contenedor de basura y le diría que era una bandera. Al ser Ryan, repartía tantas bromas acerca de la ceguera como las que recibía, y nos tenía a todos muertos de la risa cada vez que hablábamos.

Cuando fue trasladado, charlábamos por teléfono y nos reuníamos siempre que podíamos. En 2010 me enteré de que su esposa y él estaban esperando su primer hijo.

Mientras tanto, las heridas que había recibido en Irak requerían más cirugías. Él fue al hospital una mañana; más adelante aquella tarde recibí una llamada de Marcus Luttrell, preguntando si había oído sobre Ryan.

«Sí. Hablé con él precisamente ayer», le dije. «Su esposa y él van a tener un bebé. ¿No es estupendo?».

«Ha fallecido hace un rato», dijo Marcus, con voz seria y suave.

Algo había salido mal en el hospital. Fue un trágico final para una vida heroica. No estoy seguro de que cualquiera de los que le conocíamos nos hayamos sobrepuesto a eso. Creo que yo nunca podré.

El bebé fue una hermosa niña. Estoy seguro de que el espíritu de su padre vive en ella.

MIGHTY WARRIORS (FUERTES GUERREROS)

TRAS LA MUERTE DE SU HIJO, LA MAMÁ DE MARC LEE, DEBBIE, se convirtió casi en una madre sustituta para los otros miembros de nuestro pelotón. Una mujer muy valiente, se ha dedicado a ayudar a otros guerreros cuando han hecho la transición desde el campo de batalla. Ahora es la presidenta de America's Mighty Warriors (www.AmericasMightyWarriors.org), y ha hecho mucho personalmente por los veteranos mediante lo que ella denomina «actos de bondad al azar» inspirados por la vida de Marc y una carta que él le escribió antes de fallecer.

No hay nada al azar sobre Debbie; es una mujer dedicada y trabajadora, tan dedicada a su causa como Marc estaba a la de él.

Antes de morir, Marc escribió una carta increíble a su casa. Está disponible en el sitio web, y relataba una conmovedora historia sobre algunas de las cosas que vio en Irak: un terrible hospital, personas ignorantes y despreciables. Pero era también una carta muy positiva, llena de esperanza y alentándonos a todos a hacer algo pequeño por los demás.

En mi mente, sin embargo, lo que fuera que él escribió a casa no describe adecuadamente al Marc que todos conocíamos. Había muchas más cosas en él. Era un hombre verdaderamente duro y con un estupendo sentido del humor. Era un guerrero entusiasta y un estupendo amigo. Tenía una fe inquebrantable en Dios y amaba a su esposa con fuerza. El cielo es seguramente un mejor lugar porque él está allí, pero la tierra ha perdido a uno de los mejores.

CRAFT

Decidir salir de la Armada fue bastante difícil; pero ahora tenía que encontrar un empleo. Era momento de decidir qué hacer con el resto de mi vida.

Tenía varias opciones y posibilidades. Había estado hablando con un amigo mío llamado Mark Spicer sobre comenzar una escuela para francotiradores en Estados Unidos. Después de veinticinco años en la Armada Británica, Mark se jubiló como sargento mayor. Él era uno de los francotiradores principales en su ejército, y había servido durante más de veinticinco años como francotirador y comandante francotirador de pelotón. Mark ha escrito tres libros sobre el trabajo de francotirador y es uno de los principales expertos mundiales sobre el tema.

Los dos entendimos que había y hay una necesidad de ciertos tipos de entrenamiento muy específicos para unidades militares y de policía. Nadie estaba proporcionando el tipo de instrucción práctica que ayudaría a preparar a su personal para las diferentes situaciones que podrían encontrar. Con nuestra experiencia, sabíamos que podíamos crear cursos a medida y proporcionar suficiente tiempo de operación para marcar una diferencia.

El problema era organizar y reunir todo para hacerlo.

El dinero, desde luego, era una consideración muy grande. Entonces, en parte por casualidad, resultó que conocí a alguien que se dio cuenta de que la empresa podría ser una buena inversión, y también tenía fe en mí: J. Kyle Bass.

Kyle había hecho mucho dinero en las inversiones, y cuando nos conocimos estaba buscando un guardaespaldas. Supongo que pensó: *¿Quién mejor que un SEAL?* Pero cuando hablamos y me preguntó dónde me veía a mí mismo en unos cuantos años, le hablé sobre la escuela. Él quedó intrigado, y en vez de contratarme como su guardaespaldas, ayudó a proporcionar la financiación para nuestra empresa. Y así fue como nació Craft International.

En realidad, no fue precisamente «así como así»; nos esforzamos mucho para ponerla en movimiento, trabajando largas horas y desentrañando todos los detalles del modo en que lo hace cualquier emprendedor. Otros dos hombres se unieron a Mark y a mí para formar el equipo de propietarios: Bo French y Steven Young. Sus campos de conocimiento tienen más que ver con el lado empresarial de las cosas, pero los dos tienen conocimiento sobre armas y las tácticas que enseñamos.

Actualmente, las oficinas corporativas de Craft International están en Texas. Tenemos lugares de entrenamiento en Texas y Arizona, y trabajamos internacionalmente en medidas de seguridad y otros proyectos especiales. A Mark se le puede ver ocasionalmente en el canal Historia. Se siente bastante cómodo delante de las cámaras, y a veces se relajará pasando a un acento británico verdaderamente marcado. El canal Historia es lo bastante amable para traducir su marcado acento al inglés de siempre con subtítulos. Aún no hemos necesitado subtítulos para ningún curso de Craft, pero no hemos descartado la posibilidad.

Hemos reunido un equipo que creemos que es lo mejor de lo mejor en sus áreas concretas para todas estas áreas de entrenamiento que proporcionamos. (Puedes encontrar más información en www.thecraft.com.)

Construir una empresa implica muchas habilidades diferentes que yo no pensaba que tenía. También incluye un montón de trabajo administrativo.

Maldición.

No me importa el trabajo duro incluso aunque sea delante de un escritorio. Uno de los inconvenientes de este trabajo es que me ha proporcionado «mano Dell»: paso mucho tiempo golpeando un teclado de computadora. Y muy de vez en cuando tengo que llevar traje y corbata. Pero por lo demás, es un trabajo perfecto para mí. Puede que no sea rico, pero disfruto de lo que hago.

El logo para Craft vino del símbolo Castigador, con una mira en forma de cruz cruzada en el ojo derecho en honor a Ryan Job. Él también inspiró el eslogan de nuestra empresa.

En abril de 2009, después que algunos piratas somalíes hubieran tomado un barco y estuvieran amenazando de muerte al capitán, tiradores SEAL los mataron desde un destructor cercano. Alguien de los medios de comunicación locales le preguntó a Ryan lo que pensaba.

«A pesar de lo que tu mamá te dijo», respondió él, «la violencia sí resuelve problemas».

Ese nos pareció un eslogan bastante apropiado para francotiradores, así que lo hicimos nuestro.

DE NUEVO EN TEXAS

Yo seguía estando en conflicto acerca de dejar la Armada, pero saber que iba a comenzar Craft me dio más incentivo. Cuando llegó finalmente el momento, ya no podía esperar.

Después de todo, iba a regresar a casa. ¿Tenía prisa? Salí de la Armada el 4 de noviembre; el 6 de noviembre estaba pateando la tierra de Texas.

Mientras yo estaba trabajando en Craft International, mi familia se quedó en la zona de San Diego, los niños terminando el curso escolar y Taya preparando la casa para venderla. Mi esposa planeaba tenerlo todo concluido en enero para que pudiéramos volver a reunirnos en Texas.

Ellos vinieron en Navidad. Yo había extrañado mucho a los niños y a ella.

Llevé a Taya a un cuarto en la casa de mis padres y le dije: «¿Qué te parece que tú regreses sola? Deja a los niños conmigo».

Ella se emocionó. Tenía mucho que hacer, y aunque amaba a nuestros hijos, ocuparse de ellos y tener la casa preparada para venderla era agotador.

A mí me encantaba tener a mi hijo y mi hija conmigo. Tenía una gran ayuda de mis padres, que me ayudaban a cuidarlos durante la semana. Los viernes en la tarde yo me llevaba a los niños y teníamos vacaciones con papá durante tres y a veces cuatro días seguidos.

La gente tiene la idea en su cabeza de que los padres no son capaces de pasar tiempo cómodo con sus hijos pequeños. No creo que eso sea cierto. Diablos, yo me divertía tanto como ellos. Hacíamos tonterías sobre un trampolín y jugábamos a la pelota durante horas. Visitábamos el zoo, íbamos a los parques, veíamos una película. Ellos ayudaban a papá con la barbacoa. Todos pasamos un tiempo estupendo.

CUANDO MI HIJA ERA UNA BEBÉ, FUE NECESARIO UN POCO DE tiempo para que ella se acostumbrara a mí. Pero poco a poco llegó a confiar más en mí, y se acostumbró a tenerme cerca. Ahora está entusiasmada con su papá.

Desde luego, ella le tuvo a él en la palma de su mano desde el día uno.

COMENCÉ A ENSEÑAR A MI HIJO A DISPARAR CUANDO ÉL TENÍA dos años, comenzando con lo fundamental de un rifle de balines. Mi teoría es que los niños se meten en problemas debido a la curiosidad; si no la satisfaces, estás buscando grandes problemas. Si les informas y les enseñas cuidadosamente sobre seguridad cuando son pequeños, evitas muchos de los problemas.

Mi hijo ha aprendido a respetar las armas. Siempre le he dicho: si quieres usar una pistola, acude a mí. No hay nada que me guste más que disparar. Él ya tiene su propio rifle, un .22 de palanca, y hace disparos bastante buenos con él. También es sorprendente con una pistola.

Mi hija es aún un poco pequeña, y no ha mostrado mucho interés. Sospecho que pronto lo hará, pero en cualquier caso, un entrenamiento extenso en armas de fuego será obligatorio antes de que le permitamos tener citas... lo cual será alrededor del periodo en que ella cumpla los treinta.

Los dos han salido conmigo a cazar. Aún son un poco pequeños para estar enfocados durante largos periodos de tiempo, pero sospecho que les gustará dentro de poco.

Taya:

Chris y yo hemos dialogado mucho sobre cómo nos sentiríamos si nuestros hijos entrasen en el ejército.

Por supuesto, no queremos que resulten heridos, o que les suceda nada. Pero hay también puntos positivos en el servicio militar. Los dos estaremos orgullosos de ellos sin importar lo que hagan.

Si mi hijo quisiera considerar entrar en los SEAL, yo le diría que pensara cuidadosamente en ello. Le diría que tiene que estar preparado.

Creo que es horrible para la familia. Si vas a la guerra, eso te cambia, y tienes que estar preparado también para ello. Le diría que se sentara y hablara con su padre acerca de la realidad de las cosas.

A veces me dan ganas de llorar solamente al pensar que él estuviera en un tiroteo.

Creo que Chris ha hecho bastante por el país para que podamos saltarnos una generación. Pero ambos estaremos orgullosos de nuestros hijos a pesar de todo.

Establecernos en Texas me hizo estar más cerca de mis padres de manera más estable. Desde que regresé con ellos, me dicen que parte de la coraza que construí durante la guerra se ha ido disipando. Mi padre dice que yo cerré partes de mí mismo; ahora cree que han regresado, al menos en cierto modo.

«No creo que puedas entrenarte durante años para matar», admite, «y esperar que todo eso desaparezca de la noche a la mañana».

EN LAS PROFUNDIDADES

CON TODAS ESAS COSAS BUENAS SUCEDIENDO, SE PODRÍA PENSAR que yo vivía una vida de cuento de hadas o una vida perfecta. Y quizá debería ser así.

Pero la vida real no transcurre en una línea recta perfecta; no necesariamente tiene la parte de «y todos vivieron felices». Tienes que trabajar en la dirección que quieres ir.

Y solo porque yo tuviera una estupenda familia y un trabajo interesante no significaba que las cosas fueran perfectas. Seguía sintiéndome mal por haber dejado los SEAL. Aún tenía resentimiento con mi esposa por presentarme lo que yo sentí como un ultimátum.

Así que, aunque la vida debería haber sido dulce, durante algunos meses después de salir del servicio activo, sentí como si me estuviera sumergiendo en un pozo de mina.

Comencé a beber mucho, acabándome cervezas. Diría que entré en una gran depresión, sintiendo lástima de mí mismo. Muy pronto, beber era lo único que hacía. Después de un tiempo, fue el licor fuerte, y lo hacía durante todo el día.

No pretendo hacer que esto parezca más dramático de lo que realmente es. Otras personas se han enfrentado a problemas más difíciles, pero yo sin duda me dirigía por la dirección equivocada. Iba cuesta abajo y ganando velocidad.

Entonces una noche tomé una curva con demasiada rapidez en mi camioneta. Ahora bien, quizá hubiera circunstancias atenuantes, quizá la carretera estuviera resbalosa u otra cosa no funcionara correctamente. O quizá ese ángel guardián que me había salvado cuando estaba en Ramadi decidió intervenir.

No sé lo que fue. Lo único que sé es que destrocé mi camioneta y salí sin ninguna herida.

En mi cuerpo. Mi ego fue otra cosa.

El accidente me despertó. Lamento decir que necesitaba algo como eso para recuperar otra vez la cordura.

Sigo bebiendo cerveza, aunque ni me acerco al exceso.

Creo que me doy cuenta de todo lo que tengo, y todo lo que podría perder. Y también entiendo no solo dónde están mis responsabilidades, sino también cómo cumplir con ellas.

CONTRIBUIR

Estoy comenzando a entender las contribuciones que puedo hacer a otros. Me doy cuenta de que puedo ser un hombre completo: ocupándome de mi familia y ayudando de una manera pequeña a ocuparme de otros.

Marcus Luttrell comenzó una organización llamada Fundación Lone Survivor. Ellos sacan a algunos de nuestros guerreros heridos del hospital y los ponen en situaciones donde pueden disfrutar un poco de su vida. Después de ser herido en Afganistán, Marcus dijo que se curó dos veces más rápido en el rancho de su mamá que en el hospital. Algo acerca del espacio abierto y ser capaz de ir de un lado a otro naturalmente ayudó en el proceso. Esa es una de las inspiraciones para su fundación, y se ha convertido en uno de los principios que me guían a medida que yo intento aportar lo que puedo.

Me reuní con algunas personas que conozco en Texas y que tienen ranchos, y les pregunté si podrían donar sus lugares durante algunos días cada vez. Ellos han sido más que generosos. Hemos tenido allí pequeños grupos de hombres de servicio que fueron incapacitados por la guerra, que llegaron para cazar, disparar armas en un campo de tiro, o sencillamente para estar allí. La idea es pasar un buen tiempo.

Debería mencionar que mi amigo Kyle, el mismo hombre que fue una fuerza impulsora para sacar a flote Craft, es también muy patriota y partidario de las tropas. Él amablemente nos permite utilizar su hermoso rancho Barefoot para muchos de nuestros retiros para las tropas heridas. La organización de Rick Kell y David Feherty, Troops First, también trabaja con Craft para ayudar a tantos hombres heridos como podamos.

Maldición, yo mismo me he divertido mucho. Salimos a cazar un par de veces al día, hacemos algunos disparos en el campo de tiro, y entonces en la noche intercambiamos historias y cervezas.

No se trata tanto de las historias de guerra como de las historias divertidas que recuerdas. Esas son las que te afectan. Subrayan la resistencia de esos hombres: ellos fueron guerreros en la guerra, y toman esa misma actitud de guerrero para manejar sus discapacidades.

Como se esperaría si yo estoy participando, hay muchos golpes de un lado y del otro, y nos lo hacemos pasar mal unos a otros. Yo no siempre río el último, pero sí aprovecho mis oportunidades. La primera vez que tuve a algunos de ellos en uno de los ranchos, los llevé al porche trasero antes de que comenzáramos a disparar y les di un poco de orientación.

«Muy bien», les dije, agarrando mi rifle, «ya que ninguno de ustedes es SEAL, es mejor que les dé algunas indicaciones. Esto de aquí es un gatillo».

«¡A la mierda, Calamar!», gritaron ellos, y lo pasamos muy bien desde ahí en adelante, metiéndonos unos con otros y haciendo que fuese divertido.

Lo que los veteranos heridos no necesitan es compasión. Necesitan que les traten como los hombres que son: iguales, héroes, y personas que siguen teniendo un tremendo valor para la sociedad.

Si quieres ayudarles, comienza ahí.

De manera divertida, pelearnos muestra más respeto que preguntar: «¿Estás bien?», con una voz empalagosamente dulce.

Apenas acabamos de comenzar, pero hemos tenido un éxito lo bastante bueno para que los hospitales sean muy cooperativos. Hemos podido extender el programa para incluir a parejas. Nuestro objetivo es hacer quizá dos retiros por mes.

Nuestro trabajo me ha hecho pensar cada vez más en grande. No me importaría realizar un *reality* de caza con esos hombres; creo que podría inspirar a muchos otros estadounidenses a contribuir realmente hacia sus veteranos y sus familias actuales en el ejército.

Ayudarnos los unos a los otros: eso es Estados Unidos.

Creo que Estados Unidos hace mucho para apoyar a las personas. Eso es estupendo para quienes verdaderamente lo necesitan. Pero también creo que creamos dependencia al dar dinero a quienes no quieren trabajar, tanto en otros países como en el nuestro. Ayudar a las personas a que se ayuden a sí mismas, así es como debería ser.

Me gustaría que recordáramos el sufrimiento de esos estadounidenses que fueron heridos sirviendo a este país antes de repartir millones a holgazanes y parásitos. Miremos a los sin techo: muchos de ellos son veteranos. Creo que les debemos algo más que tan solo nuestra gratitud. Ellos estuvieron dispuestos a firmar un cheque en blanco para Estados Unidos, con el costo llegando hasta sus propias vidas. Si estuvieron dispuestos a hacer eso, ¿por qué no deberíamos estar ocupándonos de ellos?

No estoy sugiriendo que les demos limosnas a los veteranos; lo que las personas necesitan es ayuda: una pequeña oportunidad y ayuda estratégica.

Uno de los veteranos heridos a quien conocí en los retiros del rancho tiene la idea de ayudar a veteranos sin techo ayudando a construir o renovar instalaciones. Creo que es una idea estupenda. Quizá esa casa no será donde ellos vivan para siempre, pero les permitirá seguir adelante.

Empleos, entrenamiento; hay una enorme cantidad de cosas que podemos hacer.

Sé que algunas personas dirán que habrá muchos que tan solo se aprovechen. Pero hay que lidiar con eso, y no permitir que arruine las cosas para todos.

No hay razón alguna por la que alguien que haya luchado por su país debiera quedarse sin techo o sin trabajo.

QUIÉN SOY YO

HA TOMADO TIEMPO, PERO HE LLEGADO A UN PUNTO EN EL QUE ser un SEAL ya no me define. Necesito ser un esposo y un padre. Esas cosas, ahora, son mi primer llamado.

Ser un SEAL ha sido una parte muy grande de mí. Sigo sintiendo el impulso. Sin duda habría preferido tener lo mejor de ambos mundos: el trabajo y la familia. Pero al menos en mi caso, el trabajo no lo permitiría.

No estoy seguro de que yo mismo lo hubiera permitido. En cierto sentido, tenía que alejarme del trabajo para llegar a ser el hombre más completo que mi familia necesitaba que fuera.

No sé dónde o cuándo llegó el cambio. No sucedió hasta que salí. Primero tuve que pasar por todo ese resentimiento. Tuve que atravesar las cosas buenas y las cosas malas para llegar al punto donde realmente pude avanzar.

Ahora quiero ser un buen papá y un buen esposo. Ahora he vuelto a descubrir un amor verdadero por mi esposa. La extraño genuinamente cuando estoy en un viaje de negocios. Quiero ser capaz de abrazarla y dormir a su lado.

Taya:

Lo que me encantó de Chris al principio fue el modo en que sin tapujos exponía su corazón. No jugaba con mi corazón o con mi mente. Él era muy claro y directo, y parecía respaldar sus sentimientos con acciones: pasar hora y media conduciendo para verme, y después irse a tiempo para ir a trabajar a las cinco de la mañana; comunicarse; soportar mis estados de ánimo.

Su sentido de la diversión equilibraba mi lado serio y sacaba el lado juvenil de mí. Él estaba listo para cualquier cosa y apoyaba completamente cualquier cosa que yo quisiera o soñara. Se llevaba muy bien con mi familia, y yo con la de él.

Cuando nuestro matrimonio llegó a una crisis, dije que no le amaría igual si él volvía a alistarse. No era que no le amase, pero sentía que su decisión confirmaría lo que yo creía que se estaba haciendo cada vez más evidente. Al comienzo, yo creía que él me amaba más que a ninguna otra cosa. Lentamente, los Equipos comenzaron a convertirse en su primer amor. Él seguía pronunciando las palabras y diciéndome lo que sentía que yo necesitaba oír y lo que siempre había dicho en el pasado para expresar su amor. La diferencia es que palabras y acciones ya no encajaban. Él me seguía amando, pero era diferente. Estaba consumido por los Equipos.

Cuando estaba fuera, me decía cosas como: «Haría cualquier cosa por estar en casa contigo», y «Te extraño», «Tú eres lo más importante del mundo para mí». Yo sabía que si volvía a alistarse, todo lo que me había estado diciendo en los últimos años eran principalmente palabras o sentimientos en teoría, en lugar de sentimientos expresados en acciones.

¿Cómo podía amar yo con el mismo abandono si sabía que no era lo que él decía que yo era? Yo era un segundo violín, en el mejor de los casos.

Él moriría por extraños y por el país. Mis desafíos y mi dolor parecían ser solamente míos. Él quería vivir su vida y tener una esposa feliz con la que reunirse.

En ese momento, significaba que todo lo que yo amaba al principio estaba cambiando y tendría que amarle de modo distinto. Pensé que sería menos, pero resulta que era tan solo distinto.

Al igual que en cualquier relación, las cosas cambiaron. Nosotros cambiamos. Ambos cometimos errores y ambos aprendimos mucho. Podemos amarnos de *modo distinto, pero quizá eso sea bueno. Quizá sea más perdonador y más maduro, o quizá sea tan solo diferente.*

Sigue siendo realmente bueno. Aún tenemos el respaldo mutuo, y hemos aprendido que incluso en los momentos difíciles, no queremos perdernos ni perder la familia que hemos construido.

Cuanto más tiempo pasa, más capaces somos de mostrar amor de maneras en que el otro entiende y siente.

Siento que mi amor por mi esposa ha profundizado durante los últimos años. Taya me regaló un nuevo anillo de boda hecho de tungsteno; no creo que sea una coincidencia que ese sea el metal más duro que pudo encontrar.

También tiene grabadas cruces de cruzado. Ella bromea con que se debe a que el matrimonio es como una cruzada.

Quizá para nosotros lo haya sido.

Taya:

Siento algo que proviene de él y que no había sentido antes.

Él no es, sin duda, la persona que era antes de la guerra, pero hay muchas de las mismas cualidades. Su sentido del humor, su bondad, su calidez, su valor, y un sentimiento de responsabilidad. Su tranquila confianza me inspira.

Igual que cualquier pareja, seguimos teniendo nuestros roces diarios que tenemos que solucionar, pero lo más importante es que me siento amada. Y siento que los niños y yo somos importantes.

LA GUERRA

No soy el mismo hombre que era cuando fui por primera vez a la guerra.

Nadie lo es. Antes de estar en combate, tienes esa inocencia respecto a ti. Entonces, de repente, ves todo ese lado distinto de la vida.

No lamento nada de ello. Volvería a hacerlo. Al mismo tiempo, la guerra sin duda te cambia.

Aceptas la muerte.

Como SEAL, vas al lado oscuro. Te ves inmerso en él. Al ir continuamente a la guerra, gravitas hacia las partes más oscuras de la existencia. Tu psique levanta sus defensas; por eso te ríes de cosas terribles como cabezas que estallan, y cosas peores.

Cuando era pequeño quería ser militar. Pero me preguntaba: ¿cómo me sentiría respecto a matar a alguien?

Ahora lo sé. No es problema.

Lo hice muchas más veces de las que pensé nunca que lo haría; o, en efecto, más que cualquier francotirador americano antes que yo. Pero también fui testigo de las maldades que mis objetivos cometían y querían cometer, y al matarlos, protegí las vidas de muchos compañeros soldados.

No paso mucho tiempo filosofando sobre matar a personas. Tengo una conciencia limpia sobre mi papel en la guerra.

Soy un cristiano fuerte. No soy perfecto, ni siquiera me acerco a serlo; pero creo firmemente en Dios, en Jesús y en la Biblia. Cuando muera, Dios me hará rendir cuentas de todo lo que haya hecho en la tierra.

Puede que Él me tenga en último lugar en la fila y haga pasar a todos los demás primero, porque tomará mucho tiempo repasar todos mis pecados.

«Sr. Kyle, vayamos a la habitación trasera...».

Sinceramente, no sé lo que sucederá en realidad el día del juicio; pero me inclino hacia que uno conoce todos sus pecados, y Dios los conoce todos, y sientes vergüenza ante la realidad de que Él lo sabe. Creo que el hecho de que he aceptado a Jesús como mi Salvador será mi salvación.

Pero en el cuarto trasero o lo que sea, cuando Dios me confronte con mis pecados, no creo que ninguna de las muertes que causé durante la guerra esté entre ellos. Todo aquel a quien disparé era malvado. Yo tenía una buena causa para cada disparo. Todos ellos merecían morir.

MIS LAMENTOS TRATAN DE LAS PERSONAS A LAS QUE NO PUDE salvar: Marines, soldados, mis compañeros.

Aún siento su pérdida. Aún me duelo por no haber podido protegerlos.

No soy un ingenuo, y estoy por encima de idealizar la guerra y lo que yo tuve que hacer allí. Los peores momentos de mi vida han sido como SEAL. Perder a mis compañeros. Que un muchacho muera sobre mi pecho.

Estoy seguro de que algunas de las cosas que yo pasé palidecen en comparación con lo que algunos de los hombres pasaron en la Segunda Guerra Mundial y en otros conflictos. Además de toda la mierda que soportaron en Vietnam, tuvieron que regresar a casa y a un país que los escupía.

Cuando la gente me pregunta cómo me cambió la guerra, les digo que la mayor parte tiene que ver con mi perspectiva.

¿Conoces todas las cosas diarias que te estresan aquí?

Yo no doy una mierda por ellas. Hay cosas mayores y peores que podrían suceder en lugar de que este diminuto problemita haga naufragar tu vida, o incluso tu día. Yo las he visto.

Más aún: las he vivido.

RECONOCIMIENTOS

ESTE LIBRO NUNCA HABRÍA SIDO POSIBLE SIN MIS HERMANOS SEAL, que me apoyaron en la batalla y a lo largo de mi carrera en la Armada. Y yo no habría estado aquí sin los SEAL, Marines, pilotos y soldados que cubrieron mi espalda durante la guerra.

También me gustaría dar las gracias a mi esposa, Taya, por ayudarme a escribir este libro y hacer sus propias aportaciones. Mi hermano y mis padres me proporcionaron sus recuerdos y también su apoyo. Varios de mis amigos también dieron amablemente información que fue muy valiosa. Entre quienes fueron especialmente útiles estuvieron uno de mis tenientes y un compañero francotirador que aparecen como LT y Dauber en este libro, respectivamente. La mamá de Marc Lee también ayudó con algunas perspectivas clave.

Mi gratitud especial y mi aprecio van a Jim DeFelice por su paciencia, ingenio, comprensión y habilidad para escribir. Sin su ayuda, este libro no sería lo que es hoy. También quiero expresar mi sincero agradecimiento a la esposa y el hijo de Jim por abrir su casa para Taya y para mí a medida que se desarrolló este libro.

Trabajamos en este libro en diversos lugares. Ninguno de ellos igualó la comodidad del rancho de Marc Myers, que generosamente nos permitió utilizar mientras trabajábamos.

Scott McEwen reconoció el valor de mi historia antes que yo, y desempeñó un papel crítico en su publicación.

Me gustaría dar las gracias a mi editor, Peter Hubbard, quien me contactó directamente respecto a escribir este libro y nos conectó con Jim DeFelice. Gracias también a todo el personal de William Morrow/HarperCollins.

Acerca del autor

Acerca del libro

POsdata

Perspectivas, entrevistas, y más…

La vida de Chris Kyle

El jefe del Equipo 3 de los SEAL, Chris Kyle (1974–2013), sirvió en cuatro operaciones de combate en Operación Libertad Iraquí y en otros lugares. Por su valor en batalla, fue galardonado con dos Estrellas de Plata, cinco Estrellas de Bronce al valor, dos Medallas por Logros alcanzados de la Armada y de los Cuerpos de Marines, y un Reconocimiento de la Armada y de los Cuerpos de Marines. Además, recibió el premio Nación Agradecida del Instituto Judío para Asuntos de Seguridad Nacional por sus actividades en la guerra contra el terror. Después de sus despliegues en combate, Kyle se convirtió en instructor jefe para el entrenamiento de equipos de francotiradores especiales de guerra y «Counter-Sniper» de la Armada. Fue el autor de la Doctrina Especial para Francotiradores de Guerra de la Armada, el primer manual para francotiradores SEAL de la Armada. Después de su retiro del servicio militar, Kyle y su familia se mudaron a Texas, donde él se había criado.

Francotirador, la historia de su vida y su servicio, escrito con la ayuda de Jim DeFelice, fue publicado en enero de 2012 y se convirtió en un *best seller* internacional. El éxito del libro condujo a numerosas apariciones en televisión

In Memory of
Chris Kyle

Memorial Ceremony
Cowboys Stadium
Arlington, Texas

Daddy,
I love you Dad. you are
the best dad ever. I
never wanted you to die. I
will miss your heart. I will
love you even if you died.
love you forever.
Baby Girl

Dad,
I miss you a lot. You are
the best. I was glad this has
hopend to me it is your...
I love you Dad. I always
will.
Love from
Bubba.

y eventos como orador. También permitió a Kyle ampliar sus actividades en beneficio de los veteranos, y fue activo en grupos y fundaciones como Heroes Project, que él comenzó con la ayuda de FITCO Fitness para proporcionar equipamiento de ejercicio para veteranos que se estaban rehabilitando de sus heridas y recuperándose del estrés después de la guerra.

El segundo libro de Kyle, *American Gun: A History of the U.S. in Ten Firearms,* fue publicado en 2013 y enseguida se convirtió también en un *best seller* del *New York Times.* Durante las últimas etapas de la escritura del libro, Chris resultó

En memoria de
Chris Kyle

Servicio conmemorativo
El estadio de
Los Cowboys
Arlington, Texas

El progama del servicio conmemorativo de Chris Kyle, llevado a cabo en el estadio de Los Cowboys en Arlington, Texas, el 11 de febrero, 2013.

trágicamente muerto en febrero de 2013, a dos meses de su treinta y nueve cumpleaños, mientras un amigo y él ayudaban a un veterano con problemas. Miles de personas asistieron al funeral realizado en el Estadio de los Cowboys en Arlington, Texas, y otros miles hicieron fila en la carretera para un saludo final mientras su cuerpo era llevado a su lugar de honor en el cementerio estatal de Texas en Austin.

Después de su muerte, la esposa de Kyle, Taya, ha trabajado para seguir con sus esfuerzos para ayudar a veteranos, a sus esposas y sus familias. Más información sobre Chris y algunos de los proyectos que siguen con su nombre se puede encontrar en la página web chriskylefrog.com.

Algo más que trabajo:
Llevando la vida de Chris
a la pantalla grande,
por Taya Kyle

DESDE EL PRINCIPIO MISMO, PERSONAS
me han preguntado si estoy
emocionada porque *Francotirador* vaya
a convertirse en película.

La verdad: No, no lo estoy. Estoy
asustada.

Quiero que Chris sea presentado
como la persona que era, con muchas
capas diferentes. Él tenía suavidad y
bondad, más que muchos hombres, y
a la vez cuando llegaba el momento de
eliminar al enemigo y salvar a otros,
lo hacía. Él tuvo que hacer cosas que
muchas personas no podrían hacer.
Tuvo que ser valiente, situarse a sí
mismo en la línea de fuego y matar
al enemigo. Tuvo que salvar a otros,
muchos otros. Y después tenía que
regresar a casa y estar con nosotros,
un esposo y padre cuya bondad tenía
que volver a transformarse en un lugar
diferente en su corazón.

Quiero que todo eso esté en la
película. Quiero que las personas
entiendan todo lo que él era, cómo
ayudaba a las personas, desde veteranos
que habían regresado de la guerra
hasta vecinos en la calle. Él no estará
aquí para dejar claras las cosas si la

película las representa de modo equivocado; por lo tanto, siento que nos corresponde a nosotros hacer una tarea lo suficientemente buena para que los espectadores que no le conocieron o no hayan experimentado el combate lo entiendan sin que él esté aquí para aclararlo.

¿Cómo se toma toda la vida de alguien y se condensa en un par de horas? ¿Es en realidad posible?

Por lo tanto, todo el tiempo me ha dado mucho miedo. Y especialmente después de la muerte de Chris.

Ambos nos habíamos sentido honrados de que alguien del nivel de talento de Bradley Cooper quisiera hacer la película. Y no sólo porque Bradley sea una gran estrella. Chris estaba impresionado por las pequeñas cosas que hacen que Bradley sea quien es. Su sentido del humor y su humildad; puede parecer extraño utilizar esa palabra en relación con una estrella cinematográfica, pero si alguien está con él aunque sea un rato breve, se da cuenta de que encaja perfectamente.

Recuerdo una de las primeras conversaciones telefónicas que tuvieron Chris y Bradley, poco después de que fuese anunciada la película. Chris se sentía inclinado a que le gustase por muchas razones, incluida el cuidado por los veteranos que tiene Bradley. Pero fue su sentido del humor lo que realmente le ganó.

«Podría tener que atarte con una cuerda y arrastrarte detrás de mi camión para quitarte parte de lo estupendo que eres», le dijo Chris durante esa conversación telefónica. Bradley se rio, y su relación quedó cimentada.

Pero las películas no quedan terminadas de la noche a la mañana. Necesitan muchas cosas: directores, por ejemplo.

Nosotros no tuvimos nada que ver a la hora de escoger a un director, pero eso no evitó que hablásemos de hecho. En la cocina un día le pregunté a Chris a quién querría.

«¿No sería estupendo Clint Eastwood?», sugerí.

«Claro que sí».

Ambos pensamos que él sería fenomenal; y con una pesada carga de trabajo, fuera de nuestro alcance.

Tras la muerte de Chris, Steven Spielberg se presentó como director, y estábamos muy emocionados. Spielberg trabajó muy duro y habló durante horas con el guionista Jason Hall, intentando llegar al corazón y el alma de quien era Chris. *Realmente* lo logró, y por eso quedé muy decepcionada cuando, como sucede con frecuencia en Hollywood, las estrellas no llegaron a alinearse y él no pudo dirigir.

Pero entonces, lo siguiente que supe era que Clint Eastwood estaba a bordo.

Pensé: *Sigues haciendo tu magia, Chris. Habíamos hablado sobre esto, y aquí está él.*

La muerte de Chris significó que había que cambiar el guión, lo cual suponía mucho trabajo para el guionista Jason Hall; y para mí misma, pues intentaba darle antecedentes a Jason sobre nuestras vidas durante y después de la guerra. El libro mostraba nuestras vidas, pero la película necesitaba detalles diferentes. Sentimientos y situaciones tenían que explicarse más en profundidad para que pudieran tener impacto en la pantalla.

Desde el principio hubo algo más que trabajo. Estábamos al teléfono hasta la una o las dos de la madrugada, noche tras noche. No sé cuántas cientos de horas pasamos así. Fue muy emocional. Jason lo hacía porque quería captarlo todo correctamente, y también porque yo estaba sufriendo.

Él pasaba de ser escritor a ser amigo, y después filósofo en mitad de nuestras conversaciones. Yo no estaba visitando a un consejero; tenía algo mejor, un amigo en forma de guionista.

Algo más que trabajo *(continuación)*

Recuerdo hablarle sobre estar sentada en la iglesia un día cuando sentí que mis ojos se llenaban de lágrimas. Tenía que esforzarme mucho por retenerlas: si dejaba que salieran, no sería solo llanto; vomitaría. Sabía por experiencia que no podría controlarlo.

«¿Qué sería lo peor que sucedería si te soltases?», me preguntó cuándo se lo dije.

«Habría un lío. Causaría una escena. No quiero que las personas me vean así».

«Es real; es crudo. Nadie va a juzgarte por eso», me dijo. «Tienes que dejarlo salir. No querrás convertirte en una mujer vieja y amargada; yo las he visto: las mujeres cuyos rostros están tensos y miran la vida con ojos amargados y mezquinos. Tienes que dejar que todo eso salga».

Aún pienso en ese consejo. No quiero convertirme en una de esas mujeres.

Cuando el comienzo de la producción se acercaba, Clint y Bradley preguntaron si podrían venir y conocernos a los niños y a mí, tan sólo para poder tener un sentimiento de la vida familiar de Chris. Las personas que estaban organizando todo me preguntaron sobre hoteles. Yo no estaba segura de lo que decir.

«Hay algunos hoteles realmente bonitos en Dallas y Fort Worth», les dije. «No está tan lejos».

«No, no», respondieron. «Ellos quieren estar cerca, y no les importa lo bonito».

«El hotel más cercano es un Holiday Inn».

«Es perfecto. Eso es todo lo que quieren».

Ellos llegaron y yo fui a recogerlos a un aeropuerto privado local y los llevé a la casa. Ellos eran realmente respetuosos y amorosos, no presionaban, tan sólo absorbían quién era Chris. Les mostré toda la ropa de Chris y sus gorras de béisbol, haciéndoles saber que éramos personas sencillas, y no presumíamos de nada.

Hablamos y hablamos. Cuando necesitábamos un descanso, Bradley salía a jugar un partido loco de fútbol con mi hijo, mi hija y mi amiga Karen, que había llegado para pasar el fin de semana y ayudar con los niños. Un poco después, mi amigo Matt llegó para cocinar un órix que Chris había matado antes de morir. La carne de órix es muy magra y muy sana, y Matt, que no sólo es un estupendo cocinero, sino que también se le da muy bien la caza, tiene una manera especial de prepararlo que lo convierte en un plato gourmet.

Después de la cena, Bradley quería helado para postre.

«¿Hay algún lugar por aquí?», preguntó.

«Hay un Dairy Queen», le dije. Pensé que él querría algo más elaborado.

«¿Tienen Dairy Queen aquí?». Bradley parecía un muchacho que acababa de descubrir que Santa Claus había llegado a Texas también. Fue adorable.

Se llevó con él a Colton mientras el resto de nosotros hablábamos con Clint. No pasó mucho tiempo desde que se fueron cuando recibí mensajes de texto de amigos sobre fotografías y rumores que aparecían en Facebook: *¡Bradley Cooper! ¡En nuestra pequeña ciudad!*

¡Bradley Cooper!

Hablamos durante horas aquella noche; era tarde cuando los llevé de regreso al hotel. Fue solamente entonces, cuando entraban al hotel, que lo entendí:

¡Son Bradley Cooper y Clint Eastwood!

Yo habría dado cualquier cosa por ser una fotografía en la pared cuando ellos se registraron. Utilizaban nombres falsos, y es posible que la joven que se ocupaba de la recepción no los reconociera, porque Bradley me dijo después que ella no formó ningún lío.

Algo más que trabajo *(continuación)*

Por otro lado, ella sí tenía una película en DVD para que ellos la firmasen a la mañana siguiente cuando dejaron el hotel.

A la mañana siguiente yo fui al hotel para recogerlos. Bradley fue el primero en bajar las escaleras. Cuando entró en el auto, toda mi ansiedad acerca de la película salió a borbotones. Comencé a llorar de manera incontrolada.

«No sé cómo hablarte de Chris», dije entre sollozos. «Tenemos muy poco tiempo. No puedo hacerlo».

Sentía que yo no podía hacer todo lo que era necesario hacer por Chris. Pero Bradley me calmó y me reafirmó.

«No, no, no, está bien», me dijo. «Tan sólo estar aquí es lo único que necesitamos».

Me explicó un poco sobre su trabajo. «Yo no soy un impresionista», me recordó. «Me meto en el papel. Lo único que necesito es sentir a Chris conmigo, y lo siento».

Eso fue un inmenso alivio. Yo me había sentido bien con ellos antes de derrumbarme así; sabía que estaban poniendo mucho esfuerzo para entender bien la superficie de las cosas. Ahora sabía que estaban haciendo mucho más que eso. Sabía que estaban entendiendo la textura.

Regresamos a la casa, hablamos un rato más, y después nos preparamos para el desayuno. Ya era bastante tarde para entonces. Kate estaba cocinando algunas cosas maravillosas, pero todos estábamos allí sentados, esperando; nadie quería tomar el primer plato.

Clint tenía que estar muerto de hambre, pero era demasiado educado para ser el primero en servirse. Desde luego, nadie iba a tomar nada hasta que él lo hiciera, de modo que se produjo en cierto modo un tiempo muerto. Yo le insistí en que se sirviera.

«No, no», dijo él educadamente. «Esperaré a que los demás lo hagan».

«Por favor, adelante», insistí. «Usted es el invitado».

Con una voz muy lenta y suave, dijo con gentileza: «Bueno, supongo que es eso, o comenzaré a comerme el brazo». Fue una de las muchas veces en que él me hizo reír.

Así era Clint: se burlaba de sí mismo, divertido, siempre callado y muy tranquilo. Me recordaba a mi abuelo: inteligente y observador. Tiene una manera de ver las cosas sencillas con un sentimiento de deleite que es contagioso. Se puede decir que ha vivido una vida larga y buena, lo cual le ha dado una generosa sabiduría.

Más adelante aquel mismo día, Bradley y Clint conocieron a los padres, el hermano y la nuera de Chris. Era muy importante para Bradley que ellos le dieran su apoyo, y le agradó mucho que lo hicieran. La genuina calidez por todos los lados se sentía de modo muy fuerte, como Chris si estuviera en la habitación con ellos.

Y entonces de manera repentina, llegó el momento de llevarlos al aeropuerto. A medida que nos acercábamos, un auto se situó cerca, haciendo sonar su claxon.

Me preguntaba qué harían ellos si yo detenía a un lado el auto y Harry el Sucio se bajaba. Eso sí que sería un incidente en la carretera. Me hizo reír en ese momento, pensando cómo podría haber cambiado el tono del conductor. Más adelante me enteré de que Clint no estaba demasiado seguro de mi modo de conducir… y expresó que estaba bastante contento de haber sobrevivido a ese viaje hasta el aeropuerto. Una conductora femenina puede tener cierto estereotipo, pero añadamos a eso una viuda que sufre y un conductor enojado… en una pequeña ciudad… y supongo que tiene sentido que Clint expresara su gratitud por haber sobrevivido al viaje.

Hablar con Sienna Miller, la actriz que hace el papel de mí misma en la película, era como hablar con una amiga. Ella es una mujer muy sensible, y cuando le expliqué cosas

Algo más que trabajo *(continuación)*

sobre mi matrimonio y sobre Chris, como lo que sentí en el momento en que nos besamos por primera vez, ella lo entendió enseguida.

Mi papel en la película no es muy grande, de modo que Sienna tiene mucho que comunicar en una cantidad de tiempo increíblemente breve. Estoy segura de que hace un trabajo estupendo, porque ella aporta mucho al papel. Cuando estaban haciendo el casting, pidieron sugerencias sobre quién pensaba yo que debería hacer mi papel. Yo dije que no quería a alguien que nunca hubiera tenido un hijo y no hubiera experimentado sufrimiento. Sé que a los actores que se les paga por actuar, pero hay una gran diferencia entre identificarse con alguien del que solo has leído, y haberlo vivido. Clint y los productores dieron en el clavo cuando escogieron a Sienna. Ella ha vivido con emoción, buena y mala; ella lo entiende todo.

Y además de eso, es una persona adorable. Hablábamos por Skype, y los niños regresaban a casa de la escuela; ella hablaba con ellos como cualquier otra mamá.

No sólo fueron las estrellas quienes trabajaron duro en esta película. Todos pusieron el alma en ella. Incluso la gente de atrezo lo tomaba de modo personal.

Un día recibí una llamada preguntando por algunos de los pequeños detalles acerca de las cosas que Chris y yo teníamos: las camionetas, nuestros muebles. «No es mi tarea tener necesariamente todo exactamente como ustedes lo tenían», dijo la persona, y tengo que confesar que he olvidado su nombre. «Pero quiero hacerlo correctamente. Quiero que usted vea esta película como una parte verdadera de su vida».

Y lo hicieron muy bien, hasta el viejo Yukon verde que Chris solía tener. Esos pequeños toques van a añadir muchas capas a la película.

Cuantas más cosas de esas sucedían, más confianza sentía yo. No solo en que las personas que hacían la película eran talentosas; estaban poniendo su corazón en ello.

Hay personas que siguen preguntando si el libro *Francotirador* fue terapéutico para nosotros. No lo fue. Revivimos mucho dolor y batallas al trabajar en ello.

Pero después de publicarse y de haber pasado la oleada inicial de popularidad, estábamos en un lugar diferente. En nuestras jóvenes vidas, Chris y yo pasamos juntos muchas cosas: lo bueno, lo malo, la guerra, criar hijos, matrimonio, triunfos, desastres, muerte de amigos, nuevas amistades en el camino. Cubrió toda la gama, y aún seguíamos estando profundamente enamorados. El último mes de su vida fue el mejor en nuestro matrimonio; el año que condujo a él fue el más increíble que habíamos pasado juntos.

Nadie conocerá nunca nuestra historia en su totalidad, pero la esencia estará allí, gracias a la película; y gracias a Jason, Bradley, Clint, Sienna, y todos los demás que participaron en ella. Sé que todos ellos pusieron sus corazones y su alma en ella, e hicieron lo mejor que podían hacer. No podríamos haber elegido a personas más talentosas, ni nadie podría haberlo intentado con más fuerza.

Supongo que ya no tengo miedo. De hecho, espero con ilusión verla. ∿

Desde la profundidad de la tristeza, una leyenda: Cómo la tragedia dio forma al guión de *Francotirador*,
por Jason Hall

El guionista y productor Jason Hall escribió el guión para Francotirador.

HABÍA TERMINADO EL PRIMER BORRADOR del guión el viernes, 1 de febrero, y lo envié a los productores. Sentí que era un buen primer borrador. Aquella noche de sábado estaba fuera para ir a comprar comida y recibí una llamada de Dauber, uno de los SEAL compañero de equipo de Chris. Él me había ayudado con algunas de las cosas técnicas para el guión, y nos habíamos acercado. Dauber me dijo que Chris había sido asesinado.

Yo no podía creerlo.

Había estado enviándome mensajes de texto con Chris unos días antes. No era un amigo cercano, pero yo sentía que realmente había llegado a conocerlo, y yo acababa de pasar meses intentando vivir en su cabeza para el guión.

Quedé totalmente derrumbado. Llamé a Bradley Cooper y a los

productores, y todos quedamos asombrados y llenos de lágrimas. No podíamos entenderlo.

Dos semanas después, fui al funeral y me detuve en la casa de Chris. Era muy extraño estar allí sin él. Yo era el único presente que no pertenecía a los SEAL durante una ceremonia informal que realizaron en su memoria, soltando globos en la calle. Nadie quería hablar conmigo, pues sentían, de modo legítimo, que yo estaba fuera de lugar. Todos ellos lo conocían mejor que yo, y yo tan sólo era algún escritor de Hollywood que estaba metiendo mi cabeza donde no pertenecía. Pero terminé peleándome con uno de ellos más adelante aquella noche, demostrando mi pasión por ello, supongo. Ellos respetaban eso, y me ayudaron a hacer avances con sus amigos y confiar en la comunidad. Muchachos que no habían querido hablar conmigo me dieron sus números telefónicos y terminaron siendo realmente útiles en el proceso.

La procesión funeraria desde Dallas hasta San Antonio fue pura magia; fue realmente una experiencia profunda. Yo nunca había experimentado nada como eso. Fue trágico y hermoso. Personas hacían fila en la carretera bajo la lluvia. Uno sabía que alguien especial había caído.

Un par de días después del funeral, me puse en contacto con Taya y le pregunté si podíamos hablar. Ella fue muy amable, y pasamos mucho tiempo al teléfono durante los dos meses siguientes. Taya fue valiente, abriéndose y hablando sobre Chris en un momento en que debió de haber sido muy difícil para ella hacerlo. De esas conversaciones obtuve una faceta de Chris que no había entendido antes, y vi cómo había que volver a escribir la película.

Obtuve perspectivas por parte de ella que no podría haber obtenido de él. Las personas no pueden verse a sí mismas del modo en que otros las ven, y Taya de modo

Desde la profundidad... *(continuación)*

natural tenía una estupenda perspectiva al igual que amor por él. Ella llenó muchos de los espacios en blanco.

Mi guión original había terminado cuando él regresa de Irak por última vez. Ahora yo tenía perspectiva sobre su lucha, y la de su familia, para reajustarse. La película se convirtió no sólo en la historia de Irak y de lo que la guerra supuso en él y en su familia; se convirtió en una historia de lo que fue necesario para que él regresara a casa espiritualmente. Se volvió más completa, su viaje, la historia de Irak, su leyenda, y su camino de regreso; el modo en que derrotó a sus demonios y comenzó a ayudar a otros veteranos, comenzando la organización sin ánimo de lucro y todos sus demás esfuerzos. Fue un proceso difícil el que tuvo que atravesar, pero fue un triunfo fenomenal.

Taya me dijo que había mantenido una conversación con Chris un mes antes de su muerte, en la cual pudieron reconocer todo lo que habían atravesado. Es una escena que puse en la película. Ellos hablaban de todo lo que era importante, y en cierto sentido resumía sus vidas, su batalla, sus esperanzas, sus sueños. Ella había aprovechado una oportunidad para decirle a Chris lo mucho que le quería y lo contenta que estaba de volver a tenerle como amante, como padre, como esposo. Fue emocional oír todo aquello, y ser capaz de ponerlo en el guión.

No puedo decir suficiente sobre lo mucho que supuso la apertura de Taya para mí, y no sólo como guionista. Fue necesario un extraño valor para confiar de esa manera. Ella me proporcionó una ventana desde donde mirar ese hermoso matrimonio: fue una relación hermosa pero no siempre fácil; había un verdadero dolor y humanidad en todo ello. Me hizo apreciar a mi propia esposa y nuestro matrimonio.

Fue un proceso intimidante sentarme y escribir esto, de modo que solamente puedo imaginar lo que fue para el actor. Creo que las personas quedarán realmente impresionadas por Bradley. Él compartió una parte de sí mismo que no hemos visto antes. Su transformación física fue increíble pero, más que eso, sentí que él fue capaz de personificar a Chris de una manera que yo no había anticipado que cualquier actor fuese capaz de hacer. Verlo en el monitor fue algo extraño. No se sentía como si él estuviera tan sólo viviendo la historia de Chris; para mí fue como si él estuviera habitando en su alma.

Espero que la leyenda de Chris Kyle siga aumentando y tocando a muchas más personas. También espero que la película dé a las personas una pequeña comprensión del inmenso sacrificio que estos hombres hacen al ir a la guerra. Es difícil comprender el viaje y la dificultad que estos hombres y sus familias atraviesan. Hay un tremendo patriotismo tras todo ello, pero más allá de eso hay un inmenso sacrificio que los SEAL y todo nuestro ejército realizan. Si esta película puede ofrecer una pequeña ventana a ese mundo, estaré muy contento. ∽